視

野

寶鼎出版

擺脫人臉辨識、DNA跟蹤、人工智慧
揭開中國反烏托邦的駭人真相

終極警察國度

Geoffrey Cain
傑弗瑞・凱恩——著

林芯偉——譯

AN UNDERCOVER ODYSSEY INTO CHINA'S
TERRIFYING SURVEILLANCE DYSTOPIA OF THE FUTURE

THE PERFECT
POLICE STATE

這本書獻給我母親：
是她教我關懷這世上的一切

目次

CONTENTS

當威權主義政體擁有大數據：如果蘇聯能夠進行大數據監控，可以避免崩潰嗎？

沈旭暉博士

國際關係學者

　　不少學者談及，今天中國、俄羅斯等政體，表面上，並非昔日教條式極權主義、純粹高壓的「獨裁者1.0」模型，更多是表面上賦予了人民一定空間、其實卻是用這些假象來合理化專制統治的「獨裁者2.0」。

　　以往極權主義主要形容二戰前的納粹德國、法西斯意大利、共產蘇聯等，指政權的權力無限制，並追求絕對控制公眾與私人生活。以蘇聯為例，史達林死後，就算赫魯雪夫（Nikita Khrushchev）上台，推行「去史達林化」運動，普遍被認為是較開明的領袖。然而，赫魯雪夫政權對黨內反對者、政治異見者的打壓，雖然沒有史達林時期般明顯，但對人民的監控卻伸延至日常生活方方面面。立陶宛學者巴洛茨卡伊特（Rasa Balockaite）提到，莫斯科在「後史達林時代」開始，把注意力由政治打壓轉移到社會和經濟控制，成立一系列有別於傳統黨政機關的非正式組織，以一個更廣闊的網絡去監控人民。整個管治手段，比以往來得去政治化、去中心化：一方面，人民對政權的討論固然少之又少，也沒有多少把柄可被掌握；另一方面，透過這些網絡，令人民在政治生活以外的個

人行為、習慣，也逐漸掌握在黨的資料庫當中。

冷戰結束後，前蘇聯陣營各國的祕密警察檔案陸續解密，可見這種監控的精細，已是相當科學化的工序。東德祕密檔案的公開，以及電影《竊聽者》的情節，尤其令世人震撼。

理論歸理論，這種去政治化、去中心化的監控，雖然已看出與科技結合的雛形，但畢竟受當時條件所限，要紀錄國民生活細節的行政成本，始終較高，而且充滿漏洞。當時至少需要人力物力去搜集、紀錄對象的生活日常，再一層一層向上級彙報，即使有基本竊聽、監視設備，也未能做到對全體公民無孔不入。加上人民非常清楚政治環境，定會理性作出口不對心的表述，假如單單依靠公開表態，往往令監控結果的準確度下降。可見舊式極權雖然設法掌控生活每一個細節，但未竟全功，否則冷戰也不會這樣結束，那些政權更不可能不戰而敗。

然而，這些不足之處，在大數據年代，統統已不成問題。

中國大陸「芝麻信用」這類信用評級機制，並非橫空出世，翻閱文件，一切有跡可尋，例如中國國務院2014年發出的《社會信用體系建設規劃綱要（2014～2020年）》。當年中國政府仍未將社會信用系統與網路結合，但已為推動這些政策，建立了理論基礎。綱要指出，「信用是市場經濟的基石」，為推動經濟改革，必須建立信用系統，達致完善社會主義市場經濟體制。2014年前，中國大陸的信用市場以央行作主導，但此後流動付款普及至日常生活，信用系統進入了市場化階段。2015年，中國人民銀行印發《關於做好個人徵信業務準備工作的通知》，要求包括「芝麻信用」、「騰訊徵信」在內的八家企業，為徵信業務做好準備。自此，這些經常被提起

的信用系統，便擴展到人民生活的不同層面。某程度上，這現象自然也不是中國大陸獨有，世界各國發展大同小異，不過以中國人口基數最高，漠視人權的特徵也最明顯而已。

至於如何計算每個人的「信用」，這些科技公司都以大數據、雲計算這些詞彙說明計算方法，但具體公式一直未有公布。不過，他們倒是說明了哪些事情影響評分，例如「芝麻信用」其中一項基準是用戶是否準時提交電費、水費，是否準時還清貸款；「騰訊徵信」的用戶分數，則基於消費、財富、安全與守約的大數據，其中「安全」是指用戶有否實名登記、數位認證等。推廣時，這些公司都提供不少誘因，例如租用「共享單車」、訂酒店不需保證金、低利息分期購物等，令一般人都樂於個資被收集；而兜兜轉轉，用戶是否適當鎖上「共享單車」一類行為，又會成為評分大數據的一環。

大數據、雲計算收集的資料，涉及的範疇比以往更廣、更準，所需人手亦因少了抄寫、彙報的過程而減少，用戶的一切行為、消費習慣、個性隱私卻都一覽無遺，而且超越了公開表態的漏洞，能進入每人心底裡最真實的一面。這些數據資料如何被分析、使用、推算，除了是近年商家、政界的研究範疇，自然也是威權政府希望掌握的資訊。在商業層面，最簡單的例子自然是根據搜查關鍵字、瀏覽過的網站推銷產品，更進一步是基於所收集的數據，以「助推」（nudge）用戶的行為，如消費決定等；在政治層面，投票取向同樣能這樣「助推」。來自丹麥技術大學的學者利曼（Sune Lehmann）與斯派斯基（Arek Stopczynski），曾研究能否透過收集學生數據，分析並助推他們的行為，達致更好成績，甚至精神健康。推而廣

之，助推自然亦可應用於社會、政治，從而使國民作出符合當權者的良好行為。收集大數據的目的已不止於監視，而是控制，也就是更貼近威權主義的終結理念。

不少人以為，假如減少使用網路、智慧手機，就可避免被過度收集資料。不過，這已經是偽命題了，因為科技公司正大力推廣「物聯網」（IoT），也就是將物理世界數位化。這世界相信很快就完全成熟，屆時即使關上電話不用，你曾到過的地方、習慣偏好、健康狀況等，亦會因你日常使用的智慧家具，如電燈、電視機、冷氣，24小時全天候被收集。

面對這情景，不少學者均討論過人民處於民主與威權國家的分別。但其實真的有分別嗎？在較民主的國家，當然都有定立法例，規範可收集的數據範圍、使用方法等，表面上有較透明的制度，讓市民了解數據去向。不過，即使以上機制健全，政府與私人公司信守承諾，我們也不能排除駭客、恐怖分子取得數據，而這些新聞在近年屢見不鮮，屆時已超出如何規管數據、透明度與道德的問題，結果我們日常的一舉一動，也是在一些機制掌控之中。何況從史諾登的案例可見，即使是民主國家如美國，以「國家安全」名義，同樣可以進入一切大數據庫，對所有人的檔案一覽無遺；而川普團隊如何利用大數據「助推」潛在支持者出來投票，乃至怎樣利用人工智慧在討論區造勢，更已成為學術研究課題。這一切在威權國家，更是理所當然。

假如希特勒、史達林活在今天，領導各自的國家，還有倒台的一天嗎？特別是冷戰時代有這些科技，共產主義國家可否實現計畫經濟、全面監控，以鞏固其統治？蘇聯的崩潰，可

以避免嗎？

　　要討論這個命題，得先了解計畫經濟當年的運作。眾所周知，蘇聯等社會主義國家的絕大部分時期，都實行計畫經濟，生產原料、企業都是由國家擁有，勞動力也由國家分配，以生產出計畫目標的產品數量。這些國家的供求非由市場主導，而以追求不同的「五年計畫」為目標，消費者的需求沒得到重視，因國家盼藉計畫經濟推動工業化、現代化及農業集體化，以追上西方資本主義的生活水準。

　　理論上，「五年計畫」由蘇聯國家計畫委員會（Gosplan）制定，經歷不同領域、不同級別的機構、官員、企業，再由國家計畫委員會修改，最後在黨代表大會通過。然而，在實際操作上，政治局成員、以至總書記在過程中，究竟參與多少？他們有否明示或暗示應訂下怎麼的指標？這些指標是科學化的指標，還是抽象的指引？這些問題難以說清楚。蘇聯治下的烏克蘭大饑荒、中國的大躍進，都是計畫經濟沒大數據支援下的災難性後果。

　　社會主義計畫經濟本質的問題，在學術界自然討論多時。荷蘭阿姆斯特丹大學的埃爾曼教授（Michael Ellman）是研究這範疇的權威，他提到社會主義經濟體經常生產消費者不需要的產品；但另一方面，又有一些必需品、商品總是存貨短缺，但當局對商品庫存的數據並不充分，甚至不準確。即使最低層的數據準確無誤，在匯報過程中，官員因存在升職的誘因誇大成果，或技術官僚因循失責，而令上級難以掌握實情，這些情況，至今依然，不見得是歷史。

　　由於計畫經濟未能滿足人民的需要，在社會主義國家，

終極警察國度

往往出現「第二經濟」（The second economy）。學者森遜（Steven Sampson）指出，「第二經濟」由非法生產或交易產生，亦包括企業、工廠為追求生產目標，而產生的非正式或非法活動、地下工廠等。這些活動在冷戰時期的東歐、蘇聯相當盛行，在今日極權主義的最後代表北韓也同樣出現，導致經濟活動無法準確統計，官方數字準確性成疑。基於以上因素，美國從不輕信蘇聯官方公布的數字，中央情報局會自行統計相關數據，不少人認為CIA的數字，較蘇聯官方公布更可信。

那麼在現代社會，有了資訊科技革命，又是否可以避免以上制度上的缺失與人為錯誤？

正如早前談及，大數據、物聯網等，是一個全天候收集個人數據的機制，問題只在於不同軟體的權限、如何儲存或傳遞相關訊息、誰人能掌握等，但技術本身，毫無懸念。假如政府決意收集全國國民這些資訊，首先就可以解決「第二經濟」無法被紀錄的問題；而每一個紀錄，也不用經過官僚系統逐級向上匯報，政府高層可輕易掌握準確數字，第一個問題，也可以大部分解決。

舉一些實質例子，中國大陸網購龍頭阿里巴巴每年統計「雙十一」的交易資料，除了是大數據，還是即時性的數字，避免使用滯後數字作決定。以往這些技術只會用於金融業，如股票、期貨等交易，但現在就連到便利商店購買一包紙巾，也可以立即反映到不同伺服器內。又如美國的Amazon Go，連「客人拿起商品」這個動作本身，甚至不涉及具體金錢的購買行為，也可以被紀錄。當這種技術被推而廣之，不止是股票買賣，幾乎所有日常消費、零售行為，均可被統計。

在自由市場，這些資訊可以令政府、企業清楚了解需求，但對蘇聯一類國家而言，假如當時有這些技術，就可以利用更準確的數據，制定「五年計畫」。唯一未能改變的是決策者會否忽視實況，作出不切實際的目標；但相信在大數據年代，一切透明，領袖要「逆天行事」，即使在極權政體內部，也不容易為所欲為。

在經濟層面以外，這些技術同樣可用於政治層面，假如蘇聯的國家安全委員會（KGB）有了大數據，就不只是如虎添翼。作為情報機構，KGB主要對不利蘇聯的行為進行情報工作，而正如早前提及，自赫魯雪夫起，蘇聯的情報工作就出現「去政治化」、「去中心化」的監控，人民在社會、經濟層面的舉動，均被非常規組織監察。但與此同時，只要行為並非超出政治層面，當局也不會作出行動，而且基於人手問題，備受關注的往往是異見者，他們會被入屋搜查「反革命」證據，而普羅大眾，則大致生活如常。

不過隨著科技發展，人民的生活與網路緊扣，蘇聯的繼承者俄羅斯，就公然嘗試掌握國民在網上的行為。根據《維基解密》公開的文件，俄羅斯有一套名為「SORM」的情報系統，自1990年代起就對國民全方位監控，由電話、短訊開始，到近年的網路、社群媒體、信用卡交易、智慧手機等，無所不包。對比蘇聯時代，這個系統可更快、更有效掌握全國人民的行為，而作為KGB培訓出來的領導人，普丁對這一套，自不會擱下不用。

我們也許認為網上行為自我約束，便可逃避監控，但現在天眼處處，加上人臉辨識系統發展迅速，結合大數據的

終極警察國度

應用，離開家園後的一舉一動，幾乎都被紀錄在案。在中國大陸國內，不少新建社區、廠房，已使用具人臉辨識的保全系統，能輕易辨認住戶人臉，並顯示如年齡、身高等基本資料，就連出入次數也可紀錄。即使放下電話，你的日常生活，依舊暴露於監控系統當中。個別人臉辨識系統更聲稱具有「深度學習能力」（deep learning），與昔日的舊式閉路電視不可同日而語。目前這些系統仍處於早期階段，社區、門市的保全系統，未必與官方機構的互聯互通，但要將不同系統連結一起，技術上並不困難，幾乎肯定會有這一天。

假如史達林活到今天，蘇聯在推行計畫經濟、資源分配上，政府應可掌握更廣泛、更準確的數據，以實現他心目中的工業化、現代化；政治上，亦可更微觀地監控民眾。最大挑戰反而是擁有大數據的一群，會成為吉拉斯（Milovan Djilas）所說的「新階級」，甚至取代領袖的地位，總之，平等社會依然難以實現。但只要接受了這一點，假如這制度在中國大陸一類國家令一般人過得安穩，又能容許走過場的、預先知道結果的「民主程序」，威權政體是否對一些人比民主政體更「吸引」，如果我們不認同、又可以做什麼，正是此刻全世界人民都要思考的嚴肅抉擇。

原文發表於《信報財經新聞》，經作者更新改寫

現代版的「改土歸流」工程與新疆警察國家的發展

侍建宇

台灣國防安全研究院國安所副研究員

　　中國不願意修憲，不願廢除民族區域自治的現有形式。但是面對過去七十年累積出來的邊疆治理失誤，卻企圖利用對社會的電子全面監控與社會改造工程，扭轉情勢，對新疆維吾爾民族自治區進行現代版的「改土歸流」[1]工程。

　　「以夷制夷」的土司制度始於唐宋，承認邊疆地區政權世襲首領地位，頒予官銜，以進行間接統治，維繫疆域版圖。源於文化差異、或經濟負擔各種因素，這樣的做法其實意涵著歷史上的中央政權無力進行直接統治的窘況。在適當的時機，改世襲「土官」為有任期的「流官」，成為明清處理中國西南邊疆的政策。「改土歸流」的意義將人事權、財政賦稅權、軍事指揮權收歸中央政府，更徹底的目標更是將地方行政管理權、甚至文化教育相關權限，完全收回，遂行直接統治。

　　中華人民共和國建立後，「改土歸流」並不適合處理蒙

---

1 研究歷史上的改土歸流相關歷程與實質政治功能的二手文獻汗牛充棟，但是將這個概念放入中華人民共和國對邊疆少數民族治理上，中國境內的學者盡量隱晦的來討論，只有一些概念上的簡單論述，例如李良оба、祝國超、廖鈺，〈中華民族共同體建設視閾下改土歸流的歷程、原因及作用〉，《民族學刊》，2020年11月，第三期，頁21-27。台灣近期針對相關議題討論的文章，請見梁梓然，〈改土歸流與精細培養：中共省委組織部部長選任模式演變，1992～2021〉，《中國大陸研究》，2022年，第65卷第1期，頁103-138。

古、西藏、新疆廣大疆域，於是修改蘇聯加盟共和國制度，迴避主權歸屬問題，以民族區域自治為原則，建立了155個民族自治地方（包括5個自治區、30個自治州、120個自治縣（旗），另外還有1173個民族鄉）。中共在各個民族自治區的黨委書記多為漢族「流官」，行政首長則為當地少數民族的「土官」來擔當；以黨領政，變形的「改土歸流」制度一直持續到習近平接任中共總書記。

一、現代版「改土歸流」終極目的是一個社會轉型工程

過去「改土歸流」的終極目的是鞏固政權疆域版圖，由上而下，設立一以貫之的指揮權。但是中國過去數十年推動的民族區域自治制度，作為一個變形的「改土歸流」制度，或可確保中國主權完整，但是並不足以確認各個民族社會對中國或中共在政治上的認同與效忠。

習近平掌權在2014年隨即召開中央民族工作會議，傳出習近平在會中總結報告時大發雷霆，基本上定調未來改弦易轍的民族治理策略；決定對中國民族政策做出實質更動：強調邊疆少數民族「社會改造」遠重於「民族區域自治」的路線。民族區域自治制度中作為「土官」的少數民族幹部，與擔任「流官」的漢族黨委都是次要的，重要的是集權與圍繞著中國國安委的警察國家體系來統領全局。

《終極警察國度》這本書圍繞著兩條主線，論述從新疆發展出來的中國式警察國家；一方面採集海外維吾爾族離散關於新疆再教育營政策推動的親身經歷證詞，另一方面描述中國境內電子監控相關產業的發展歷程。

事實上在習近平掌權之前，中國民族政策就開始了大辯論；一般咸認，一方強調落實憲法關於民族權利的「區域自治派」，另一方則著重培育公民意識而非民族差異的「國族建構派」。其實政策辯論中還隱藏著第三種聲音，那就是一批中共政法系統中，有著統治經驗並偏好高壓治理的「實務當權派」[2]。而習近平基本上採用國族建構派與當權派的論述，擱置不理區域自治派的主張。

梅森（Maysem）從《終極警察國度》第二章就開始出現，她是一個在土耳其讀社會學碩士的維吾爾族女性。她的再教育營親身經歷成為描述的焦點，貫穿許多篇章，展示中國改造中國社會的企圖。梅森在北京讀大學時，就感覺到中國境內對於少數民族的歧視。她曾經接觸過理念相近於「區域自治派」的維吾爾學者：伊力哈木·土赫提（Ilham Tohti）。

土赫提在被中國政府逮捕前五年，可以說是中國境內具有代表性的維吾爾族公共知識分子，當時他設立「維吾爾在線（uighurbiz.net）」網站，可以說是海內外接收新疆相關情報的一個重要窗口。梅森聽過他講課，土赫提強調中國快速的經濟發展給新疆少數民族社會帶來很大的副作用，活在底層的少數民族沒有辦法受益，反而成為各種社會底層苟且的罪犯。在2014年被逮捕前，土赫提希望鼓吹北京全面下放自治權，解

---

2 中國第二代民族政策辯論的簡單介紹，可參考：James Leibold, Ethnic Policy in China Is Reform Inevitable? (East-West Center, 2013)，中文文獻也可參考：金炳鎬主編，《評價「第二代民族政策」說》，中央民族大學出版社，2013年。至於第三派的主張收錄於侍建宇（未發表的會議論文）Chienyu Shih, "Another Round of Power Struggle: Xinjiang and Beijing Current Ethnic Policy Debate," First International Conference on Uyghur Studies – History, Culture, and Society, George Washington University, 25-27 September 2014. https://centralasiaprogram.org/event/first-international-conference-on-uyghur-studies-history-culture-and-society/。

決中國邊疆的民族問題[3]。

但是，一群「區域自治派」的學者忽略了當前中共怎麼可能倒退數百年再去跟隨「土司制」，僅僅是傳統辦的「改土歸流」都無法滿足將政治權力全面滲入邊疆少數民族社會的需要。新興變形的「改土歸流」則是由北京直接透過人工智慧（AI）與監控設施，輔以「漢族」為主的政法「流官」體系，來主導邊疆治理，進行社會轉型，而新疆則是第一塊進行試驗的地方。

二、思想改造與「現代化／同化」新疆突厥裔民族

2012年北京大學教授王緝思提出「中國西進」的主張，2013年中國國家主席習近平就發表了「一帶一路倡議」。習近平當時不只要在中國境內肅清貪污腐敗，同時還要激發中國所有的潛能，成為世界強權。2009年新疆烏魯木齊事件爆發後，新疆社會當地民族與漢族移民之間的糾結浮上水面。從那時候開始一直到2014年，不斷地有新疆的穆斯林朝阿富汗、敘利亞與土耳其遷徙，參加全球聖戰。2013年有一輛車衝入天安門，死傷多人，2014年昆明火車站發生遲到恐怖攻擊事件。換句話說，「中國西進」必須始於新疆，剷除民族政治的紛擾，針對新疆少數民族進行全面的社會改造運動成為必然，一種超現實版本的「改土歸流」於是開始。

---

3 中國官方公布部分土赫提庭審資訊，以證明他鼓吹「分裂國家」。但是恰好說明他鼓吹民族自治，如果求之不得，才可能走向政治獨立的態度。參見〈伊力哈木・土赫提分裂國家案庭審紀實〉，中國政府網，2014年9月25日，https://www.gov.cn/xinwen/2014-09-25/content_2755898.htm。

從中國政府的角度來看，新疆社會必須進行「現代化」，將新疆維吾爾與哈薩克等突厥裔少數民族帶入有如中國東部的工業社會倫理價值體系，將當地突厥裔民族「同化或漢化」，屏除原有傳統文化，才能在習近平的宏大中國夢中扮演向西擴張的前鋒。

梅森這位新疆維吾爾穆斯林年輕女性當然感到格格不入，2014年從土耳其回到新疆放暑假，就已經感受到社會氣氛不允許婦女頭戴面紗。2014年土赫提以分裂主義為由判處無期徒刑。2014年新疆開始學習《識別宗教極端活動（75種具體表現）基礎知識》讀本，發現可疑人員必須報警[4]。2016年暑假梅森突然被關押進入較低階的再教育營，但是由於不服從，又被轉移到更嚴酷的拘留中心。

2016年夏天開始，新疆當地家戶互相監視的情況非常普遍，而且每家的門口都掛上QR碼，儲存全家成員的資料。然後將每位居民進行社會信用評比，如果評比不能滿足，就開始在個別家戶裝設監控攝影機。因為梅森在26個被中國列為涉恐的穆斯林國家就學[5]，所以家中也必須安裝即時監控的攝影機。然後整個新疆也開始進行強制體檢，採集個人的生物標記，像是瞳孔、臉型、血液DNA，音頻等等。

2016年暑假快要結束，梅森被要求前往街道管理局報到，突然被送往再教育營。原本預計接受一個月的政治課程後，就可以被釋放。但是由於梅森不屈服的態度，被改送前往

4 〈新疆部分地區學習識別75種宗教極端活動〉，鳳凰網，2014年12月24日，https://news.ifeng.com/a/20141224/42785382_0.shtml。
5 〈26國被列涉恐名單 新疆10多名穆斯林被判刑〉，維權網，2017年12月10日，https://wqw2010.blogspot.com/2017/12/26-10.html。

拘留中心。拘留中心比較像監獄，裡面的人員被隨意體罰，按照中共的說法，目的是要「清除心中的意識形態病毒」。每一個在營區的成員都被扭曲接受各種違心之論，被要求完全服從不能反抗。每一個成員都不斷地被試探，互相監控，製造人際之間的不信任。

　　警察國家進行治理的一個重要邏輯就是製造人際不信任，運用恐怖與處罰，人人自危而盲目地向政權效忠。

三、中國的電子警察國家模式發展過程

　　《終極警察國度》第八章描述一位曾經被中國政府收買並派遣到阿富汗與土耳其的一個維吾爾線人，嘗試滲透進入當地的伊斯蘭主義組織，但並不成功。反恐是中國用來正當化為什麼要推動新疆再教育營進行「去極端化」的背景[6]。散布在中亞與西亞的維吾爾武裝分子的數量與能力是否足以威脅新疆安全，答案應該是否定的。同時，為求針對為數不眾的恐怖分子而對新疆突厥裔進行全面的監控與清洗，更是違反比例原則與成本效益。

　　根據《終極警察國度》第四章之後的章節，一位2007～2015年曾經在新疆烏魯木齊擔任政府資訊工程師的哈薩克族：伊爾凡（Irfaan），他直接參與初期新疆大規模監控計畫。根據他的說法，大概在2010年左右，汰換掉原來的閉路

---

6 聯合國人權高級專員針對新疆維吾爾自治區人權狀況在2022年做出全面評估，其中花掉極大篇幅反駁中國在新疆反恐的論述，評估報告與中國官方回應可參見OHCHR Assessment of Human Rights Concerns in the Xinjiang Uyghur Autonomous Region, People's Republic of China, 31 August 2022, https://www.ohchr.org/en/documents/country-reports/ohchr-assessment-human-rights-concerns-xinjiang-uyghur-autonomous-region。

電視系統，繼而代之鋪設的是海康衛視的攝影機，加上華為的網際網路交換系統，中國開始嘗試全面的監控新疆社會。伊爾凡的工作有權連入地方公安局監控系統，同時還可以存取電信公司網路數據。他說 2015 年人工智慧的監控能力還非常有限，只能分析某些關鍵字，然後推導使用這些關鍵字的人是否有某種極端暴力的傾向。

《終極警察國度》歸納新疆電子警察國家出現，大概有三個發展階段：

第一、準備期

如果從 1998 年微軟亞洲研究院在北京中關村設立，在中國政府監督下，這個區域逐漸轉變成科學園區。原來是為處理當時猖獗的軟體盜版問題，透過獨立運作的電子公司調整微軟軟體，然後低價賣給中國市場的使用者。過程中累積許多人才與資本，成為後來中國人工智慧發展的源頭。在這個時期，中國與美國的高科技產業互相配合，各取所需，創造利潤。

第二、初步運用與改良期

運用還可以粗分成兩個效益；製造恐怖、然後逐漸進入實質全面電子監控。

2011 年後，新疆街道與清真寺公共場所開始布滿攝影機，政府還會透過網路截取手機以及電腦內部的資料，同時在不同的公共場合檢查身分證，並且透過社區互相檢舉，進行社會信用評分。中國政府希望透過建立國家公民資料庫，透過人工智慧來辨識人臉和預測行為，「平安城市／智慧城市」其實就是一個大規模的社會監控計畫項目。可是，當時實際上人工智慧還無法分析這些收集來的大數據，所以監控能力極其有限。

終極警察國度

但是與此同時，2011年中國騰訊成功地開發出微信（wechat），很快就累積到數億用戶。微信可以提供日常生活需要的各種功能，包括購物付款、和醫生約診、叫車、甚至尋找約會對象。在中國，每個人的微信資料根本不需要透過任何司法手續進行調閱，商業公司完全無條件的交出這些數據資料給政府作為監控運用。這些大量的個人資訊庫足夠讓人工智慧進行學習。

2012年中國北京和美國矽谷人工智慧開發人員成功發展出多層神經元網絡。2013年曠視科技與商湯科技更開啟高階演算法，機器偵測人臉的準確度已經超過人類的眼球。而且中國的海康威視和大華科技逐漸掌控的全球監視攝影機產業的三分之一產能，這兩家公司提供的Unix作業系統，可以用來啟動並控制硬體監控設備。中國政府的安全城市或智慧城市計畫項目，對任何商業公司來說，都是一門大生意。而當時中國科技公司專精於產業下游的應用軟硬體部份，而產業上游的晶片設計、製造、封測則多仰賴美國像是高通與輝達提供的高階晶片。

第三、成熟期

陳全國2016年底出任新疆黨委書記，2017年開始雷厲風行的執行相關電子監控與新疆再教育營政策[7]。新疆各地設立的至少260個所謂的職業技能教育培訓中心。政府宣稱進行去極端化課程與職業訓練，其實更重視的是政治教育「洗腦」，

---

7 新疆再教育營的實施的基本內容，請見：侍建宇，〈中國大陸設立「再教育營」的新疆治理策略與國際反應〉，展望與探索月刊，第18卷第1期，2020年1月，頁36-44。https://www.mjib.gov.tw/FileUploads/eBooks/04a2dc56a8ca400298ef57f0160d528f/Section_file/6d9eb0e20ce545968e78f384f60e072e.pdf。

對被鎖定的極端分子進行「治療」，消除他們「腦中病毒」，改變他們的心智。

在中國公安部的「金盾工程」基礎上，融入人工智慧，發展出「一體化聯合作戰平台」，目的就在推動「預防性警務與執法」[8]；借用軍事上跨軍種指揮聯合作戰的概念，運用在社會治安的監控系統上。以「反恐」名義進行全面社會監控，諸如搜集銀行金流、違法前科和電話網路記錄，像是透過手機上的淨網衛士 App 截取手機的基本資訊。搜羅追蹤監控各種大量數據檔案，再透過人工智慧篩選出 36 種中國政府定義「偏離常軌」行為[9]（主要是新疆突厥裔群眾），進行逮捕審訊並送往不同等級的再教育營。

中國透過「一帶一路倡議」的大型投資計畫裡挾像是埃及這樣發展中國家。埃及礙於來自中國大幅基礎建設投資，承諾交換極端組織相關訊息，並且在 2017 年大量搜捕並遣返數百名維吾爾族留學生。以經濟投資交換人權。

2016 年底梅森僥倖被釋放，但是她還是無法直接搭機回到土耳其就學。必須從陸路繞道巴基斯坦，進入印度，然後再轉往土耳其。再教育營經歷對於這個年輕的女人造成極大心理影響，開始不相信周遭的人物，拒絕友誼，同時隨時自我警惕，處於恐懼的情緒之中。

8「一體化聯合作戰平台」相關資訊被人權觀察組織（Human Rights Watch）率先在 2018 年揭露，請見 "China: Big Data Fuels Crackdown in Minority Region: Predictive Policing Program Flags Individuals for Investigations, Detentions," Human Rights Watch, 26 February 2018, https://www.hrw.org/news/2018/02/27/china-big-data-fuels-crackdown-minority-region.

9 "China's Algorithms of Repression Reverse Engineering a Xinjiang Police Mass Surveillance App," Human Rights Watch, 1 May 2019, https://www.hrw.org/report/2019/05/01/chinas-algorithms-repression/reverse-engineering-xinjiang-police-mass。

四、亡羊補牢

根據《終極警察國度》描述，早在2010年，美國政府已經發現中國政府、解放軍、和高科技商業公司之間的複雜關係。中國官方可以輕易透過採購，或者間諜活動竊取技術與資料，讓美國資訊科技供應鏈充滿風險。

有一些趨勢值得注意：

第一、當前美國在高科技關鍵技術上對中國「卡脖子」，就是要切斷這樣的中美高科技掛勾，一種共產主義與資本主義勾連關係。

2018年底加拿大逮捕華為財務長孟晚舟，其實等於直接掀開中美冷戰的實況。換句話說，中美之間的高科技冷戰早在十多年前就已經開始。《終極警察國度》的作者作為一個調查記者，就是要提醒中國崛起引起全球高科技公司貪婪、貪圖暴利的魯莽的作為。

第二、2023年中國政府成立新疆自由貿易實驗區之際，等於宣布新疆再教育營正式轉型，向西輸出[10]。

接受過再教育營馴化的新疆突厥裔族人其實是非常優秀的勞動力，可以承接中國東南沿海富裕省份許多因為成本升高必須遷移的工廠。維吾爾因犯的勞動力是解決這個經濟問題的處方，知名運動品牌、成衣紡織、以及消費性電子產品，都可以遷移到新疆繼續保持低人事成本，繼續生產獲利。

習近平在2024年初出席中央政法工作會議時指出：「以

---

10 侍建宇，〈新疆自由貿易試驗區是「再教育營2.0」？- 設立目的與對中亞經濟安全的影響〉，國防情勢特刊，台灣國防安全研究院，第34期，2023年12月15日，頁65-76。

政法工作現代化支撐和服務中國式現代化，為全面推進強國建設、民族復興偉業提供堅強安全保障。[11]」換句話說，他大力鼓舞從新疆開始的電子監控的警察國家模式持續發展，繼續開發智慧城市投資項目甚至向西往歐亞大陸中心轉移，鞏固那些獨裁國家政權，幫助中國向外增加影響力。

11 〈以政法工作現代化支撐和服務中國式現代化：習近平總書記重要指示為政法戰線接續奮進指明方向〉，中國共產黨新聞網，2024年1月15日，http://cpc.people.com.cn/BIG5/n1/2024/0115/c64387-40158881.html。

林泰和

國立中正大學 戰略暨國際事務研究所專任教授

「新疆」（新邊疆）本為殖民用語，是清帝國征服的最後一塊疆域。在「沒有自己的國家」的維吾爾國度——「東突厥斯坦」——（較正確的去殖民化稱呼），目前已經在**終極警察國度**的中國國家恐怖主義統治之下。同為突厥族，土耳其有自己的國家，漢人所稱的「西域」，在維族眼中，更是「東土」。因為沒有自己的國家，因此容易遭受外族的迫害，為此，猶太人在1948年建立自己的國家以色列。

本書作者傑佛瑞・凱恩，在2017到2020年間，透過對168位維吾爾人士，進行非常嚴謹的訪談、交叉比對與查證，為全球讀者完整清晰的透視新疆的「現狀」，令人動心駭目。當前維人不敢用「政府壓迫」或相關字眼，只能用「現狀」二字，隱晦的形容中國建立的數位極權警察國家。

在中國，尤其是新疆，人民非但不是國家的主人，而是國家的敵人，人民就是資料。家家掛上QR碼，客廳裝監視器，使用頂尖AI監視科技，建立社會信用系統。政府動輒以「健康檢查」為藉口，大量蒐集人民DNA，作為身分鑑別之用，用以區分敵我，完成其建立超級警察帝國的首要步驟，其次依序為掌握科技、監控敵人、最後將國家變成圓形監獄。極其諷刺的是，「維吾爾」的漢文翻譯原是表達「團結你和我」

之意。

　　中國政府自2017年設置集中營（又稱為「職業技能教育培育中心」、「再教育營」），集中營內完全不受中國刑事司法系統管轄：新疆維總數僅1,100萬人，但被禁錮的維人與少數民族竟高達150萬人。集中營囚犯，其實就是中國恢復勞動力，復甦經濟的解方，包含雅馬遜、愛迪達等共有83家知名品牌，受益於此強迫勞工力。

　　2001年911恐攻事件發生後，中國搭上美國反恐的便車。2009～2014年不滿中國政府的新疆人士，前往中東參與聖戰。2014年起，因為中國政府無法區別平民與恐怖分子，因此開始對新疆少數民族，實施系統性的迫害，主要是企圖防堵所謂的「三股勢力」，亦即恐怖主義、分裂主義與極端主義。2020年7月，中國宣布新疆進入「戰爭狀態」，此後，新疆陷入中國版喬治歐威爾筆下《1984》絕對社會控制的慘境，亦即「戰爭即和平、自由即奴役、無知即力量」。

　　繼新疆之後，《國安法》統治下的香港，淪為中國數位極權的受害者。台灣會是下一個新疆或香港嗎？安全與人權，不但是普世價值，也是公共財，無法做地域的區分。2024年6月，中國公布所謂《懲治台獨22條意見》，企圖以長臂管轄，終身追訴、判處死刑等行徑，威嚇台灣民眾。歷經白色恐怖，受到嚴密社會監控的台灣人，相信閱讀完《終極警察國度》，我們將會有更深一層的反思。

阿潑

文字工作者

「我年輕時曾在中國一所大學演講，說科技會改變世界，說沒有人能遏止言論自由……。」維吾爾語言學家、詩人阿不都外力接受美國記者傑弗瑞・凱恩（Geoffrey Cain）採訪時感嘆：「但科技並沒有使人自由，即使活在看似自由開放的世界，也仍舊是數位監獄的囚犯。」

傑弗瑞・凱恩花了三年時間採訪了168位難民、學者與記者，以及一位準備要叛逃的中國間諜，所完成的這本《終極警察國度》，便是描述這個彷若喬治歐威爾筆下監控威權統治之域的真實再現。透過政治經濟與科技發展的鑲鉗，中國成了二十一世紀的警察國家。

這位美國記者生涯起自亞洲，曾駐越南、柬埔寨、日本與韓國，對於政治、勞工、經濟與科技議題都有所耕耘。正是這樣的背景與歷練，讓他能以多條軸線、多個層次描述這個「完美警察國家」（原英文書名：The perfect police state）——而「梅森」這個高學歷的維吾爾族女子家庭背景、生命經歷，以及她見證的「大國崛起」、對維吾爾族的鎮壓監控，乃至新疆再教育營的一切，最後逃亡，則是貫穿全書的主故事。

「終極警察國度」的軸線如下：除了「大國崛起」的過程、中共在維吾爾自治區的控制與個人經歷外，擅長科技寫

作的凱恩花了不少篇幅描述科技發展如何被極權所用，編織成綿密的監控之網，甚至還深入探討這些技術生成的細節與背景。而中國公安警察與相關人員如何「不思考」地服膺於體制，執行他們自己也不知道為何如此的工作，成就了一個「官僚到荒唐的警察帝國」。

「戰爭即和平、自由即奴役、無知即力量。」這是喬治·歐威爾描述的極權世界，卻也在成了凱恩書中人物的感慨。「梅森」就如此說：政府就是要大家知道它們握有關鍵技術，能掌控我們的安危，它們了解大腦、了解一切，還掌控技術，所以我們必須要服從。

作為記者，凱恩並非從全知、第三者觀點進入，他寫了自己在中國受到的詢問、觸及自己在柬埔寨等不民主國家的危險，卻也平實寫著中國發展的過程，細緻解析 AI、DNA 等科學技術發展後在中國如何被使用——台灣人引以為傲的台裔李開復與黃仁勳創立的輝達，也為這個嚴密監控系統有所「貢獻」。而維吾爾族不論是被害者或在監控工作的執行者，各種見證與精力，則在他生花妙筆調度下，讓這本書相當容易閱讀，而讀者也能透過這樣的書寫橫向、縱向地觀看這個警察國度打造的圓形監獄的樣貌。

終極警察國度

本書研究及維吾爾人／漢人姓名相關說明

　　從2017年8月到2020年9月，我訪問了168名維吾爾族難民、科技工作者、政府官員、研究人員、學者、社運人士，以及一個準備要叛逃的前中國間諜。大部分受訪者都要求我在出版訪談內容時使用化名。

　　我必須用化名，才能在書中詳實描述維吾爾族、哈薩克族和中國西部其他受壓迫民族的處境。他們的家人仍在中國，很容易被警察或情報機構騷擾、虐待。也有些受訪者是公眾人物，經歷過的事已廣為人知，所以請我使用真實姓名即可。

　　這本書的主角化名「梅森」，是我2018年10月在土耳其首都安卡拉認識的年輕維吾爾族女子。從2018年10月到2021年2月，我總共訪問她14次。

　　受訪難民在假名的掩護下，可以誇大自己的故事，或是改變說詞來應對難以承受的創傷，所以我在進行本書研究時，也曾懷疑過訪問難民是否真的恰當。

　　不過記者和學者在記錄政治動盪和人權暴行時，採用難民證詞其實是已存在許久的傳統，有時也會保護受訪者的姓名和身分資訊，不予透露。舉例來說，研究人員和作家長期以來都很仰賴白俄羅斯、猶太人、古巴、中國和北韓難民的說詞。

　　我和從事這類著述的某些作家一樣，在國外當駐地記者為業，訪問許多難民，以及處境敏感，職涯或生命又面臨威脅的族群。受訪可能對他們不利，但我知道如何克服。

我謹慎地交叉比對，聽取關鍵人物的說詞後，會找認識他們、聽過他們故事的人確認，也會運用各種資源查證受訪者的說法，譬如與其他難民的陳述對照，或參照媒體報導、公開資料的事件年表、shahit.biz 的維吾爾受害者資料庫、中國官媒發布的領導階層演說、國際組織「人權觀察」（Human Rights Watch）、維吾爾族人權計畫（Uyghur Human Rights Project）、美國國會和國務院的人權報告，以及某個小型研究團隊分析衛星影像、電腦數據及中國企業報告後歸納出的資料。

我和重要受訪者訪談的次數介於 4 到 25 次，費時 8 到 60 個鐘頭不等，反覆詢問同樣的問題，並細聽是否出現不一致或遺漏之處。在 168 次訪談的兩次之中，我發現故事有些許改變；在另一次談話中，則發現受訪者隱瞞了一些對他不利的資訊，想讓我認為他是受害者，而不是加害者。

這三次訪談的資料我都沒有使用。

在其他訪問中，受訪者的說法都相當一致，小至日期、地點、地址和名字等細節都不例外。我研究 Google 地圖的衛星影像、外洩的中國國家文件和線上招標文件（由受訪者提供）、中國企業發布的數位年報，自己也到新疆觀察、旅行，驗證訪談取得的大多數資訊。

2020 年 12 月到 2021 年 2 月，我和台灣科技記者李文儀合作，再次確查本書素材。她是中文母語人士，對事實查核十分嚴謹，不僅檢查訪談錄音和逐字稿，也致電受訪者，確認他們的故事，再次查驗是否有更改或省略，並對英文報導和研究中翻譯、引用的中文資料原文，進行嚴謹的驗證；至於我則就人工智慧技術、人臉辨識、半導體、DNA 收集和其他技術領域

終極警察國度

的內容，進一步和學術專家合作查證。我把維吾爾人親眼目睹並向我描述的中國監控手法，告訴了其中某些領域專家，他們認為從技術方面來看確實可行。如果書中仍有錯誤，責任一概由我承擔。

由於中國的監控體制越來越精密，對於某些可用於辨識身分的資訊，我選擇不分享或模糊處理，例如確切的年份、地點、年齡和不同事件之間隔了多久。敘述主角梅森的故事時（這也是假名，是維吾爾民族史上一位女豪傑的名字），我省略了可用來追查身分的日期和地點，且未明確指出她在獄中遭遇的事件間隔多久。我必須這麼做，才能保護消息來源，並忠實呈現他們的故事；如果透露得太多，情報機構輕輕鬆鬆就能找出受訪者，還有他們的朋友與家人。

維吾爾人是名字在前，姓氏在後；在中文習慣裡，漢人使用的順序則相反，是姓氏在前，名字在後。為表示對書中人物的尊敬，我根據每個人偏好的順序，用英文拼音呈現他們的姓名。有些人使用中文姓名的英語拼音時，喜歡名在前、姓在後（如Kai-fu Lee，也就是李開復），而不採取一般常見的形式（如習近平）。在全書中，我都採用拼音系統，以英文字母拼寫中文的漢字姓名，這是將標準中文轉為羅馬文字的國際通用做法。

前言　現況

在中國西部的新疆地區，當地人把他們面臨的反烏托邦稱為「現況」（the Situation）[1]。

自2017年來，估計約有180萬的維吾爾人、哈薩克族人和其他主要是穆斯林的少數民族，被政府指控有「意識形態病毒」和「恐怖主義思想」，因而被關進數百處集中營。許多營區是由高中校園和其他場所改建而成，成了用來對囚犯嚴刑拷打、洗腦、灌輸教條的拘禁所。這是猶太大屠殺以後，規模最大的少數民族拘禁行動。

就算沒被送進集中營，日常生活也猶如地獄。女性早上醒來時，旁邊可能躺著一個陌生人，是由政府派來代替她們被警方「消失」、送去集中營的另一半。每天上班前，這位監護人會替全家上課，宣揚國家提倡的各項美德，包括忠誠、意識形態純潔、與共產黨和諧共處，還會出題目確認學習進度，避免你被政府稱為「三大邪惡勢力」的「思想病毒」給「感染」。這三股勢力分別是恐怖主義、分裂主義和極端主義。

早上的洗腦課程結束後，你可能會聽到敲門聲，是地方社區監察官來確認你家有沒有「異狀」——譬如孩子超過三人、家裡有宗教書籍等等——可能還會問你昨天上班為何遲到。監察官是由政府指派，負責監控街區內的十戶人家。

她可能會說：「你被鄰居通報了」。

為什麼？因為你忘了設鬧鐘，所以必須到當地警局報到，接受偵訊，解釋你為何會有這種異狀。

終極警察國度

社區監察官每日巡邏結束後，會拿出一張卡，靠近掛在你家門上的設備掃描，代表她已視察完成。

　　如果你在上班前，開車到加油站或雜貨店買晚餐食材，每到一處，都必須在入口的武裝警衛面前掃描身分證，如果掃描器旁的螢幕顯示「誠信」，代表政府認可你是好公民，允許你入內。

　　如果螢幕顯示「不誠信」，你就不能進去，相關人員很快就會查閱統計資料，然後你可能就有麻煩了：也許是人臉辨識攝影機拍到你在清真寺膜拜，或者是被拍到買了一手啤酒，人工智慧（AI）技術懷疑你酗酒。你可能永遠都不會得知原因，但大家都知道，任何微不足道的小脫序，都可能導致政府降低你的信用排名。

　　警察會走上前來質問你，透過智慧型手機，用一體化聯合作戰平台（Integrated Joint Operations Platform）再次確認你的身分。這個程式化平台內含大量資料，是政府針對每一位公民，利用數以百萬計的攝影機、法院記錄和平民間諜蒐集而成，而且全都經過AI處理。

　　「預測性執法專案」的AI可能預測你未來會犯罪，建議送入集中營。警察一致同意，用警車把你載走。經過一段時間的「再教育」後，你可能會回來，也可能永遠不會有人再見到你。

　　你在專為少數民族設置的隊伍排隊結帳，付了買東西的錢，買了什麼全部都被政府攝影機和你的通訊App「微信」監控。離開雜貨店後，你開車去上班，途中經過十幾個名為「便民警務站」的警察檢查站，但這是對誰便利呢？其中兩個

檢查站的警察把你攔下，要求出示身分證明，還問你要去哪裡。你的資料必須顯示「誠信」，他們才會滿意地讓你通過。

在辦公室，同事隨時都在彼此監控。每天開始上班前，你們都要起立唱國歌，然後看一段關於如何辨識恐怖分子的政治宣傳短片。影片說恐怖分子「很可能突然戒菸戒酒」，你想笑，但同事可能會舉報這種沒禮貌的行為，希望獲得政府獎勵或提高信用排名，所以影片播放時，你全程保持沉默。

如果你是女性，每天中午都必須服用政府規定的避孕藥，不過只吃藥還算幸運，因為政府常會強制召集女同事到當地診所接受結紮手術，聲稱降低少數民族的生育率可以帶來繁榮。

下班後，你開車回家，又經過十幾個警察檢查站。你在社區入口刷身分證，回到被柵欄和水泥牆包圍的貧民窟。任何人都必須刷卡才能進出。在家中，孩子說他們當天在學校學到愛國與和諧是黨的美德。你絲毫不爭辯，因為老師說，父母如果不同意課程內容，學生必須舉報。

吃完晚餐、看完晚間新聞後，你躺在床上，前方是政府裝在客廳角落的攝影機，身旁則是政府派來的監護人。要是能睡得著就好了。你想起他是政府派來的人，在床上想做什麼都可以。如果他有動作時你反抗，他會用不實指控檢舉你，到時你就等著進集中營。

不過你很幸運，今晚沒事，只是好運可能不會永遠延續。你睡著了。隔天早上醒來，一切又再重複。在新疆，這就是維吾爾族、哈薩克族和其他少數民族的日常。

在本書中，我們將探討新疆為何落入全球最嚴密的極權監控，變成反烏托邦，也將瞭解「現況」背後的故事，還有在人工智慧、人臉辨識及監控等技術紛紛推陳出新之際，新疆的處境預示著怎樣的未來。

　　紐約世貿中心雙塔在2001年9月倒塌時，全世界見識到有史以來最明目張膽的恐怖攻擊；這時，遠在紐約11,000公里外的中國北京政府，卻把這視為強化威權統治的大好機會，並在一個月後展開了自家的反恐戰爭，主要目標就是新疆維吾爾族穆斯林組成的極端團體。

　　其實在2001到2009年，由於石油帶來的財富和繁榮建設，新疆相對平靜富足，但中國並未把經濟果實公平地分配給當地的少數民族——歷史上而言，新疆的土地為他們所有，但反倒是為了尋求財富和機會，從東部移居至此的漢族開發者（中國的強勢民族），比較受政府嘉惠。

　　積怨將近十年後，2009年7月，維吾爾族示威者在新疆自治區首府烏魯木齊走上街頭，政府的回應方式則是封鎖網路與通訊，還把無數的年輕維吾爾男性無端消失。其中有些人被指控謀劃暴力反叛、企圖使國家分裂，因而遭到處決。

　　2009到2014年，數以千計的維吾爾族穆斯林男性因為受到迫害，前往阿富汗和敘利亞，和伊斯蘭國（ISIS）相關組織一同訓練、作戰，希望有朝一日能回到故鄉，對中國發動聖戰。這些新恐怖分子發動一連串的槍戰、暗殺、持刀攻擊，還

曾試圖在中國劫機。

2014到2016年，中國全面升級反恐策略，比以往都來得更殘酷，不僅採取傳統的高壓監管手段，還有所謂的「社區警務」——說穿了，其實就是在家庭、學校和工作場所募集的告密者。不過，政府覺得這還不足以完全壓制恐怖主義的威脅。

2016年8月，鐵腕領袖陳全國接下新疆中共黨委書記一職，成為當地最高領導人。他利用新式科技監控人口，也藉助大數據實施預測性執法，只要**AI預測**某個人會犯罪，嫌疑人就可能被拘禁。他開設數百處集中營，官方稱為「看守所」、「職業技能教育培訓中心」和「再教育營」。到了2017年，監禁在這些集中營的人數已快速增加至150萬人，維吾爾族全部的人口，只有1,100萬人。

中國的目標是抹滅整個族群的身分、文化與歷史，將數百萬人完全同化。

「想清除藏在農作物間的野草，不能一株一株地拔，得直接噴農藥全部消滅才行，」某位官員曾在2018年1月這麼說，「再教育這些人，就像對作物噴藥一樣[2]。」

就這樣，中共創造了一個終極警察帝國。

終極警察國度

第一章

新的疆土

「恐怖分子見一個打一個，絕對不留情！」警察高聲大喊。

某個露天市場附近，三個高大壯碩的反恐警察身穿黑色特種部隊制服和防彈背心，戴著太陽眼鏡，站在一排店鋪老闆面前。這些店主正在進行演練，每個人都手持木棒。警察一聲令下，警報聲隨之響起，演習開始：大家都快速猛攻，將假想的恐怖分子制伏在地。

「愛黨愛國！」他們一同呼喊。

我隨意用手機拍下那場景，然後轉身要離開。其中一名警察的墨鏡內建攝影機，連結中國的「天網」監控資料庫，也接線連到他口袋的微電腦。他轉向左側，瞥了我一眼。如果我是當地居民，他可能只需幾秒，就能在眼鏡上看到我的姓名和身分證字號[1]。我還沒意識到發生什麼事，就已被警察團團圍住。這些人是從哪冒出來，又監視了我多久，我並不曉得，但他們看起來不太開心。

一名190多公分的男子搶走了我的手機。他身穿普通警察制服和白色鈕扣襯衫，頭戴警帽，要求我出示護照。

「跟我們走，」他說。

當時是12月一個寒冷的日子，我裝成背包客來到喀什（Kashgar）。前一天早上，我搭了兩小時的飛機，從烏魯木齊

終極警察國度

抵達破舊的喀什機場。因為有旅遊簽，我得以造訪這個鮮為人知的邊境城市——這裡的居民多半是穆斯林，地處沙漠綠洲，也有寒凍的山脈，面積是德州的兩倍大，位於中國最西邊，接壤阿富汗和巴基斯坦。

在這之前的十年，我專門記錄全球威權政府的崛起，以及這些政府是如何利用越來越複雜的手段，以新式科技監視、控制，甚至謀殺人民。我報導過北韓、中國、緬甸和俄羅斯的叛亂、獨裁統治和大屠殺，但被喀什當局拘留時，才意識到自己從未見過手段如此純熟、威嚇性如此強烈的監控帝國。

我很可能是從抵達的那一刻起，就已經被監視。其他記者警告過我，說飯店房間可能被竊聽，筆電和手機如果留在房內，也可能被掃描。全中國共有1.7億台攝影機[2]，其中某些甚至能辨識將近15公里外的人[3]；此外，政府還設置Wi-Fi探測器，可在機器的運作範圍內搜羅所有智慧型手機和電腦的資料[4]，所以大概從我下飛機的那一秒，政府就已經掌握我的一切了。

一名「公安官員」檢查了我的護照。這是中國用語，指的是握有大權，可進行搜查、扣押的警察。

他看著護照裡的出入境章，一臉懷疑地問：「日本？柬埔寨？埃及？你做什麼的？」

「我是企業顧問，」我說，「只是來觀光……當背包客。」

我很緊張，畢竟除了我以外，根本沒看到其他西方「觀光客」。當時可是冬季最寒冷的日子，我也擔心他會發現我的手錶其實是錄音裝置。

警官打了通電話，嚴厲地瞪我一眼。

「這支手機上的所有照片都得刪掉。」那支手機是我幾天前在中國買的，就只用來拍照而已，拍些奇特的建築、宣傳標語和警察。

　　他看著我把照片刪掉，然後把手機和護照還我。

　　「歡迎來中國，」他說，「請不要拍敏感照片。你可以回飯店了。」

　　隔天早上，我在飯店房間醒來，腦袋一片混亂。那是2017年12月10日，雖然已經八點，天色依舊昏暗。遠處刺耳的警車聲整晚不斷，只過了三天，我就已精疲力竭。在抵達前，我對中國政府監控、偏執的程度毫無概念；真正到了以後，才覺得時時刻刻都有人在看著我，卻無法確切說出是在哪裡被偷窺，對方又是如何監視我。

　　我來到新疆，是為了探究中國採行哪些手法，建置出人類史上最精密繁複的監控系統，原以為可以時不時詢問當地人的看法，或透過與警察接觸，獲得一些線索，一窺中國的AI技術和廣大的攝影機監控網絡如何運作，殊不知卻強烈覺得反倒是我被政府窺探。

　　我搭電梯下樓，來到其尼瓦克飯店（Qinibagh Hotel）大廳。這裡曾是英國總領事的宅邸，最近剛翻新，四處都有仿壁畫和地毯的平面裝飾（在阿富汗和伊朗也很常見）。整間飯店缺乏歷史氣息，塑膠感很重，老闆似乎想證明什麼，更糟的

是，感覺想掩蓋什麼。

我吃著西式自助早餐的炒蛋和香腸時，餐廳的電視正在播放一部新聞紀錄片，描繪中東的恐怖主義與混亂局勢，配樂令人毛骨悚然，聽起來像影集《陰陽魔界》（*The Twilight Zone*）的主題曲。螢幕上有炸彈引爆，恐怖分子在塵土飛揚的沙漠村莊用AK-47掃射，穆斯林則在清真寺求神讓無辜的人喪命，然後就接到美國世貿雙塔倒塌的畫面。

「愛黨愛國」，新聞主播做出這句結論。

從喀什往東飛行將近七小時，才會抵達首都北京，但中國政府要求喀什也遵循北京時區，所以當地直到早上十點仍籠罩在黑暗中。我在黑漆漆的天色中離開旅館，通過有武裝警衛看守的大門，開始探索這座城市。穿越小巷、市集和廣場，幾乎每個街角都有警察監視亭，甚至連小孩子都一臉懷疑。

「護照！」路上有個中國警察朝我走來，指著我的鬍子說：「巴基斯坦人？阿富汗人？穆斯林？」

我搖頭。

「美國人，」我用中文告訴他。

他檢查我的護照後，舉手示意我通過檢查站，並警告了一句：「別走太遠。」

2008年起，我住過亞洲，又搬到中東，接觸到一般美國人不會看到的世界。

在西方（橫跨大西洋，包含北美和西北歐一小塊的地區），我們活在組織明確的民族國家體系之下，有共通的語言，也遵守同一套律法和習俗——這些法律和風俗習慣，超越了我們對種族、政治派系和宗教領袖的忠誠。

到了亞洲後，我才開始從不同的角度看世界。數個世紀的貿易、征服占領和快速演變的思想與信仰，對亞洲有很深的影響，可能促成新王國的誕生，也可能使政權迅速瓦解。

收藏古地圖是我的興趣，但我較少收集歐洲、東亞和北美的地圖，比較關注中國到地中海之間的地帶。這個區域的地圖背後也有其故事。所謂的「歐亞大陸」，是綠洲、大草原和山脈綿延的一大區塊，處處都有紛亂與衝突，相當難以治理，只要看看巴爾幹半島、敘利亞、土耳其、以色列和巴勒斯坦、利比亞、烏克蘭、車臣、伊拉克、伊朗、阿富汗與巴基斯坦，就不難明白。這片大陸上縱橫交錯著不同的民族與宗教勢力，早在現代政府成形前就已存在，甚至凌駕於政府之上。現代世界的暴力衝突多半發生在這裡，這片土地蘊含豐富的石油、貴金屬與礦產，但也充斥獨裁、不平等和基本教義派的宗教分子。

我對絲路的歷史也很有興趣。這條貿易路線從歐洲蜿蜒到亞洲，把黃金和貴金屬帶入東方的中國，絲綢則向西流入歐洲，最早是因為馬可‧波羅（Marco Polo）十三世紀的旅行見聞而在西方聞名。我在歐洲探險家的記錄中，讀到他們穿越荒涼無情的塔克拉瑪干沙漠（Taklamakan Desert）。那是全世界最大的沙漠之一，坐落在維吾爾人聚集的喀什市旁。

終極警察國度

「天色突然暗了下來，」德國考古學家阿爾伯特・馮・勒・寇克（Albert von Le Coq）在1928年這麼寫道。

塵埃越來越密，被遮住的太陽變成一顆深紅色火球。先是傳來一聲模糊的嚎叫，接著是刺耳的鳴響，片刻過後，風暴以令人驚恐之勢，猛烈地砸在旅行車隊上，強力捲起混雜鵝卵石的大量沙粒，在空中迴旋急轉後，狠狠地落在人和牲畜身上。天色變得更黑，詭異的碰撞聲之間摻雜著風暴的呼嚎與咆哮……整個場面猶如地獄……。

儘管天氣炎熱，遭遇風暴的每一個旅人都必須用毛氈把自己完全包住，以免被力道猛烈、四處飛射的石塊打到，而且颶風太過狂暴，人和馬都得躺下，否則無法承受。這種情況經常持續數小時[5]。

這種致命的沙塵暴在當時稱為「黑色颶風」，正是塔克拉瑪干沙漠可能致命的原因。喀什的英國總領事稱這片沙漠為「死亡之地」（Land of Death）；瑞典探險家斯文・赫定（Sven Hedin）形容是「世上最糟糕、最危險的沙漠」；英國駐地記者彼德・霍普克（Peter Hopkirk）則寫道，在當地的突厥語中，「塔克拉瑪干」一詞的意思是「一進去就出不來[6]」。

中國西部邊境的這片沙漠，就像一顆橫放的美式足球，東西橫跨大約1,000公里，周圍有六個綠洲小鎮環繞，歷史上稱為「六城」（Altishahr），喀什位在西側[7]。幾世紀來，像馬可波羅這樣的探險家和商人在山區（現在的伊朗和阿富汗）辛苦跋涉後，都會到喀什休息，然後繼續前進到地勢更危險的區域[8]。

我在伊利諾伊州的芝加哥長大，成長過程中，對歐亞大陸的認識就只有伊拉克和阿富汗——兩個因為911事件而浮上檯面的國家。我很少會想到亞塞拜然、烏茲別克或塔吉克，總覺得那些是偏遠地區，是一片混亂、又很邊緣的後蘇聯國家，剛好都是伊斯蘭教。不過，我在亞洲的時間越長，就越發現自己原本的西方中心式觀點很有缺陷。

真實世界並不是我在《紐約時報》讀到的那樣，並不全是民主盛行、人民擁抱自由市場，從意識形態的冷戰中獲得解救。雖然冷戰在我嬰兒時期就已結束，但是在歐亞大陸各處，我都仍見證到民主失敗，看著石油大亨奪權，實行寡頭政治，也看著宗教和部落領袖拉抬戰爭規模。

我讀了更多歷史、人類學和全球新聞報導後，才意識到我成長的美國中西部只有數百年歷史，但我在那個寒冷的12月早晨醒來時，卻是身處已存在好幾世紀的小城喀什，那是絲路上的文化和貿易轉運站，也曾是四海旅人歇腳的處所。

911事件後的那幾年，文化方面一直很吸引我的中國開始向西延伸，把觸角擴及新疆地區。2013年起，中國開始建設價值一兆美元的道路、港口、石油管線和鐵路網絡，名為「一帶一路」計畫[9]。

中國希望把重心抽離過度開發的沿海地帶，建立國際貿易路線，取代跨太平洋的夥伴關係，同時也積極遊說企業把製

造工廠遷到內陸——蘋果供應商富士康就是其中一例，該公司原本是在東南沿海的深圳地區（靠近香港）製造裝置。遷廠後，企業將能透過陸路運輸，把產品送到歐盟及中東等出口市場，費用更低廉。不過，這個計畫背後還有更大的野心：中國不僅想復興古代絲綢之路，也企圖翻轉世界秩序。

新疆的字面意義是「新的疆土」。該地區是全新道路與管線網絡的起點，是外在世界首度與中國接軌時的門面，也是一帶一路計畫第一個被國際社會檢視的地方，所以很快就成了中國最敏感的邊境。不過，中國還有個問題得先解決：平定新疆。

2011到2014年間，維吾爾恐怖分子對新疆民眾及中國其他地區的攻擊越發強烈，在天安門廣場進行了兩次車輛衝撞，其中一次還使用炸彈[10]；在中國南方城市昆明的火車站發動突襲，揮刀刺砍十名乘客[11]；在喀什暗殺一位著名伊瑪目[12]（imam，伊斯蘭教宗教領袖），還企圖劫持一架往來兩個新疆城市的飛機，結果被乘客、機組人員和臥底警察制伏，六名劫機者中有兩人被打死[13]。

這些攻擊是極端派的維吾爾恐怖分子所為，他們是「突厥斯坦伊斯蘭黨」（Turkestan Islamic Party）成員，曾在阿富汗和敘利亞受訓，宣稱要建立橫跨新疆與中亞的「哈里發國」，也就是由宗教領袖治理的伊斯蘭國家，且這位領袖將成為先知穆罕默德的繼承者[14]。中國政府看準時機，趁著這些攻擊發生之際，號召全國團結起來，對抗共同的敵人。

「全國各族人民應珍視民族團結，合作阻止分裂主義、極端主義和恐怖主義這三大勢力的政治行動，」負責替政府發聲

的官媒新華社在2014年8月的評論中這麼寫道[15]，宣示了中國的意圖。

2013到2014年，中國開始強化對新疆的種族隔離——其實自冷戰結束以來，就一直在進行，北京政府也不避諱地公開承認自家的根本種族措施。維吾爾族是突厥人，與哈薩克、吉爾吉斯、亞塞拜然和另外三個國家的建國者同源。西元六到十一世紀，他們的祖先從西伯利亞和中亞大草原一路南下到歐亞大陸，在1453年征服東羅馬帝國的首都君士坦丁堡（現在的伊斯坦堡），建立鄂圖曼帝國，屹立450年，直到一戰時才被擊敗[16]。

雖然與鄂圖曼人系出同源，但維吾爾人住在邊緣地帶，離帝國中心很遠。當時有許多不同的突厥和中國穆斯林領袖統治獨立城邦，或以遠方臣民之姿對蒙古、滿洲和漢族王朝投誠效忠。十八世紀中葉，滿洲人在鬥爭中拿下原本由蒙古人統治的領土，建立清朝，並接管了今日的新疆地區。

不過早期的新疆並沒有被針對、打壓。「為避免造成情勢不穩，（清朝）滿州政府禁止漢人到維吾爾族密集聚居的區域開墾，也並未干涉維吾爾人的宗教、飲食和衣著，」喬治城大學（Georgetown University）的歷史教授米華健（James Millward）寫道。「這種允許多元文化的帝國主義運作得很好，雖然中亞地區曾數次有人對新疆西南部發動小規模入侵，但從十八到十九世紀中葉，新疆地區基本上是很平靜的，所以維吾爾人口成長至五倍之多，經濟也蓬勃發展[17]。」

但清朝在1912年分崩離析，引發了長達38年的全國性叛亂，軍閥和有國外列強撐腰的派系衝突不斷，國內也掀起提

終極警察國度

倡新疆學校及社會改革翻新的運動，一切要到共產黨1949年統一中國後才結束[18]。從那時起，維吾爾人和其他突厥民族就成了次等公民，被貶低、隔離，找工作、到銀行開戶或買新車、新房時，也往往遭受不平等的待遇。

中國領導人誓言要終結種族衝突和分裂主義，在恐怖攻擊於2013至2014升溫後的六年間，實行了大規模的社會實驗，以壓迫、控制和洗腦手段，企圖使人民對國家絕對忠誠。中國政府將新疆地區改造成實驗室，測試未來反烏托邦最先進的監控技術。

在2018年2月的世界經濟論壇（World Economic Forum）上，金融家喬治·索羅斯（George Soros）宣稱：「極權國家和掌握大量數據的壟斷式IT企業可能會結盟，把剛開始發展的企業監控系統，與已經成熟的國家監控體系結合在一起，催生出極權控制網絡，造成連阿道斯·赫胥黎（Aldous Huxley）或喬治·歐威爾（George Orwell）都無法想見的狀況。」他預測中國將是最早以威權政府之姿，與科技公司「惡性結盟」的國家之一[19]。

2017年8月，我開始規劃前往新疆時，去過的一些外派記者同事和外交官都警告我。

「等你到喀什就知道了，」在北京的一位記者對我說，「這裡簡直就像末日降臨。」

2017年8月24日，我在泰國清邁短暫度假，正要搭機離開時，收到記者和人權調查人員的訊息，內容很令我不安。

身為中國盟友的柬埔寨政府，不知從何得知我對中國西部的研究，並謊稱我有陰謀。柬埔寨政府為何會知道我打算

去新疆，我並不曉得，可能是設法向中國航空公司取得了我的航班資料，或是監控我在社群媒體的發文。但我只在臉書（Facebook）寫過一篇新疆政治局勢惡化的文章，十分低調，為的就是要避免被政府或情報機構注意到——至少我以為有效。

「傑佛瑞‧凱恩於8月18日離開柬埔寨，前往中國新疆省，當地的維吾爾族正在與北京政府對抗，」Fresh News刊登的文章這麼寫道。這個網站很受歡迎，與柬埔寨政府關係密切，該國傍晚黃金時段的所有新聞節目和大報社都會引用網站內容。那篇文章指控我是間諜，受某「超級大國」僱用，在亞洲各地煽動叛亂，受害的有韓國、柬埔寨和另一個報導未指名的國家[20]。

當然啦，這些指控很荒謬，我甚至還沒去新疆呢。不過有個澳洲電影導演跟我類似，也被指控是間諜，已在柬埔寨被捕，將要接受審判[21]。

所以我沒去新疆，而是留在泰國，後來又躲到華盛頓特區。那樁醜聞把我講得猶如獨來獨往的超能力間諜，我希望事情能趕快平息。

偏偏事與願違。九天後，柬埔寨的反對領袖被捕，罪名是與「間諜組織」合作，而我就是其中一人[22]。

柬埔寨總理下令政府「調查所有可能從事間諜活動的美國公民」，他的軍事指揮官則宣稱要「消滅有意侵略柬埔寨的所有外國人」，並表示會「把每一個人都粉碎[23]。」

我又再等了四個月，希望柬埔寨不要再繼續這麼偏執，等得很不耐煩。我報導過其他國家的專制政府，所以真的很好

奇，很想親眼看看實施先進監控技術的反烏托邦社會。我在北京待了幾天，向熟悉新疆情況的人請益，還與一位美國外交官共進晚餐。

「你之後要去哪？」她問我。

「新疆，」我說，「有個計畫要做。」

「千萬不要去！」她尖聲說，「他們會跟蹤你，把你抓起來，你一定會有危險！」

第二章

圓形監獄

圓形監獄是一種奇妙的機器，無論用於什麼目的，都能對權力產生同樣的效應。

——米歇爾‧傅柯（Michel Foucault）

《監視與懲罰：監獄的誕生》

（*Discipline and Punish: The Birth of the Prison*）

　　隔天我飛往喀什，和導遊曼蘇碰面（為保護他的安全，我替他改了名字）。曼蘇熱情且博學多聞，他太太幾乎每天都被政府逼去上好幾小時的愛國課程，原因不明。曼蘇想把他的故事告訴外面的世界。他說太太上這些課已經「好幾個月」了，在課堂上要研讀、背誦政治宣傳內容。

　　「我跟你說說『現況』吧，」他說。

　　我們相處了四天，第一天就離開喀什，遠離攝影機和政府的眼線，去白雪皚皚、沙岩環繞的鄉間一日遊。

　　「當導遊是我跟外界聯繫的方式，」他解釋道，「這是我維持理智的唯一辦法，不然我會發瘋。」

　　「大家都叫（監控系統）天網」，聽起來很不祥，畢竟在描繪未來反烏托邦的電影《魔鬼終結者》（*Terminators*）中，控制世界的AI電腦就叫「天網」。

　　接著他向我說起打造終極警察帝國的三步驟。曼蘇擁有商學學位，對時事相當瞭解，我們在四下無人的鄉間爬了六小時的山，他有三小時都在談這些步驟，所以我濃縮了他的分享，並以換句話說的形式呈現。

終極警察國度

他說第一步是要確立敵人（少數民族、移民、猶太人等等，以中國的情況來說，就是穆斯林），並將自己的問題怪到他們身上，讓人民相信敵人無處不在，「會對國家的力量和榮譽造成威脅。」

第二步是掌握科技，監控敵人。起初如果獲利強勁，科技業的大老闆會對監控行為視而不見；如果利潤不佳，企業更是會乖乖配合，因為他們需要政府支持。

利用攝影機和社群媒體收集敵人資料很有用（包括臉部特徵、DNA、錄音和他們在網路上的活動等），也可「透過社群媒體和App散播關於敵人的假消息」，目的就是要指控敵人，使大眾歇斯底里，形成人人自危的局面。

他說第二步還有個玄機。新的AI和臉部辨識技術幾乎總會有點瑕疵，或許新推出的軟體或設備沒有想像中的那麼聰明有效，無法輕易追蹤到嫌犯，但還是可以把這些技術弱點變成優勢。

「該怎麼做？」我問。

答案就是隱瞞技術運作細節，刻意打模糊仗，使用聽起來很樂觀的新式政治語言，使一般人認為政府的工具毫無弱點、深不可測。

「不只是要製造恐懼，」曼蘇說，「使人民感到不確定，也是控制的好方法。」

他說第三步對任何政府而言都很棘手，並解釋政府可以透過科技工具把真相變成次要，使人民感到恐懼多疑，然後再利用這種人心惶惶的氛圍。只要結合攝影機、AI和臉部、聲音掃描器，「就可以把國家變成圓形監獄。」

「什麼是圓形監獄？」我問。

顧名思義，就是設置成圓形的監獄，守衛可以從中央的監哨站看見一切，但沒有任何囚犯能看到他，曼蘇爾回答。大家都知道自己被監視，但不知何時有人在看，也不知道對方在哪，所以圓形監獄是很有效的控制手段。這個概念的先驅是十八世紀的英國哲學家傑瑞米‧邊沁（Jeremy Bentham），他對歐威爾有很深的影響。

「那圓形監獄是怎麼套用在新疆？」我問。

「你也看到了吧，到處都是攝影機，政府還會竊取手機和電腦資料，強制大家進市場和學校時掃身分證，鼓勵家人和朋友互相檢舉，還進行『社會信用評分』，評估每個人的誠信度。」

接下來的步驟則是「隨機執行規範」，他解釋道，「把敵人胡亂送去集中營，即使只是輕度違規，像是和社會地位較低的人吃晚餐，也都不例外。」

他繼續說：「這樣一來，社會將迅速崩解，」民眾無法得知事實與真相，時時受到監控，大多數人都分不清敵友，即使想挑戰政府，也無法取得所需資訊。朋友互相背叛、老闆告員工的密、老師揭發學生、孩子出賣父母，每個人都得仰賴政府，才能得到保護。

我這才意識到，科技明明應該是要用來激發人性的美與善，結果卻這樣遭到濫用，反而造就了邪惡動機構築而成的監獄。在中國，掌握科技的人同時也掌握整個國家。

終極警察國度

兩天後，我因為拍照被扣留，所以決定該離開了，下一站是埃及開羅。那兒的一個維吾爾人告訴我，埃及當局在追捕流亡的族人，要把他們遣送回中國。

　　我登上飛往開羅的班機，在電腦上打開中國一位線人寄給我的清單——「75種宗教極端主義行為指標」。他說警方正在新疆發放這份清單，建議人民留意某些行為，因為有這些行徑的人可能是恐怖分子，以下是其中幾項：

「在家囤積大量食物。」
「突然戒菸戒酒。」
「購買或囤積啞鈴這類的設備……或是拳擊手套、地圖、指南針、望遠鏡、繩索和帳篷等等，且原因不明[1]。」

　　抵達開羅後，我搭計程車到市中心解放廣場（Tahrir Square）旁的一家小旅館，路上經過幾座伊斯蘭宣禮塔，賣香料的小販在大汗淋灕的擁擠人群中卡位。

　　我整頓好以後，華盛頓特區的一名維吾爾人發了電子郵件給我：「開羅有些人想跟你碰面。」

　　我同意在一間租來的自習室和「亞斯曼」及「歐斯曼」見面，地點是在一家兒童補習班，我假裝教他們英文。由於埃及警方一直在追捕兩人，為了安全起見，我們以此掩護。

　　在半年之間，這兩名男子和他們的家人如同失去國籍，

四處逃亡，每週都要換地方住。亞斯曼走到窗戶旁抽菸，讓煙霧飄出窗外，雙手都在顫抖。

「他們出賣我們，向外國勢力低頭！原以為來這裡就沒事了，但其實逃到哪都不可能安全！」他激動地說。

他說一切都始於2016年9月，當時埃及開始和中國簽訂一連串的協議，中方承諾給予112億美元，資助埃及建設新首都、電氣鐵路，進行衛星發射和其他一帶一路基礎設施[2]。不過在協議中，兩國也承諾要交換「極端組織」的相關資訊[3]。

「也就是說，埃及警方監控取得的所有新疆流亡者資訊，中國都有權查閱，」歐斯曼附和。

2017年7月3日，埃及同意和中國國安官員交換資訊的13天後，警方便出動搜查宿舍、餐廳和住家，抓走維吾爾族的學生和居民，即使是合法住在埃及的居民，也一律遣送回中國[4]。

「我們知道情況不妙，」亞斯曼說，「時間緊迫，他們就要來抓人了。」

2017年7月，管理員用對講機打到他家。

「我從窗戶看出去，看到埃及警察在外面等……於是下令所有的家人和客人都躲到屋頂上，保持安靜，」他告訴我。

警察搜過他房間後就離開了，但亞斯曼知道他們一定會再回來。

歐斯曼說他計畫帶著家人逃離埃及，但不確定會不會成功，如果被迫回中國，甚至不知道能不能活下來。根據新聞頻道半島電視台2017年的報導，住在埃及的七八千名維吾爾人之中，有九成已經返回中國[5]。

亞斯曼沮喪地說：「這一切都彰顯出中國的勢力。他們只

要拿出錢來，別國政府都巴不得奉命行事，實在很可怕。」

　　2018那年，我多半待在華盛頓特區[6]，訪問了百餘位維吾爾族難民，包括塔依爾・哈穆特（Tahir Hamut），他是最早以維吾爾語寫作的現代詩人之一，1990年代末期起也擔任電影導演，擁有自己的電影製作公司，拍攝故事片和紀錄片，最受歡迎的作品是維吾爾族流行音樂影片，以及關於族人文化與歷史的紀錄片。由於哈穆特在片中探討維吾爾傳統，後來被中國政府審查。2017年8月，他帶著妻子和兩個女兒，落腳在華盛頓特區的維吉尼亞州郊區。

　　「我們差點沒逃出（新疆），」他說。「失蹤事件越來越多，如果我們當時（2017年8月）沒有離開，我實在不敢想像會發生什麼事。科技應該增進人類福祉，但某些國家卻用來對人民進行監控、壓迫與懲罰……這實在是我們這個時代最大的悲劇之一。」

　　2017到2020年間，我訪問的每一位維吾爾人，都至少有兩名家人和三個朋友不見，很可能是被關進集中營了。許多人都無法確定親友到底發生了什麼事，但大約有三分之一的受訪者說自己的所有家人都「被消失」，只有他們逃脫。

第二章　圓形監獄

2017年起，中國就已開始在新疆各處設置集中營，至少有260處[7]，名義上說是「職業技能教育培訓中心」[8]，還改建高中校園、體育館和政府建築，用來當集中營。政府聲稱大家是自願前往營區[9]，可以自行離開。「參訪」這些集中營的人會學中文和製鞋、做衣服等工作技能，還會有「去極端化」課程教他們不要成為恐怖分子[10]。

但這些集中營的真正目的可不是這麼單純。營內的運作完全不受中國刑事司法系統管轄，被關在裡頭的人其實都沒犯罪，也沒被起訴。在中國於新疆部署的種種警察戰術與技術中，營區內發生的事最為駭人──政府不斷製造恐懼、加強控制所有人民的生活後，還祭出集中營這個終極手段。光是監控並不夠，中國還想更進一步地淨化民眾思想，「治療並清除他們腦中的病毒，幫助他們恢復正常的心智狀態[11]。」在政府演說、官媒報導和外洩文件中，這種醫學式的語言都一再出現。

「該抓的人一個都不能放掉！」共產黨的新疆領導人陳全國在政府內部文件中曾如此宣示。2017年2月，他來到烏魯木齊的市鎮廣場，對數千名警員和列陣排好的軍隊官兵演說，要大家為「破滅性的攻勢」做好準備[12]。

2016年底到2017年間，再教育計畫剛啟動時，中國下令新疆的維吾爾族、哈薩克族和其他穆斯林為主的少數民族自行前往警察局報到，也有人是晚上警察找上門，然後就被強行帶走。警察會用布蒙住他們的頭，送進警車後座，載到集中營。被囚禁過的幾十個人告訴我，警察向他們保證只會拘留十天，最多幾週，期間要參加再教育課程，「畢業」後就可以離開[13]。

終極警察國度

但事實上，所有受訪者都說他們待了好幾個月，許多人還被指控懷有極端與恐怖主義思想，因而被關上好幾年。被拘禁後，他們時不時會被送到其他營區，似乎沒有什麼轉送規則可言；如果最後獲釋，則是因為營內的人實在太多。不過在獲准離開前，警衛會先逼迫他們簽署文件，保證絕不會向任何人透露在新疆經歷的事[14]。

新疆的人口只占中國2%，2017年被捕的人數卻高達全國的21%，而且是前一年的八倍之多[15]。某些黨內官員對於掃蕩行動的效果和道德與否抱持懷疑態度，根據外洩的政府文件，某縣官偷偷放走了數千名被拘禁者，結果自己被關進監獄，中國政府也因而大舉清理門戶，開除了官方認為會妨礙新疆行動的所有官員[16]。

隨著監獄數量大增，中國政府開始建造安全措施更嚴格的新集中營，建築本身也越來越有震懾意味，包括監視塔、厚重的水泥牆和入口處的巨型鐵門，通常還有警察帶著訓練有素的警犬巡邏。一般監獄需要多年才能建好，但這些營區卻能在六個月內完成。某些集中營有自己的工廠，囚犯會被迫製衣、製鞋，把奴工問題帶入了全球供應鏈。根據美國網路新聞媒體BuzzFeed的調查顯示，多數營區都足以容納多達一萬名囚犯[17]。

2018年10月，我回到伊斯坦堡繼續追這件事。土耳其和維吾爾族、哈薩克族同屬突厥民族，所以境內有許多來自中國的維吾爾及哈薩克難民。土耳其總統雷傑普‧艾爾段（Recep Erdogan）對這些難民表示歡迎，後來也譴責中國迫害維吾爾人的行徑，是少數發聲的穆斯林領袖之一。

哈穆特介紹了阿不都外力·阿尤普（Abduweli Ayup）給我認識，學生和認識他的人都叫他「阿不都外力老師」。他是一位意志堅定、脾氣火爆的語言學家兼作家，在堪薩斯大學讀過書，關於西方生活的部落格文章吸引了許多維吾爾人。由於他在美國受教育、有人脈，又在新疆經營教授維吾爾語的幼稚園，中國政府在他 2011 年 6 月返國後，認定他是危險人物，兩年多後就將他羈押，關了一年三個月[18]。

「中國折磨我，不讓我睡覺，要我放棄一切，」他告訴我。「這不是那種把整個民族殺光就好的傳統大屠殺；他們採取更進化的手段，企圖抹滅我的思想、身分和我的一切，包括我的存在和我寫過的所有東西。歷史和文化承載我們的記憶，消除了記憶、存在與信念之後，就等於消滅整個民族了。」

阿不都外力從集中營被釋放後，設法逃離中國，並在 2015 年 8 月以難民身分入境土耳其。他人脈廣闊，在維吾爾社群中是很有影響力的文學人士，刊登在網路上的反叛性作品，也獲得文學界的大力讚賞。我們在伊斯坦堡見面後，他帶我去首都安卡拉，並介紹一位年近三十的年輕維吾爾族女子梅森給我認識。

「你一定得見她，」阿不都外力在火車上告訴我，「她還沒有公開發聲，但她的故事真的很令人難以置信。」

2018 年的 10 月晚上，我們來到市區外圍，在她寬敞但沒什麼東西的公寓喝茶。她不久前才搬到那裡，所以幾乎沒有裝潢。梅森正在攻讀社會學碩士[19]，準備申請到美國讀博士。她皮膚白皙，留棕色長髮，泅茶時看得出言行都很細膩，不過她

瘦小的身形並沒有騙到我和阿不都外力——從她的言談中，我們能感受到她堅韌、強硬的個性。她聊著自己最喜歡的茶和在安卡拉的生活，也不時引用文學作品，並分享她對世界現況的前衛看法。

「大家都說女生不該受教育，」她說，「但我認為女性教育能改變世界。」她忙碌地在廚房和客廳之間奔走，一會兒準備食物，一會兒又到圖書室拿書。

在新疆，中國政府會僱維吾爾人當線民、間諜，逼他們打電話給流亡海外的親友、背叛對方。土耳其的數十名維吾爾人告訴我，這些維吾爾間諜打來時，會傳他們家人被關在集中營的照片和影片，並保證讓他們和分離已久的兄弟姊妹、父母或孩子說話，而且會幫忙確保留在故鄉的這些家人安全無虞，但前提是他們必須告密，透露同社區其他維吾爾流亡人士的下落與行蹤[20]。

一開始，梅森不太確定要不要把她的故事告訴我。丟下家人讓她覺得很羞愧，而且家族中有許多人下落不明，幾乎可以肯定是被關到集中營了。

「我的包袱很重。家人都沒了，我也只是新世界秩序中的一顆棋子。不過我會解釋我是怎麼落到這一步的，」她這麼說。

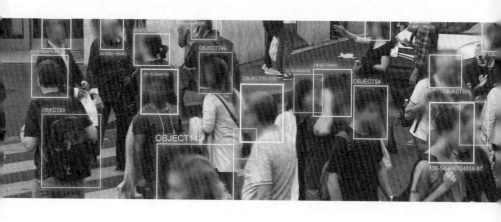

第三章

天網已鎖定你

> **" 絕對不留情。"**

——習近平

　　「我在新疆長大時，」梅森開始說，「黨會照顧所有人，每個人未來的路，都是從很小的時候就決定好了。男生通常會當警察，女生當老師[1]。」

　　梅森是罕見的例外。她出身望族，高中以第一名的成績畢業，進入中國的菁英大學，未來想從事外交工作。少數民族的年輕女性能有這種成就，是很難得的。

　　政府對待新疆居民的方式是逐漸緩慢地改變，所以梅森起初並沒有察覺到周遭發生了什麼事。這些變化就像蛋殼上的小裂縫一樣，一點一滴地浮現出來，最初是在2009年7月，烏魯木齊的民族團體暴動反抗政府，警方因而開始追捕涉嫌煽動叛亂的年輕男性[2]。

　　2009到2014年，不滿的新疆男性前往阿富汗和敘利亞，學習如何發動聖戰[3]。有些人希望回到中國，其他人則希望永久定居在ISIS的管轄範圍內，認為這樣能找到社群和歸屬。中國政府以武力回應恐怖攻擊，逮捕嫌犯後一律處決[4]。

　　2014年起，政府因為無法辨別誰是恐怖分子，誰又只是無辜的旁觀者，所以對全體人民伸出了專橫的手，首先是在2014年8月的運動賽事期間[5]，搭公車時不得公開表露自己的宗教，男性不能蓄鬚，女性也不得戴面紗。對鬍子和面紗的禁令很快就擴及到了所有公共場所[6]。那年夏天，梅森進百貨公

終極警察國度

066

司和加油站時，開始必須出示身分證；開車去加油時，周遭也圍繞一堆警衛。那年，政府還宣布要在她的家鄉喀什建立「平安城市[7]」。

然後監視攝影機就開始大量出現，越來越多，最後裝了幾千台，無所不在。

「警察說這麼做是為了打擊犯罪，遏止恐怖主義，追蹤可能抱持極端主義的外國人和穆斯林，」她說。「有太多人都馬上就接受他們的說法，太多人被牽著鼻子走了。」

2016年，梅森已在安卡拉攻讀社會科學碩士，再一年就能完成學位。她暑期回中國放假時，在6月某天被叫到喀什當地的警局。警察核對她的身分文件後，拿出一台智慧型手機掃描她的臉，確認了身分，隨後又進行強制健康檢查，由員警用棉花棒從她嘴裡採集DNA，還抽血與政府資料庫比對，辨識軟體也辨認出她的聲音。天網找到她了，而且對她瞭若指掌。

梅森看到警察的電腦螢幕上跳出「姓名：梅森 _____」。

「社會信用評等：不誠信。」

因為梅森在國外待過，警方下令她每週都必須參加關於政府和公民教育的政治宣傳課程。她打算結束後就要回安卡拉完成碩士學業，從事外交工作，讓家人以她為榮。

但某天，中國政府任命的地方社區監察官找上門來，遞給梅森一份文件，要她再次到附近的警局報到。她在櫃檯登記時，三名穿西裝的中國男性向她走來，逼她坐進一台黑色四輪驅動休旅車後座，然後自己也上了車。開了一個小時後，他們抵達目的地，警衛說是「再教育中心」，她將在那參加更密集的公民教育課程，每天都要上課，早上八點開始，晚上六點才

能回家。

　　但幾分鐘內，她就被轉送到安全措施更嚴密的營區，警衛稱之為「拘禁中心」，說她不能離開。她被帶到院子裡，後方的建築看起來像是住家改建的，前方有一塊告示牌：

　　「愛習近平主席。」

　　「進去，」警衛對她說，然後就關上了門。裡頭完全沒人，前方是一條長長的水泥走廊，每隔幾十公尺就有攝影機對準梅森。

　　「牆上漆滿壁畫，還有許多宣傳口號，」梅森說，「其中一邊畫了戴面紗的穆斯林婦女，看起來很悲傷抑鬱，另一邊則是穿高跟鞋和現代服飾女性享受城市生活；一邊是維吾爾族的穆斯林老師在上課，學生邊聽邊哭，另一邊則是漢族中國老師在教開心的孩子。」

　　後來，又有人把梅森帶到庭院，叫她在那兒等。她站在那裡，茫然不知所措。這時，十名警衛將她包圍。

　　「你知道你為什麼被送來嗎？」

　　「一定是搞錯了，」她說，「我不該在這的，我沒有做錯事，而且我們家是很有名望的家族。」

　　「給這婊子一點顏色瞧瞧！」其中一名警衛大喊。

　　兩名男子將梅森推倒在地，把她的鞋子脫掉，抓住她的腳，拖到外頭一個比較小的院子。那裡還有幾個看起來很憤怒不悅的男女，顯然也是被囚禁。

　　「婊子！」警衛大喊，「死婊子！賤女人！」

　　梅森揮舞手腳掙扎，努力想要脫逃。幾分鐘後，警衛才滿意地笑著退開。

當時已接近中午，酷熱的八月豔陽高掛，警衛抓起梅森，拖到一張有手銬和束帶的鐵椅上，銬住她的手腳。

「實在痛苦到極點，」她告訴我。「那叫『虎椅』，大家都有聽過，可以讓你的身體呈扭曲狀態，政府就是用這種方法來折磨人，殺雞儆猴。」

其他囚犯都在看。

「但他們彷彿是出了車禍、頭部創傷剛恢復似的，已經完全失去自己的個性，」她這麼說，「好像無法思考、提問、表露情感或說話，只是眼神空蕩地看著我，然後就被趕回房子裡去了。」

警衛把梅森丟在陽光下曬了整整八小時，直到她皮膚發紅曬傷。

「天氣好熱，我坐在那兒，不斷幻想能從這場惡夢中醒來，回家找媽媽；想像她抱著我，親我臉頰；想著在國外的生活、冒險和旅行；想我最近在看的書，也想像我很起勁地和大家討論書中的內容。」

皮膚燒傷的痛楚使梅森從幻想抽離，掉回現實之中。接下來幾小時內，她時昏時醒，在滾燙的夢中遙想自己本來的生活。

我怎麼會被送來這裡？她不斷問自己。

過去二十年間，梅森認識的新疆一步步地走向凋零，最後更突然陷入絕望與猜疑。家鄉曾是令她懷念的地方，她從沒想過自己竟然會落入集中營這種可怕的地方。

梅森成長於1990年代，和父母過著平靜的鄉村生活。

「我們家的生活很親近大自然，」她回想，「起得很早，早餐就是簡單的玉米湯和水果，中午前不看電視，但反正我也喜歡看書。」

梅森會走到她們家在喀什城外的小菜園，摘蔬菜和水果。家裡的成年人白天都不准睡覺，因為那是懶惰的表現。

「每星期五，我們都會捐東西給窮人，帶著一箱箱的食物、錢和衣服，到市區各處分送經濟狀況不好的婦女。但我媽媽不希望她們覺得自己平白拿錢，所以會打電話給這些女性，請她們幫一些小忙，像是協助家裡的事或載小孩上課，然後給些錢當報酬。」

「星期五對穆斯林來說很重要，是做好事的日子，」她說，「也有許多家庭跟我們一樣。」

在平靜的童年歲月裡，梅森發展出豐富的創造力和想像力。

她7歲時，家人開車前往沙漠裡的荒涼聖殿，途經塵土飛揚的河床。她透過車窗，凝望四周廣闊無垠的景色。

「我當時很怕塔克拉瑪干沙漠，」梅森回憶道。

那彷彿被詛咒的淒涼景象使她震驚：「有動物的頭骨和好多白旗」用一綑一綑的枝條綁在一起，也有些放在磚塊上。

其中有些是聖人的墳墓，也有些是紀念已昇華成維吾爾神話或史詩英雄的歷史人物。大家在節慶期間參觀聖殿時，

精通詩歌的祭司會站在群眾前方，吟誦安息於聖殿之人的故事，或講述傳奇君主、英雄和神靈的事蹟[8]。

「我的故鄉是個很有魔力的地方，」梅森說，「我們會聚在市集外，聽吟遊詩人唱史詩，唱英雄、神靈、冒險家、征服者，唱戰爭與追尋，大家也會跟著詩歌的節奏搖擺歡呼。我們相信樹木和山裡都有神靈，沙漠則住著魔鬼和妖怪；我們聽過失落的文明、古代的寶藏，遊牧商隊的故事和葬送他們的沙塵暴；我們身處世界的中心、帝國的交界處，也擁抱這個特殊立足點的美好。」

梅森在那個年紀時，會跟父母去喀什的市集，巷弄間都是地毯商、蔬菜攤和賣中東烤肉的小販。他們會加入主要街道上的人群，站到吟遊詩人身旁聽故事，父母會打賞幾個硬幣，和其他觀眾同樂。這些神話是一代一代口傳下來的，內容取自名為「Tazkirah」的封面故事。詩人在吟唱時，會邀請觀眾參與，每當大家為最愛的虛構主角流淚、尖叫、歡呼、說好話時，梅森總是深受吸引。

> 他們將砍下這個無辜的頭顱，
> 在我心臟的鮮血中為我加冕。
> 我沒有棺材、壽衣、墳墓或任何人為我哀悼，
> 我就像陌生人，躺在塵土之中，
> 只是一具頭被彎刀斬斷的軀體。
> ——《西亞武什》（*Siyavush*），波斯英雄的故事[9]

不過梅森去上學時，感覺就像進入完全不同的世界。每週開始和結束時（也就是週一早上和週五下午），全班都得站在國旗前唱中國的國歌《義勇軍進行曲》。

起來！不願做奴隸的人們！
把我們的血肉，築成我們新的長城！
中華民族到了最危險的時候，
每個人被迫著發出最後的吼聲[10]！

「這首歌成了我童年的一部分，」梅森說。

她如果不是在讀文學或數學，就是在看老師發的漫畫，裡頭畫的美國人清一色都是金髮、圓肚，鼻子很大，身穿士兵制服。「他們把軍用步槍對準可憐的婦女和孩子，基本上就是看到誰都恐嚇。」

梅森和朋友把漫畫傳來傳去，看得咯咯笑。

「從很小的時候起，我就不真正覺得自己是維吾爾人。對我來說，共產主義、中國和維吾爾人的身分是合一的，而且我很引以為榮。」

週末時，梅森會去探望外公。他住鄉下，是退休的地方社區黨魁，會坐在客廳埋頭看書，一本又一本，抬起頭來時，往往是在談當天的新聞。

梅森回想：「他大概有超過一千本書吧，有些很舊，幾乎像是古董。」

華麗的古老波斯文字和阿拉伯字體彷彿閃爍光芒，吸引梅森的目光。

「我會偷偷把書拿來看，有時讀歷史，有時則讀地震背後的科學原理，總是看得無法自拔。」

喜歡看書是母親那邊的遺傳。

梅森說她母親很聰明優雅，常穿華麗耀眼的洋裝，總能在適當的時機說出恰如其分的話，而且熱愛文學，知識豐富，往往能引經據典。

「媽希望我好好讀書，將來才能成功，」梅森說。「她（只）是個老師，甚至沒有大學學歷。」

其他人都離席後，她母親會留在桌邊看書、讀報紙和雜誌，有時還會大聲念出來。

她也會問問題，但並不是特定在問誰，像是「你有聽說新黨主席的事嗎？」

「小布希總統來中國訪問，」也有某次她這麼說。

不過念書並未替梅森的母親開啟自由之路。她曾和梅森分享自己痛苦的婚姻故事，也給女兒看過褪色的新娘照——照片裡的她穿得精緻又高雅，打扮得像「真正的淑女」。

婚禮當天，母親獨自在壇前等待新郎。但數小時過去，等到天都黑了，他仍未出現。

「你爸隔天來我家，我才發現他有另一個女人，是我們鎮上的舞者，很漂亮。」

梅森很震驚，但仍安靜地聽母親繼續解釋，說她為什麼在受這種屈辱後仍結了婚。

「基本上是你外公逼我嫁給他的。他不誠實也不聰明，偏偏就是個共產黨幹部。」

「我參加過文化大革命，」他會一再告訴梅森的母親，指

的是1966到1976年的政治混亂。在那十年間，共產主義青年團隊在全國到處橫行，消滅、處決知識分子、富裕人士，以及他們認為反對共產主義和階級鬥爭的所有人。雖然官方從未公開死亡人數，但據說約有150到200萬人喪命[11]。

梅森的父親是虔誠的共產主義者，當年曾和其他暴力學生一同譴責並毆打國小老師，對黨的忠誠為他贏得了讚賞與功勞，讓他在官僚體系中一路晉升，成了地方行政長官。

「所以，」他問梅森：「受教育有什麼意義呢？當個單純的女孩子吧，完成學業後就去當老師。」

梅森覺得很諷刺：她父親曾帶領學生攻擊自己的老師，現在卻希望她去教書。「在新疆，不用上大學也能當老師，」她告訴我，「在我們的社會觀念裡，教書是個很不錯的工作，好女孩就是要完成高中學業、結婚並成為老師，我爸就是這樣想的。」

父母兩人也會因梅森未來的路而爭執。1990到2000年代，千禧世代的年輕人面臨許多改變。梅森的母親開始每晚坐在她身旁，指導她寫作文、做功課，也推薦新的書和詩作給她讀。

「她教會我如何讀書，如何在學校交出好成績和好表現。」

她父親的觀點則完全相反。

「書很危險，」他說，「念書只會給你惹麻煩而已。」不過他經常出差，看不到梅森在家讀書，所以不太會找她麻煩。

梅森家之所以能成為望族，是因為政治關係發達。

「我媽那邊其實很受蘇聯影響，她父母俄文都講得很流

利。」1930年代到1940年代初，蘇聯曾為新疆維吾爾族與漢族的穆斯林軍事將領提供金錢和武器資助。那些將領和軍閥當時在對抗政府，希望能脫離中國，建立獨立的維吾爾國；而蘇聯則身陷與中國的地緣政治鬥爭，所以希望把這個新的國家變成他們在共產布局中的魁儡附庸國[12]。

那時中國還不是共產政府，國民黨領袖和共產主義支持者仍在內戰中糾纏。要到1949年，毛澤東的共軍才掌控全國[13]。

「蘇聯進駐這裡時，我外公外婆受他們影響很深，還成了第一批幹部，是他們村里當時的第一批共產主義領袖。」

我爺爺雖然是學者，但受過蘇聯教育，所以變得很有政治影響力，而且又是教授，認識許多有權勢的人。就是因為這樣，他比較能獲得土地分發，也比較容易買房地產，成為地主。我們家的錢就是這樣來的。」

千禧年來臨時，梅森也正值成年之際。原先由卡爾·馬克思（Karl Max）、弗拉迪米爾·列寧（Vladimir Lenin）、毛澤東和文化大革命者所定義的共產主義，在中國已逐漸喪失影響力。取而代之的，是以國家計畫為導向的混合式資本主義及炫耀性消費[14]。

在2000年初，梅森進入一所小型高中就讀，那時學校只有一台連網電腦，但她很有興趣，所以常會和朋友們坐到電腦前敲敲按按。

「我很好奇，」她告訴我，「因為在高中以前，我從沒用過網路，但有了那台機器，我就能下載書和文章來看了。中國有網路審查，所以有些資訊看不到，但網路仍為我們開啟了新

的世界。」

「我讀到當時流行的觀點，很多人都說中國很快就會成為世界科技和經濟的重心，我們有超過十億人口，而且大家都對網路產生濃厚興趣，希望能在艱苦的一個世紀後，把中國塑造成更偉大的國家[15]。」

根據共產黨的說法，這是洗刷「百年屈辱」的大好機會——他們所指的，是中國長時間被外國勢力剝削、虐待，因而越來越屢弱的時期[16]。

同時，新疆地區則竄生出另一種文化覺醒。

「那是一股混雜民族國家主義、伊斯蘭宗教影響力、中國共產主義觀念和西方自由主義思想的強大力量，」華盛頓特區的維吾爾族思想歷史學家艾賽提・蘇來曼（Eset Sulaiman）說，「但又無法平均兼顧四種勢力，所以發生了必然的矛盾、鬥爭和派系分裂。」

維吾爾族的存在主義作家帕爾哈提・吐爾遜（Perhat Tursun）受法國作家卡繆（Albert Camus）影響，在1999年出版了備受爭議的小說《自殺的藝術》（*The Art of Suicide*），描述自殺情節。偏偏新疆先前處在共產主義之下，風氣十分封閉，當時又開始受伊斯蘭教遜尼派的影響，所以對社會大眾來說，那是一本很令人震驚的作品，而且國營出版社的編輯應該也要負責審查內容才對。吐爾遜收到死亡威脅，但也在新興文學界中成為自由思想的象徵[17]。

和吐爾遜是朋友的詩人哈穆特告訴我：「他毫無保留地挑戰了禁忌，讓傳統派作家與伊斯蘭主義者很不開心。」

新疆南部的一所學校還針對《自殺的藝術》舉辦焚書活

動，吐爾遜的妻子也因為不願再忍受暴徒攻擊家人而離開了他[18]。在那之後，哈穆特、吐爾遜和許多人放棄了必須通過審查，才能發行的傳統期刊和雜誌，改在越來越興盛的維吾爾語獨立網站上，發表他們的作品。這些網站設法避開了官方監控。

「但你也別誤會了，中國仍繼續在打壓人民，」身為網站作家之一的阿不都外力告訴我，「還是會有人因為煽動叛國的罪名而入獄。不過那時，我們真的認為情況有在好轉，認為在全球化的時代，任何形式的威權統治都不可能永遠維持。」

「那些日子真是令人振奮、充滿希望，」梅森回憶道。多年以後的今日，我們坐在另一個國家一起喝茶。「但問題是，這一切有個我們沒看到的盲點——那股振奮人心的力量，也能把我們重重地摔在地上。」

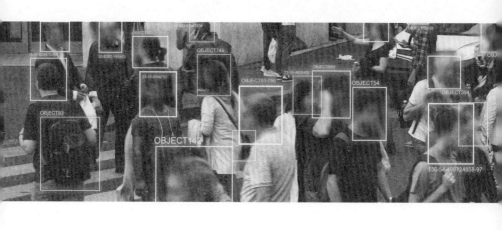

第四章

中國崛起

> **沒有任何力量能動搖這個偉大國家的基石。**
>
> ——習近平

隨著新崛起的中國因貿易、經濟成長和科技而鞏固在全球的地位，梅森也發現自己心中升起強烈的愛國情懷：「隨著年紀增長，我開始想當外交官，想為國家服務，做些與眾不同、有意義的事。」

2007年6月15日，梅森參加全國高考，一天要進考場奮鬥六小時，連續兩天，回答數學、文學和歷史等科目的選擇題。

「我很緊張，不知道結果會如何，」她說，「後來，信寄到家裡了。」梅森打開信封時，自己與父母都屏住了呼吸。

「我是新疆最高分的考生之一，這對我來說意義重大，因為我就要去首都北京念書了。不過我也有點害怕，畢竟在那之前，我從來沒有一個人離家過。」

2007年9月，也就是三個月後，梅森跟父親一起前往北京，開始主修社會學。

「我看到她時，覺得是個身型嬌小、看起來很單純的女孩子。我們互相自我介紹、認識了一下，」一位醫學系的學生回憶道。他比梅森大幾歲，兩人後來成了好友。「當時是在學生餐廳裡，梅森哭著跟她爸爸道別。」

但她同時也很興奮：「我和我爸說了再見，然後就開始在首都念書了。北京是有點令人害怕沒錯，但也很迷人。」

終極警察國度

我第一次去中國是2007年，當時我在讀大學，和一團學生一起參加暑期交換，因而有機會和一家新創科技公司的執行長見面。他說隨著中國開始掌握新機會，國內也洋溢興奮的氛圍。

　　「在成長過程中，我們對美國人的認識就只有『大鼻子』而已，」他開玩笑地說，指的是卡通對美國高加索人的刻板描繪，也就是梅森小時候看了會咯咯笑的漫畫角色。

　　「但現在中國是全球的製造中心了，」他說，「我們在價值鏈中的地位逐漸提升，也開始生產自己的電腦和軟體。」

　　當時民間的氣氛確實很熱烈。我們去了北京一條名叫「中關村」的路，也就是所謂的「電子一條街」。那裡的一位中國微軟員工表示：「基本上微軟已經成為中國新科技的支柱了，光用說的，實在很難用形容我們進步了多少。」

　　七年前，當時的微軟執行長比爾·蓋茲派遣資深顧問克雷格·蒙迪（Craig Mundie）前往中國，任務是談商業合作，幫助十分渴望引進科技的中國政府。中國有十億人口，預估需要1.2億台PC，也就等於1.2億的潛在Windows用戶[1]。

　　偏偏中國人向來都是使用盜版的微軟Windows系統，幾塊美金就買得到，所以微軟曾在中國法院強勢起訴，但很多案件都以敗訴告終[2]。另一方面，中國政府則擔心Windows系統內有美國政府安裝的惡意軟體，可能用來對中國進行間諜活動。

「我記得我回到雷德蒙德（Redmond，華盛頓州的微軟總部所在地）後，跟公司說：『我們在中國的業務問題很大』，」蒙迪這麼告訴《財富》（*Fortune*）雜誌，「最大的問題在於，與政府的合作很重要，但我們的商業手法和參與方式，卻沒有據此調整。」

「因此在2003年，微軟授權中國和其他59個國家查看Windows作業系統的基礎原始碼，並把當中的某些部分替換為他們自己的軟體——這是微軟從未允許過的事，」《財富》雜誌這麼報導[3]。

比爾·蓋茲聽完蒙迪的建議後，就知道微軟有狀況了。無論是在富裕國家還是中國這種貧困的地方，用全球單一售價賣Windows確實行不通，也必然會造成盜版問題[4]。

為了表示友好，比爾·蓋茲在北京成立了研發實驗室，取名微軟中國研究院（Microsoft Research China），後來改名微軟亞洲研究院（Microsoft Research Asia，簡稱MRA），地點就在中關村，是市區新興的一條街。一直到不久前，那裡到處都還是農民與牛車，和許多「身穿廉價西裝的男子，從路邊的小亭子大聲叫賣延長線和印表機墨水。由於盜版太猖獗，以前這裡甚至又叫做『假貨一條街』，」記者馬語琴（Mara Hvistendahl）寫道[5]。

但後來，中關村逐漸轉變成科學園區，最後還直接由政府監管。

成立微軟亞洲研究院後，比爾·蓋茲請台灣籍的科技新星李開復來負責這個計畫[6]。當年李開復已在語音辨識和AI領域嶄露頭角，他1980年代在卡內基美隆大學（Carnegie

Mellon）攻讀電腦科學博士，開發出第一個能在簡單黑白棋比賽中，擊敗世界冠軍的機器人「奧賽羅」（Othello），在那時是很重大的成就[7]。後來他到蘋果擔任軟體總監，在1990年代初期打造出該公司的第一項語音辨識技術，名叫Casper[8]。

李開復住在加州時，職業生涯陷入低谷，剛好微軟找上他幫忙發展微軟亞洲研究院，目標是爭取中國最優秀的人才，以領先市場五到十五年為前提，開發突破性技術[9]。

「（微軟亞洲研究院）後來訓練了超過5,000名AI研究人員，」李開復在他的《AI新世界》（AI Superpowers）書中寫道，「某些人還成了百度、阿里巴巴、騰訊、聯想和華為的高階主管[10]，」這五家企業都名列中國最大、最有價值的科技公司。

在那之前，全世界一直是由微軟、蘋果、Yahoo!和IBM等巨頭主導，但隨著微軟亞洲研究院成立，中國也奠定基礎，開始建置能獨立運行的生態系。

中國的新興生態系競爭激烈，似乎每週都有公司興起衰落，創業者互相抄襲產品與網站，而不是自行開發。他們從艱困的環境起家，發展出另類的「創新」程序，基本上就是有效率地微調軟硬體，快速仿效西方和日本技術，低價賣給有海量需求的中國消費者[11]。

「中國『剽竊時代』的市場很混亂，骯髒的詭計百出，所以造就了一些令人質疑的公司，」李開復寫道，「但同時也孕育出一代人才，成就靈活、精明又努力的世界頂尖企業家[12]。」

不過隨著政府干涉得越來越深，情況也有所改變。

中共一直很想把中國打造成未來經濟強國,也看見了網路的潛力,認為可用來實現願景;此外,網路能使加快商品與學術研究交流,更有助達成把中國技術拓展到世界各地的目標。但是,由於人民可能會透過網路發起抗議活動或查看反政府網站,所以認為中國必須維持一黨專制的政府官員始終強烈反對[13]。

正因如此,政府自2000年起開始實施相關規定,要求網路服務供應商確定透過自家服務傳送的資訊全都符合國家政策。

2002年,中國首次封鎖谷歌(Google),並樹立四大網路「自律」原則:愛國守法、公平正義、信守承諾和誠實正直。這代表網路供應商只要在中國提供服務,就必須遵從政府法規,無論規定有多專制霸道都不例外[14]。

美國搜尋引擎Yahoo!是與中國簽約立誓的企業之一。兩年後的2004年4月,Yahoo!向政府告發中國記者師濤,指控他將一份文件洩露給紐約的某個網站,文件內容是共產黨針對1989年天安門事件週年制定的媒體報導規範。師濤因此被判處十年徒刑[15]。隔年,微軟也簽署了相同的協議,谷歌則於2006年加入[16]。

中國的網路審查系統後來被暱稱為「防火長城」,封鎖中國境外的所有網站,是由電腦科學家方濱興負責開發,而他也因為促成網路審查機制而被許多人民憎恨,2011年還曾有一名憤怒的男子對他丟鞋和雞蛋。但封鎖政策相當成功,中國還發展出另一個類似的系統,名為「金盾」,政府可用來檢查所有收發資料,並封鎖中國境內的網域[17]。

終極警察國度

美國政府開始注意到中國科技公司紛紛成立並快速發展，也擔心中國的科技現代化會威脅到美方的軍事利益和國家安全。

　　2005年，美國空軍委託冷戰時期極具影響力的智庫蘭德公司（RAND Corporation），撰寫了第一份關於中國未來軍事能力的全面性報告，為中國科技是否會加強專制主義、提升軍事衝突風險等議題提供了討論基礎，也使各界開始談論第二次冷戰是否會爆發。

　　「中國軍隊正展開一場C4ISR（自動化指揮系統）革命，」報告的作者寫道，「此番革命的特點是完全走向數位化，透過光纖電纜、衛星、微波和加密的高頻無線電進行安全通訊。」

　　蘭德的研究人員把中國正在崛起的系統稱為「數位金三角」（digital triangle），是由華為這種「蓬勃發展的商業資訊科技公司」、「國家研發機構和投資基礎建設」以及「軍隊」組成[18]。

　　換句話說，中國正在根據未來需求調整相關配置，打造結合軍事與產業的新式複合機制，報告這麼指出。

　　雖然美國國防部有其猜疑、恐懼，但其實一直到2005年，中國的技術仍遠遠落後。由政府監管的中國科學院那年曾感嘆中國的科技公司目光短淺，缺乏創新能力[19]；至於政府也知道，要想實現經濟奇蹟，就必須迎頭趕上。

「中國的網路根本沒辦法用，」北京的一位中國作家曾在2014年告訴我，「而且還有個很大的問題：政府對人民的審查這麼嚴格，國內狀況到底如何，大家根本不清楚。」

我同意他的看法。當時我剛以世界衛生組織（WHO）顧問的身分，在北京完成一項計畫，我替中國記者設計了一套課程，教他們該如何報導「道路交通安全」這個不怎麼政治敏感的主題。

但WHO的代表卻告訴我，在40名參加者中，有一半都是警察。他們會受邀，名義上是要代表警方與媒體建立「友好關係」，但我覺得應該是政府想要涉入，藉此監控記者的言論，甚至在需要時恫嚇他們。

「如果不瞭解這個主題，」在座的一個警察站起來說道，「就不應該寫。」

但問題是，很少有記者能取得可靠的資料，所以即使中國的致命車禍氾濫，道路執法隨便、彷彿毫無法律規範，他們也無法寫出有資料佐證的可信報導。

《外交政策》（*Foreign Policy*）雜誌的詹姆斯‧帕默（James Palmer）後來在〈誰都不知道中國的任何事〉（Nobody Knows Anything about China）一文中，對於幾乎完全無法取得可靠資訊一事表示感嘆：

> 我們不知道國內生產毛額（GDP）的真正成長數值⋯⋯
>
> 不瞭解中國人口的真實規模⋯⋯
>
> 對於中國的高層政治**一無所知**⋯⋯
>
> 無從得知大眾真實的想法⋯⋯

無法知悉真正的國防預算……

也不曉得中國的學校品質到底如何[20]。

對於民眾的生活，中共政府幾乎和關注中國情勢的外國人一樣一無所知，所以也開始設法監控人民。在曾為中國政府效命的維吾爾和哈薩克族人中，有一位名叫伊爾凡。他30多歲，是技術工作者，來自新疆北部的首府暨商業中心烏魯木齊，2015年離職前，一直都在那兒進行大規模監控計畫。他在2018年逃離新疆，到土耳其住了下來。

在貧窮的烏魯木齊地區，伊爾凡本來找不到工作。許多好工作都被漢人移民霸占，導致當地的維吾爾人被邊緣化。

「但我有個朋友認識烏魯木齊市長，」伊爾凡解釋，「替我打了通電話，後來電信公司2007年就跟我聯絡，給了我一份工作。他們需要IT經理，幫忙建立當地的早期監控系統。你應該可以理解這對我來說有多重要吧，因為維吾爾族很少能從事這些工作，但我卻能得到一個有政府保護又高薪的職位。」

伊爾凡接下新工作後，獲得了兩項重要權限：第一，他可以進入地方公安局，在那兒幫忙管理公司的監控系統；另外，他也可以存取電信公司的網路。

「我的權限還滿廣的，」他這麼說。「中國兩年前設立了天網系統，我們的任務就是搜查整座城市，到處安裝攝影

機。主管說政府希望我們幫忙打擊犯罪，我也信了。我認為那是很光榮的使命。」

伊爾凡根據市政記錄，帶領團隊到處搜查車輛容易超速的街頭巷尾，以及經常發生搶案的地區，然後將攝影機連上光纖電纜，由此把影像傳回公安大樓，這樣警務操作人員就能從中控室監控整座城市。

「我看到適合裝攝影機的地方時，總會有種『賓果！』的感覺，然後會告訴同事：『就是這裡啦！』久而久之，這彷彿成了一種藝術。」

當時烏魯木齊的某些地區還未電氣化，所以他們會安裝電池供電的攝影機，一次可以用八小時。

那時總會有技術人員帶著攝影機前來，上頭印著政府機構「中電海康集團」的標誌。該集團握有監控攝影機界新龍頭「海康威視」四成的股份[21]。伊爾凡會看著技術人員將機器安裝在柱子或建築物上，然後插上插頭，納入政府監控系統。另一家中國大公司華為，則提供了用來啟動攝影機的交換系統[22]。

伊爾凡表示在2000年代末期，幾間中國科技公司一起建置了早期監控系統，是由所謂的「IP攝影機」構成（也就是使用網際網路協定）。這些攝影機透過網路傳送影片，使得需要本地錄影裝置（如錄影機）的閉路電視網路（CCTV）變得十分過時。新式IP技術的效率較高，中國也很快就掌握使用方式，發揮網路的力量，將攝影機的資料傳送到控制中心[23]。

伊爾凡知道將有重大的改變發生。在那之前，監視攝影機市場一直是由美國、歐洲、日本和台灣主導，但這些巨頭認為IP攝影機的單價太貴，所以多半仍停留在類比技術階段，

終極警察國度

販賣CCTV系統。不過，IP設備一旦連上Wi-Fi或資料網絡，就能以更高的品質處理資料輸入，而且不需使用錄影帶或光碟來錄製影像，所以效率遠比CCTV來得高。

美國和其他某些國家之所以沒跟上，其中一個原因在於採用新技術較慢。舉例來說，製造監視攝影機的美國Cisco和瑞典Axis，都是透過兩家美國經銷商銷售產品，但經銷商缺乏相關專業知識，不懂得如何安裝早期的數位監視攝影機，所以對數位轉型很抗拒；至於攝影機公司本身，也比較關注如何把製造工作外包給中國，藉此壓低成本[24]。

取而代之的則是所謂的「雙巨頭」：海康威視和大華科技。這兩家公司最後掌控了全球監視攝影機產業的三分之一，助長中共新警察帝國崛起[25]。

「『天網』是廣義的統稱，包含國家監控網絡中的所有系統，裡頭的資料會直接通過我任職的電信公司，」伊爾凡描述監視攝影機是如何將動態影片資料傳送到公安局。「企業和政府之間實在沒什麼界線。我們初期最大的目標，就是清真寺和敬拜場所。」

伊爾凡在廣大的攝影機網絡中安裝完最新的一台後，會回到控制中心。那間辦公室位在一座毫無特色的水泥建築裡，有其他技術工作者會跟他一起坐在大型壁掛式螢幕前。七層樓的建築裡滿滿都是硬體伺服器，還有管理這些設備的電腦工程師，大家都想設法將攝影機對準違法分子、黑道和嫌犯，好將這些人給抓起來[26]。

但搶劫往往是瞬間的事，罪犯也逃得很快，根本很難抓到人。

「當時最迫切的問題，是如何更快辨識出犯人，」伊爾凡說，「後來我們導入了大華和海康威視設計的Unix作業系統，可以用來啟動並控制硬體。」（Unix是可高度自訂的開放原始碼作業系統，企業可以設計符合自身需求的Unix版本。）

最後問題是如何解決的呢？答案就是人工智慧。

在2010到2011年間，伊爾凡和同事逐漸意識到他們可以訓練AI演算法，用來辨識人臉和行為，再與國家公民資料庫比對，就能幫助警方找到犯人。

伊爾凡看著新的AI設備送到控制中心，經理也宣布團隊將在2011年參加名為「平安城市」的培訓。

「那次去（中國），本來是要學平安城市系統怎麼用，結果15天都在喝酒唱歌，主辦單位還請了20個漂亮女孩子一起去，基本上就是伴遊小姐。我們完全沒學到任何東西，只是因為平常都在高壓環境下追捕罪犯，所以有那次行程讓我們休息放鬆。」

在培訓的第15天，伊爾凡拿到「結業證書」並回到辦公室，準備開始打擊犯罪，看看新的平安城市系統有多大能耐。「我在培訓中沒有真的學到什麼，為什麼會覺得自己有辦法打擊犯罪，我其實也不知道，」他開玩笑地說。

掌握最新AI科技的伊爾凡在控制中心坐下。他在螢幕上看見一名餐廳老闆在離他辦公室不遠的地方被殺，感到十分震

驚。他輸入指令，在兇手逃跑時擷取近照。

他告訴我：「那是我大展身手的好機會。我們當時正在測試整個系統，用人臉辨識技術推測他的身分，但技術還不夠完善，無法百分之百比對到他的臉孔，不過我們還是把照片轉給警方了。」

結果他驚訝地發現，警方竟然真的立案，只是沒有後續行動。兇手依然逍遙法外，沒有因為罪行而受到懲罰。

「還有一次是有人打破我的車窗，偷走車裡的電腦。我們有監視器畫面，但警方還是找不到犯人起訴。」

類似的案例還有很多，所以早期的 AI 發展其實不算成功，再加上警方太過自滿，所以情況更糟。

「我們發現不能只依賴電腦軟體，也需要真人幫忙，但警方為何什麼都不做呢？」他說，「後來我才知道，是因為他們有別的事要優先處理。」

某天，伊爾凡的辦公室外來了一個維吾爾獨立分子，他揮舞的藍色維吾爾旗幟上有新月圖案，象徵冷戰結束以來，新疆地區不時熱烈發起的獨立運動。

「警察當然馬上就到了。」警方收到附近監視攝影機的警報，到現場逮捕了這名異議分子，將他拖走並取下旗幟。

伊爾凡的工作就是持續構建這個監視系統，他也知道該如何強化功能。

「我們有硬體，有攝影機，必要的一切我們幾乎都有，」他說，「但後來才發現少了一個重要元素：**我們需要更多資料**。」

「否則，人臉辨識技術根本沒用。我們必須餵 AI 資料，

或許是人臉圖像、社群媒體內容、犯罪檔案、信用卡刷卡記錄，或其他與人民活動或交易有關的資料，然後系統才能梳理這些資訊，用極快的速度辨識出人類看不出來的關聯性。」

「為什麼能用的資料這麼少？」我問他。

「因為全國上下都籠罩著祕密氛圍，」伊爾凡回答，「對於自己的國家和人民，政府掌握的資料不足，所以我們也沒有高品質的數據能用來訓練AI軟體。如果缺乏完善的國民資料庫，就很難比對人臉和犯罪記錄，無法用AI來抓犯人，真的是很糟糕的系統。」

伊爾凡的團隊徹底搜尋了公司其他單位和政府的資料，但仍一無所獲。

「最後，問題並不是由政府解決，而是有賴企業幫忙，」他這麼證實。

2010年10月，在中國南方的廣州市，騰訊科技的某個小團隊開始積極進行一項專案。騰訊成立於1998年，是由微軟亞洲研究院的校友招募人才組成。注意這個專案的人不多，畢竟他們正在開發的App「微信」，似乎並不是特別創新或有突破性，而且騰訊的PC即時通訊軟體QQ已經很成功，還有類似臉書的社群網站「QQ空間」，兩者都可以讓使用者用電腦傳訊息。當時，QQ已有將近7.8億名活躍用戶。

大約三個月後，騰訊在2011年1月21日推出了全新手機

App微信，提供簡訊和發送照片、語音訊息等基本功能。在前一年，當時主宰市場的美國應用程式WhatsApp才剛推出（後來被臉書收購）[27]。

所以，在競爭已十分激烈的市場上，這個鮮為人知的全新通訊App，能帶來什麼貢獻呢？

「當時，」伊爾凡解釋道，「所有電信公司都有自己頗受歡迎的即時通訊App，微信將這些App全都整合到同一個平台，替我們解決了問題。」

微信快速崛起（後來還新增全球版的品牌名稱WeChat），一年內就累積了一億用戶[28]，兩年內更直衝三億人[29]；相較之下，臉書花了四年、推特（Twitter）則努力了五年才達到這個數字[30]。

微信之所以如此成功，得歸功於巧妙的行銷和App推出的全方位功能，使用者光靠一支手機就能解決生活大小事，像是跟醫生約診、叫計程車、在當地的7-11付款、請人來家裡打掃、找約會對象、管理投資項目等等——在WhatsApp還相對簡約、Tinder和Uber也還沒問世時，微信就已提供這些新穎的功能[31]。

另外有些功能則比較古怪，但對於想追求多巴胺刺激、享受亢奮感的使用者來說，則很有吸引力。舉例來說，如果想認識世界各地的陌生人，只要晃動手機，就可以和同樣啟用這項功能的用戶搭上線，這就是「搖一搖」交友功能。

此外，競爭產品臉書和推特在中國禁用，對微信也很有幫助[32]。

在中國，大家的生活都離不開微信，對年輕人來說特別

是如此。不過更重要的是，微信使用者的所有活動資料都會被收集、監控，「人人都成了監控實驗的白老鼠，」伊爾凡回憶道，因為微信提供「龐大的網路資料庫，裡頭全是真人活動的數據，像是你買了什麼東西、對哪些內容點讚、跟誰分手、簡訊內容等等，整個生態系變得越來越完整，我們也得以累積大量資料，用來進行大規模監控。」

伊爾凡說在2013年4月，「聽令於政府的經理派給我一項任務。」新疆地區的政府在處理當地的一連串恐怖攻擊，希望蒐集嫌犯情報。

「我負責在新疆安裝大約4,000台伺服器，目的是要儲存（新疆人民）在QQ及微信裡的所有中繼資料和電話號碼。」

「平安城市計畫」如今擴張成入侵人民手機的大規模資料蒐集，伊爾凡覺得不太妙。

「我們辦公室有些人不太開心，」他告訴我，「畢竟，政府真的需要每個人的微信中繼資料，才能打擊犯罪嗎？」

「微信的所有中繼資料，公安局都能取得。由於計畫規定，我們必須允許政府存取公司的（電信）伺服器，所以公安局可以存下新疆使用者的中繼資料……這些都是祕密，政府沒有向任何人透露他們在看大家的中繼資料[33]。」

所以伊爾凡的部門最初是如何取得微信的中繼資料呢？

「在中國，這種事不用申請許可，如果公安部要求提供中繼資料，所有的中國App開發商都會乖乖交出來，至少在新疆是這樣。」

簡單來說，中繼資料是一種簡化的數據，可用於描述或辨識其他資料，譬如你打了哪一支電話，但並不包括通話內

容。伊爾凡說政府無法把實際通話內容儲存在新疆新設的那些伺服器裡，除非公安人員或國家安全部門負責蒐集情資的人已瞄準特定通話，並加以攔截。

但這並不是問題，因為有中繼資料就夠了。新疆的國家安全局可以透過微信，追蹤出使用者與每一位通訊對象的關係。摸清這些人脈網絡後，政府需要訊問或拘留民眾時，就知道要如何聯絡他們的家人與朋友了[34]。

伊爾凡的專案進入尾聲時，辦公室的氛圍也有所變化，只剩下少數維吾爾員工，幾乎所有同事都是中國漢人。伊爾凡是維吾爾人，所以漢族經理對他越來越不信任，視他為二等公民，認為國家機密不該交給他處理。

雖然周遭瀰漫猜忌的氣氛，伊爾凡仍繼續在那兒工作。不過，他很擔心中國會利用相關技術實現社會隔離，畢竟政府都已經從微信和他任職的電信公司，收集到監控人民所需的通話和傳輸資料了。

中國的監控技術會再變得更強嗎？伊爾凡自問。他相信政府辦得到。

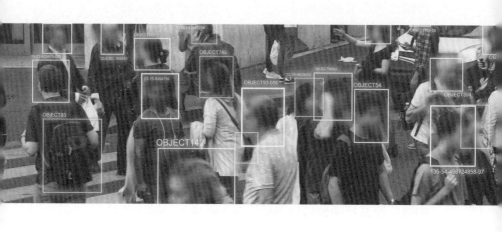

第五章

深度神經網絡

　　儘管技術如此進步，中國仍面臨一個問題：國內科技公司的產品，基本上都是學別人的——先學歐美競爭對手的App和服務，再針對中國市場調整。

　　中國企業有國家撐腰，所以和國外的夥伴打交道時，經常採取業界稱為「智慧財產強制轉移」的做法。外國企業通常都必須與中國公司合作，才能進入中國封閉的市場，還有一條不成文的規定：不論從事半導體、醫療設備、石油天然氣或其他任何產業，外國廠商都必須將自家的機密技術轉移給中國公司。

　　根據世界貿易組織的規定，這種要求是不合法的，不過美國企業仍無奈地放棄了自家商業機密，為的就是要打入中國14億人的潛在市場[1]。

　　中國開始收集所有人民的資料，網羅他們使用微信等App和服務的情況後，國內新興的科技公司對於眼前快速發展、有利可圖的AI領域也越發感興趣，希望能成為產業龍頭。中國的AI研究人員越來越多，也密切關注在AI產業領先全球的美國有何突破。中國企業想聘請曾到海外留學，在微軟和亞馬遜（Amazon）工作過的優秀本國AI開發人員，以優渥的高薪福利和對家國的情感吸引他們回國[2]，解鎖AI潛力。2010年代初期，中國電腦科學家打造深度神經網絡的工作，已越來越有進

展。對於國家監控而言，這可說是夢幻系統，可透過學習，從數百萬個圖像和數據點中找出模式。

多年來，AI研究者一直都是依賴所謂的「規則式」程式編寫系統，如果希望電腦能認出貓咪，就必須透過程式告訴電腦：「找上頭有兩個三角形的圓圈。」由於從前的電腦處理效能不足，所以用這種方法很合理，但也限制了AI的潛力，因為有些貓咪圖像並不是完美的正圓加上兩個三角形，同理，某些圓圈上方有三角的圖像也不是貓咪[3]。

新一代的深度神經網絡技術有許多好處，研究人員不必再手動進行單調冗長的圖像及資料分類工作，也不必編寫AI系統的所有規則。反之，軟體接觸大量資料集以後，就能自行理解並從中學習，然後改善演算法，將模型專門處理的工作執行得更完善[4]。由於軟體所需的人為監督和限制都變少，企業可以更廣泛地應用AI技術，譬如深度神經網絡可以自動駕駛汽車，協助醫生診斷患者症狀，也能偵測信用卡詐騙[5]。

一直到2012年，大家都認為要打造出能影響市場的深度神經網絡，是無稽之談。無論微軟亞洲研究院的電腦工程師和其他新興企業多努力，都還是一直碰壁。

中國和矽谷的AI開發人員在2012年告訴我，對微軟來說，如果能建構出神經網絡，就跟挖到金礦沒兩樣。2011年5月，微軟以85億美元買下在全球有許多用戶的視訊通話和會議軟體Skype，當時，那是其公司史上最大的一筆收購[6]。如果Skype或微軟 Windows能辨識語音與臉孔，會是很大的突破，也將能為即時翻譯和使用臉部辨識的網路安全功能奠定基礎。

2011年，我在北京與一群年輕的中國研究人員碰面。他們平日加班到很晚，週末也繼續，就是為了解決一連串的棘手問題，最主要的重點包括：電腦系統如何「看見」並「感覺」到人類？如何聽見並辨識人的聲音？AI可以學說話嗎？

「現在的時機正好，」下班後，其中一人在晚餐時告訴我，「網路和社群媒體可以為AI提供資料，我們可以收集到使用者點擊、購買和偏好等各方面的資訊。」

他說在2005年，中國的網路使用者還不到人口的10%，但很快就變成了全球最熱衷於社群媒體、手機App和行動支付的國家[7]。到了2011年，將近40%的人口（大約5.13億人）都已經擁有自己的網路了[8]。這些網路使用者在買東西、點擊時，全都在產生資料，而這些資料又可用來訓練神經網絡執行各種任務，包括監控用戶。

AI技術能有這些進展，是因為在2011年，著名AI學者傑弗里·辛頓（Geoffrey Hinton，多倫多大學電腦科學教授兼谷歌 AI研究員）的研究助理在硬體方面有重大突破。他們發現用來提升電腦遊戲畫質的裝置圖形處理器（GPU）還有其他用途，可以加快深度神經網絡的處理速度[9]。GPU原本是用來將圖形和影像顯示在電腦螢幕上，但現在，AI工程師也可以利用這項技術，訓練神經網絡辨認圖案與模式。

建構神經網絡曾極其昂貴，畢竟軟體要能運作，需要硬體支撐。上述這項突破壓低了核心硬體GPU的價格，所以非常關鍵。多年來，GPU價格一再降低，也越來越商品化，而記憶體和處理能力則持續提升[10]。

在硬體進步、資料集也不斷擴增之際，打造可處理這些

資料的深度神經網絡，正是大好時機。

　　孫劍博士帶領的微軟團隊一再嘗試、犯錯，希望建置出**層數**更多的神經網絡，這樣AI系統就能不斷更新知識，從輸入系統的資料中學習。神經網絡層就像神經元的集合，可接收資料、加以處理並傳遞到其他神經層，進行更進一步的處理，讓AI得以學習模型正在分析的主題。

　　理論上，智慧機器模型的層數越多，就越複雜精密，不過實務上要辦到，比想像中困難許多。其中一個挑戰在於訊號通過各層時，會逐漸減弱消失，使得微軟的研究人員難以訓練系統。

　　到了2012年，該團隊已訓練出具有八層神經元的圖像辨識系統；2014年時更已發展到30層。隨著神經層數增加，電腦在影片及圖像中辨識物體的能力也大有突破。

　　「光是一個想法就有這麼大的影響力，就連我們自己都難以相信，」孫博士說[11]。

　　中國的科技體系開始吸引創投者的目光，大家關注的焦點不再僅限於矽谷和紐約這兩個傳統科技及金融中心。在監控技術生態系中，人臉及語音辨識具有莫大潛力，所以投資人希望能在這兩個領域搶先起跑。

　　最早獲得大型投資的是臉部辨識技術。

　　2013年，李開復建立的AI創投公司「創新工場」投入資金，支持正嶄露頭角的人臉辨識平台曠視科技[12]，確切金額並未公開。後來，曠視的競爭者商湯科技（2014年於香港成立）則推出前所未見的演算法，在特定情況下的人臉偵測準確度比人眼更高，還號稱已經超越AI產業的指標性企業臉書[13]。

畢業於微軟亞洲研究院的商湯科技產品開發負責人楊帆坦承，「公共安全」方面的應用是個利潤豐厚的市場。

他告訴亞洲版《富比士》雜誌：「智慧城市和監視需求帶動了真實強勁的需求[14]。」

但要想開發臉部辨識軟體，需要先進的半導體來支援AI性能，這些半導體又從哪來呢？

商湯科技和中國許多AI企業一樣，紛紛找美國公司提供執行軟體所需的半導體，沒想到美方企業其實也對中國軟體在行動App和執法方面的應用很感興趣。後來，美國電信公司高通（Qualcomm）開始為曠視供應半導體，而曠視則供應AI軟體，讓高通在自家設備中使用[15]。

「我們在中國看到爆炸性的需求，」商湯科技的共同創辦人兼執行長徐立在2016年6月的商務會議上說。當時同場的還有傑夫・赫斯特（Jeff Herbst），輝達（Nvidia）創業投資部門的商業開發副總裁[16]。

輝達成立於1993年，在1990和2000年代的洗禮後崛起，成為領先產業的GPU製造商，也已準備好要搭上AI蓬勃發展的熱潮，大賺一筆[17]。

很快地，輝達就開始高調地和中國人臉辨識公司簽訂合作協議。輝達和主要競爭對手英特爾（Intel）生產的晶片，就是中國超強監控電腦的技術基礎。這些電腦位在2016年開幕的烏魯木齊雲端計算中心，一天能看的監視畫面，比人類看一整年的量還多[18]。

「我在中國時，每根路燈上都有裝攝影機，」赫斯特說，「感覺好像一切都在監控之下。但問題是，畫面一直進來，控

終極警察國度

制中心的人也只能一直坐在那兒，看有沒有出狀況，很沒效率，所以得全面自動化才行，對吧[19]？」

徐立瞭解到中國政府對公共安全很有興趣，但也發現「現有的監控系統缺乏智慧引擎，所以效能低落，在影像處理方面尤其是這樣[20]。」

所以，他希望能提供替代方案。

他知道輝達的晶片技術是從類似的圖形處理技術發展而成，是該公司的業務「基礎」，而且輝達在亞洲伺服器中使用了 14,000 塊晶片，就是為了執行人臉辨識科技。

「我覺得我們的關係應該會很長久，」輝達的赫斯特在那場商務會議上對徐立說[21]。他當時說這句話或許無意，但實際上卻是一語成讖。

到了 2015 年，監控生態系統的基礎已初步建立，包含各式軟體，可辨識臉孔、掃描文字訊息和電子郵件，還能分析語音和人類互動中的模式。

同時，市場也開始把資金往另外一大領域投資：語音辨識，也就是可理解並處理人類語音的軟體。

1990 年代末期，前途光明的年輕研究員劉慶峰拒絕了微軟亞洲研究院的實習機會，決心投入自己創立的公司科大訊飛，致力開發頂尖語音辨識技術。

「我跟他說他很年輕、優秀，但在語音辨識這方面，中國遠遠落後 Nuance 等美國大廠，而且國內市場對這項技術的需求也比較少，」李開復這麼寫道，「值得讚許的是，劉慶峰無視我的建議，仍全力發展科大訊飛[22]。」

2010年，科大訊飛在新疆設立實驗室，研發語音辨識技術，將維吾爾語翻譯成中文[23]，不久後，這項技術就開始用於追蹤、監控維吾爾人口[24]。到了2016年，科大訊飛已成為喀什市25個「聲紋」系統的供應商，這些系統可捕捉個人聲音的特徵，用於辨識和追蹤人民[25]。

「那些公司全都來到新疆了，」伊爾凡回憶道，「他們的設備、軟體和一切，我都有看到。」在2014年之後逃離新疆的數十名維吾爾人，都記得看過設備上的企業標誌，這些公司在新疆營運的證據也留存在許多地方，包括網路上的政府招標文件、企業官方報告、人權報告、美國制裁文件和中國官媒的報導等等。「但很多人覺得這沒關係，覺得『我們只是在打擊犯罪』。」

最後，象徵中國科技的華為，也在2010到2015年間擴大入主新疆，在那之前，他們早已和當地警方合作，設置了雲端運算服務[26]。

華為（意思是「中華有為」）是前軍事工程師任正非用3,000美元創辦[27]，最初是在1980年代模仿國外產品，製造電話交換器[28]。華為很早就開始支持政府加速科技發展的計畫，後來也因監控及網路設備揚名國內外，並在智慧型手機市場逐漸嶄露頭角。

華為前員工談到任正非時，把他形容得像是謎一般的人物——他說話時總以山川為比喻，對於全球擴張抱有遠大計畫。要想實現這些計畫，就必須向西方民主國家保證華為和中共沒有牽連，也不會用自家技術暗中監控；但同時，華為高層卻也積極想把網路設備賣給新疆政府，把「公共安全」看做一

門賺錢生意[29]。

「2015年時，我們參加了一場團隊培訓活動，」威廉·普拉默（William Plummer）告訴我。他曾是美國外交官，後來擔任華為在華盛頓特區的外部事務副總裁。「有人秀出一張投影片，上面寫著『華為是什麼樣的公司？』第一點：『對於國內受眾，華為是一家支持中國共產黨的中國公司』第二點：『對於海外受眾，華為是遵循國際通行企業慣例的獨立公司』。」

「基本上他們的意思就是：在中國要聽中共的，在其他國家則要遵守國際規定……但大剌剌地放在投影片上，實在很要不得。」

到了2015年，建構監控體系的最後一塊拼圖近在眼前：監視攝影機的價格降低，而且便宜到可以大量商業生產。已是全球最大監視攝影機製造商的中國海康威視，也進入了新疆市場，提供數百萬台監視攝影機，協助當局監視民眾——這些攝影機技術先進，即使是遠在15公里外的人都能辨識[30]；另外也搭配科大訊飛、商湯科技和其他企業開發的AI軟體，分析人臉與聲音。

政府早在2005年就提出天網概念，希望打造出全方位的徹底監控系統。現在，終於能夠實現了。

中國科技進步這麼多，又看似有些陰險地結合各路資源打造AI帝國，其實並不是沒人注意到。早在2010年，中國在全球最大的勁敵美國就開始緊張了。

美方的政策制定單位已開始懷疑華為，認為該公司及某些中國企業是中國人民解放軍的暗樁，專門在伺服器和軟體中開「後門」，讓解放軍可以輕易取得資料，進行網路間諜活動。

「我們評估後高度相信，隨著國際企業和外國個人在美國資訊科技供應鏈和服務中扮演越來越重要的角色，暗中破壞行為持續發生的風險也將提高，」負責攔截國際通訊的美國國安局（National Security Agency，NSA）在2010年的一張投影片中這麼寫道，後來被告密者愛德華·史諾登（Edward Snowden）公諸於世[31]。

史諾登洩漏的文件也顯示，由於中國駭客試圖入侵美國政府網路和谷歌等企業，所以NSA追蹤過20個這樣的駭客組織。此外，華為埋設海底電纜時，NSA也希望攔截，查看古巴、伊朗、阿富汗、巴基斯坦等華為客戶的通訊內容——這些國家恰好都是美方想「優先處理的目標」[32]。

NSA駭入華為總部，監控企業高層的通訊內容，並展開「射殺巨人」（Shotgiant）行動，希望找出華為和解放軍的連結，後來又更進一步地利用華為的技術，這樣其他國家和企業購買華為產品時，NSA就能透過該公司製造的伺服器和電話監控相連網路，對這些國家發動網路攻擊。NSA能辦到這一切，是因為和美國電信公司合作，發展出各種駭客手段，也開了不少後門，才得以避開技術障礙，對外國公民進行大規模監

終極警察國度

控[33]。

雖然在貿易和科技方面緊密相連，但美中之間仍醞釀著冷戰。2012年，美國國會小組公開了調查一年後的結果，聲稱前華為員工提供文件，證實該公司曾替中國軍隊的網路戰單位提供服務[34]。

美國政府開始瞄準華為CEO任正非的女兒孟晚舟──她英文名字叫凱西（Cathy），是社交名媛，常代表華為到全球露面，也曾主持商業活動，和聯準會主席艾倫‧葛林斯潘（Alan Greenspan）等人進行問答[35]。不過FBI和美國國土安全部其實在幕後監控凱西和華為的商業行為，懷疑她握有一家名為Skycom的伊朗掛名公司。Skycom與伊朗電信公司有商業往來，違反了美國的貿易制裁規定。

「關於Skycom還有華為在伊朗的事，我們跟美國政府反應過，也解釋過她（孟晚舟）雖然在董事會任職了兩年，但Skycom其實是獨立的公司，」普拉默向我承認。「這些都是公司說的，我們也真心相信，所以才會如此向政府報告，結果這一切根本都是假的──Skycom在伊朗的員工全都拿著華為的名片到處發。」

普拉默說2013年某天，他接到華為老闆緊急打來的電話。孟晚舟參加完豪華商務聚會後，到紐約甘迺迪機場準備搭機，結果被國土安全部的探員帶到二次查驗區審問。

「他們將她的電腦、平板和兩支手機沒收了四小時，」普拉默說，「裡頭的資料美國政府都複製去了。」孟晚舟順利獲釋後，華為高層也開始為即將到來的法律戰做準備，關閉了位在伊朗首都德黑蘭的Skycom辦公室，也和Skycom撇清關係。

美國指控華為和中國開設掛名公司當幌子，還偷開資料後門，藉以執行政府資助的駭客計畫，但事實上，NSA也被爆出在銷至中國的美國網路產品中安裝後門程式。

德國的新聞週刊《明鏡》（*Der Spiegel*）曾取得一份50頁的目錄，是由NSA的先進網路技術（Advanced Network Technology，ANT）部門所編纂，而ANT就是用來攔截特別難以存取的網路[36]。NSA曾攔下美國伺服器公司思科（Cisco）運往中國的貨物，暗中安裝了監控裝置；至於思科則聲稱對政府的駭客攻擊毫不知情[37]。

NSA的另一個招數則是使用「後門安插程式」HALLUXWATER，挾持華為的防火牆，然後植入惡意軟體並竄改記憶體[38]。

任正非在倫敦告訴記者：「我們早就料到美國會使出這種監控手段，現在也證實了[39]。」

在後來逐漸浮現的地緣政治鬥爭中，中國也很快就出手。全世界有93%的貴金屬（如鋰和鈷）是由中方開採，然後出口他國或用於改良全球iPhone和電視的電池和螢幕。2010年9月，一艘中國漁船與日本的兩艘海巡船隻，在飽受爭議的釣魚台列嶼附近碰撞。日方逮捕了該名漁船船長，罪名是涉嫌違反日本管轄區域的捕魚權規定，偏偏中國又始終聲稱釣魚台是自家領土[40]。

中共予以報復，不再將貴金屬出口到日本，危及豐田人氣車款Prius的生產，因為每個引擎都需要至少約900公克的貴金屬才能製造[41]。

兩個多星期後，日本釋放了漁船上的所有人員，沒有提

終極警察國度

出任何罪名[42]。

「中國和日本是彼此重要的鄰居，在國際社會扮演重要角色，」日本首相菅直人在紐約聯合國大會上委婉地如此宣稱[43]。

但隨著二次冷戰升溫，美中科技戰略的差異也越來越明顯。

中國的手法是剽竊美國技術，包括商業機密和智慧財產權，然後交給國內希望超越矽谷的私營企業。

另一方面，美國則是企圖滲透華為這類的中國公司，重點並不是要竊取當時還無法勝過美國的中方技術，然後轉交給亞馬遜和谷歌等私人企業，而是要搜集資訊，確認是否和軍方有關聯，並監控中國政府與企業可能對美國國家安全造成的威脅[44]。

2014年6月，我前往北京、上海和中國科技中心深圳進行報導工作，走在街上時，明顯能感受到一種中國風格的民族主義滋長，在年輕族群中特別明顯。二次冷戰可能爆發的消息似乎使民眾相當擔憂，中共的政治宣傳更加劇了不安的情緒。

但同時，中國卻也變得很有自信，某個高階技術主管向我解釋背後的原因。「你知道谷歌退出中國的事吧，」他自豪地說。

谷歌經營中國市場四年後，因為被駭客攻擊，而且搜尋結果被過濾，所以於2010年在一片爭議中，關閉了中國市場

的搜尋引擎[45]。那位主管表示：「但這不重要，反正我們有自己的搜尋引擎百度。中國現在有自己的公司了，整個世界也在改變，我希望不要永遠都是矽谷和NSA在主導一切。」

「但你不覺得中國如果想追上矽谷的水準，就得開放網路嗎？」我問他，「這樣研究人員才能取得必要資訊，開發出先進的技術呀。」

「那也不重要，」他說，「因為在中國，科技和國家的未來緊緊相連，我們不像美國那樣，權力分立得那麼嚴重。我們唯一的目標，就是把中國打造成偉大的帝國；我們要和美國人平起平坐，這樣就沒人敢再瞧不起我們了。」

終極警察國度

第六章

你覺得我是機器人嗎？

梅森剛到北京念大學時，對中國的崛起感到十分驕傲且充滿熱情，但很快就發現，祖國的愛國情懷背後，其實隱藏著種族主義和排外情結。整個國家的統治大權掌握在漢人手上，首都的人多半覺得維吾爾族落後、對宗教盲從，而且有點笨[1]。

對梅森來說，大學生活並不輕鬆，中國其他少數民族的學生也常有這樣的經驗。梅森成績優異且十分用功，但上課舉手想發言時，教授往往會跳過她。

「你是外國人，」一位教授這麼說——就只因為她膚色白皙，而且是維吾爾族。

「我是中國人，」她懇切地回答，但教授不予理會。「大學時期真的很孤獨，這麼說還只是輕描淡寫而已呢。」

不過她還是有一小群朋友，和她一起翻遍實體和線上圖書館，隨意找些經典作來討論。

「我們就是在那時發現了珍・奧斯汀（Jane Austen），」她說，「《傲慢與偏見》（*Pride and Prejudice*）是我的最愛。」

《傲慢與偏見》說的是伊莉莎白・班奈特（Elizabeth Bennet）的故事，她看錯一名有錢男子的個性，拒絕了他的求婚，然後又必須克服家人的干涉，搞清楚自己對他真正的感受。這本書寫在將近兩百年前的英國，當時是幽默詼諧的諷刺

終極警察國度

作品。

　　隨著視野日益拓展，梅森也開始接受生活的複雜和不確定性。她向來都是接受嚴格的共產教育，並不知道人生可能有灰色地帶，也不知道即使懷有偉大抱負，最後也不一定能成功。

　　「有時候，人就是會選擇金錢，選擇舒適，選擇體制賦予他們的便利，就算必須因而放棄信念也一樣。」

　　不過梅森在她最愛的另一本作品《簡愛》（*Jane Eyre*）中，找到一句話能自我安慰，是簡愛對羅徹斯特先生說的。當時羅徹斯特假裝要娶另一個女子，想讓簡愛嫉妒。

　　　　「你覺得我是機器嗎？是沒感情的機器嗎？

　　　　　　　　　　……

　　　　我現在是用心在和你的心對話，

　　　就好像我們都已死去，站在神的面前一樣──

　　　　　　我們是平等的[2]！」

　　大學的學術資源對梅森來說非常有用，她開始收集自己的藏書，不僅有珍‧奧斯汀和夏綠蒂‧勃朗特（Charlotte Brontë），也有政治思想家約瑟夫‧奈伊（Joseph Nye）的作品──他提出「硬實力」、「軟實力」和「巧實力」（smart power）的概念，柯林頓和歐巴馬政府都十分推崇。此外，梅森也會收集從當地書店買的古波斯和希臘史詩。

　　她說：「我想變得像我外公那樣，成為真正的學者，做個有學問的女人。」

113

放暑假時，梅森把她一小部分的藏書帶回家，打算在三個月內看完，但她父親卻看得很不順眼。

文化大革命的日子歷歷在目，使他心生恐懼，於是他在院子裡用石頭堆了個坑，把梅森的書全都丟進去，淋上汽油，然後點了根火柴丟進去，全部燒光。

「看書只會給自己找麻煩而已，」他說。

在北京的大學時期，梅森覺得全世界似乎都反對她的想像、觀念與身分。父親對她的文學生活不以為然，她在學校老是被當鄉下人對待，而且也意識到，這種偏見可能導致她成為外交官的夢想被政府摒拒，就算她再努力、再有才華也一樣。

感到夢想受阻撓的不只有梅森而已。在新疆，懷疑和挫折感也越來越強：越來越多人想要自主與自由，但都被國家嚴厲回絕，而且在主體民族的優勢下，當地人經常覺得遭受不公待遇，可是政府也不理會。

2009年7月5日，不滿情緒在新疆自治區首府烏魯木齊爆發，引起抗議與暴動。一個多星期前，兩名移居到中國東南部城市韶關工作的維吾爾人，在玩具工廠外一場長達四小時的種族爭鬥中被殺。引發該起事件的是一篇匿名部落格文章，內容聲稱有六名維吾爾工人強姦了兩個漢族婦女，但市政官員表示根本沒有強姦一事[3]。

維吾爾商人塔希爾·伊明目睹了一切。「我從辦公室往外

看，看到市中心聚集了好多人，」他告訴我。

維吾爾抗議者聚集在共產黨的重要機構附近，抗議警方對韶關事件處理不當。同時，市中心的主廣場也湧現人潮。

幾小時內，憤怒群眾就演變成大約千名火力全開的暴徒[4]，從新聞畫面看起來多半是男性。這些怒氣旺盛的年輕男子在街頭巷尾行動，直接擋在路上的汽車和公車前方，或命令車輛停下來，然後將駕駛拉出車外，推倒車輛後放火焚燒[5]。我後來訪問了十幾位目擊者，他們說當時許多住家和商店都被破窗、劫掠，群眾還高喊「反中國！」、「共產黨下台！」的口號。

有位當時在場的女子告訴我，她看到一個孕婦被開腸破肚，完全失去意識地躺在路上。

「那天真的很可怕，」當地的一名維吾爾人說，「達萬北路上有好多屍體，當地警察很久以後才來保護我們。」

防暴警察到場後試圖驅散群眾，抗議者則丟石頭反擊。暴動延燒了好幾天，政府表示有197人死亡[6]。

對中國來說，發生騷亂代表該採取行動了。2009年7月6日，政府封鎖網路，避免種族暴動的事外流[7]。中國希望人民和全世界相信，國內並沒有種族情勢緊張的問題，而且各民族之間都團結又和諧。但當局孤立新疆後，馬上對當地人民進行了鎮壓。

據國際組織「人權觀察」報導，「中國執法機構在維吾爾族居住的烏魯木齊地區進行大規模的非法逮捕行動，造成許多人『失蹤』[8]」。後來，維吾爾抗議者告訴我，當時有開一般汽車的便衣刑警綁架他們，帶到市區外的荒涼地區，然後綁在

樹上，用警棍和步槍的槍托毆打他們。

「動亂結束後，我打開電視，」塔希爾・伊明說，「看到（新疆的）區域首長低頭承認示威者是恐怖分子，其他節目都被切斷了。」

2009年時，中國是在新疆的事件發生以後，才出手處理。當時，官方還沒有能力預先防止社會動亂。但隨後幾年，中共取得許多先進技術，情勢也全然翻轉。中國決心不讓新疆繼續騷亂、反叛，所以當地自然成了國家監控的目標。

梅森很幸運，烏魯木齊發生動亂時，她在大學上課，遠在舒適的首都北京。2009年5月，梅森和朋友聽說伊力哈木・土赫提（Ilham Tohti）每週六要在中央民族大學開設可自由參加的課程。這位經濟學教授很有名，也是備受敬重的維吾爾知識分子。梅森走進大講堂時，裡頭已滿滿都是搶找座位的學生。

土赫提教授悠悠地走進教室，手裡拿著書，頭髮有些凌亂，從表情看得出他的心似乎不太安定。

梅森和朋友原以為這麼受景仰的人，長得應該也很高大有威嚴，但其實不然。他「矮矮的，有點胖，」梅森的朋友說，「也不是特別帥。」

但土赫提說話時可是直言不諱、力量十足。

「我不管你是不是警察、間諜，是不是熱愛共產黨，我

真的不在乎，」他開口說，「這個國家是我們所有人一起建立的，你們來上我的課，要瞭解的是這個。」

2011年1月，伊力哈木·土赫提曾寫道：「我熱愛這片培育我的土地，但也擔心祖國即將陷入混亂與分裂。我希望中國在經歷種種不幸後，可以成為一個種族和諧共存的偉大國家，發展出輝煌的文明[9]。」

土赫提1969年出生於中國西部的一個富裕家庭，在專門給公務員住的公寓長大，那裡的維吾爾族穆斯林和占民族多數的漢人是住在一起的。他父親是退伍軍人，在1971年的文化大革命中「悲劇性地喪命」，年僅28歲。「老一輩對從前的事閉口不談……所以，雖然我們都很以父親為榮，但我並不知道他是實際上是怎樣的人，又是怎麼死的，」他這麼寫道。

包括他的二哥、嫂子和侄子侄女在內，土赫提有許多家人在公安部擔任受人敬重的職位。公安部的權力很大，是負責執法工作的主要政府機關。

土赫提1991年從大學地理系畢業後，到南韓和巴基斯坦留學並教授開發經濟學。他會講好幾種語言，英文、韓文、日文、烏爾都語（巴基斯坦的國語）和俄文都是自學。他也兼做生意，在中國股市賺了一筆後小額投資，成了中國經濟起飛的受惠者之一。

當時，土赫提幾乎決定要自己創業了，但祖國的情況讓他始終無法放心。

「我旅行到很多地方，目睹許許多多的種族衝突與殺戮，政治動盪和社會轉型失敗的案例也很多……所以，我越來越渴望全心投入新疆和中亞問題的研究，避免國外的悲劇也在中國

上演。」

土赫提最初是以社會評論家的身分聞名，當局也因而開始騷擾他，在1999年禁止他發表文章，又不許他在知名的中央民族大學教書（土赫提的母校，也是他當時任職的地方），長達四年他都無法教課[10]。

「他開始參與社會議題後，我們就疏遠了，」土赫提住在華府郊區的女兒菊爾‧伊力哈木（Jewher Ilham）告訴我。當時，她只是個青少年，住在北京，和爸爸一直很親。

「我非常不開心，因為我想要父母的愛，但他卻老是在用電腦，所以我態度也開始變差，有時候他想給我看一些關於工作的東西，我會直接關門走掉。」

土赫提知道維吾爾族「沒有很多人……受過高品質的教育，」所以他的定位很特別，能帶領族人追求他相信的志業。土赫提和許多活躍分子一樣，開始利用剛興起的網路發表自我觀點，並在2005年建立了名為「維吾爾在線」的熱門網站，邀請漢族和維吾爾族知識分子在他的網絡論壇討論敏感話題，即使他們的觀點和意見相左也不例外。

「他們（我親戚）經常苦苦求我，希望我少說幾句，」土赫提抱怨道。「他們希望我專心賺錢，不要多管閒事。」

土赫提倡的是溫和、理性、寬容的手法。中國經濟在前二十年間歷經爆炸性成長，破壞了家庭與社區等社會結構，人口大規模移居到城市尋求財富與機會，導致「竊盜、扒手、販毒、吸毒和娼妓問題越來越多。」

人與人之間似乎已沒有互信[11]。

土赫提看著兵團（對外稱為「新疆生產建設兵團」）的漢

人開發新市郊和農地，經營類軍事組織，以開拓邊疆的文明前鋒自居，但270萬名成員幾乎都是漢族的移墾者，還制定政策，將維吾爾人驅離他們土生土長的土地。

維吾爾人告訴我，一聽到「兵團」這個詞，他們就很憤怒、挫折。中國共產黨在1954年創立這種類軍事組織，由退役士兵組成，旨在建設學校、醫院和道路[12]。不過除此之外，中共還想藉此竄改歷史，為中國塑造出慈善大國的形象，更謊稱在過去的兩千多年間，新疆都在中國的版圖之內[13]。但事實上，現今的新疆地區曾由突厥、蒙古、滿洲帝國和蘇聯支持的軍閥統治，也曾幾度獨立，後來才被漢族主導的中國共產黨占領[14]。

1950年，中共在新疆掌權，試圖平定此地。在接下來的48年，兵團持續在區域政府的指揮下運作，擴大並鞏固了大片土地和戰略性水道的所有權，也因而獲得了掌控當地人口的政治權力。後來在1999年，中央政府更是將兵團拉抬成與地方政府同級的單位，基本上等同於「國家中的國家」，而且擁有不受新疆區域政府控制的政治威權[15]。

在兵團的協助下，漢族移民在1990到2000年代源源不絕地湧入中國西部荒野，從火車上卸下行李，搬進新蓋的豪華高樓。同時，政府也將新疆壯麗的古城列入「重建」計畫，聲稱衛生狀況惡劣且結構不穩，用推土機夷平。就這樣，雙方對彼此的懷疑和敵意不斷加深：漢族移民認為維吾爾人是落後的基本教義派，維吾爾族則覺得漢人是貪婪的投機分子，為了賺錢而把他們驅離長久以來的故土[16]。

伊力哈木·土赫提大力批判兵團，但挑戰這麼強大的組

織是很危險的。他說兵團根本就是中國「六十年代集中經濟規劃的翻版，是因為既得利益而存在，明明是不必要的官僚組織，卻因為有既得利益支撐和政治宣傳的吹捧，而得以繼續存在[17]。」

「這（兵團）造成了詭譎又可怕的氛圍，」土赫提在2011年1月17日的另一篇文章中寫道。「情況越來越糟，敢發聲的人也越來越少[18]。」

雖然一再公開挑戰兵團這種可能很危險的類軍事組織，土赫提卻表示不希望大家把他視為政治領袖。他只是希望以學者的身分，促進中庸、理性且和諧的思考[19]。

「他希望用溫和的方式，和平地消弭分歧，」私下認識土赫提的塔依爾·哈穆特告訴我，「並不鼓吹反叛或獨立。他知道要有所建樹、要建設國家，就必須和所有人合作，即使你不同意他們的觀點也一樣。」

「他的想法是最棒、最開明的，」我的維吾爾翻譯兼助手阿不都外力·阿尤普這麼說。他和土赫提也有私交：「他知道自己必須保持冷靜，不會被激情沖昏頭，也啟發了大家的樂觀精神。」

每週六，梅森和朋友都會去上土赫提的課，他講授的全球政經議題範圍很廣，從鋼鐵關稅到中國共產黨和美國選舉系統的比較，無所不包。

梅森表示，他2009年5月曾告訴全班：「現在的問題是，我們的政府只考慮到最壞的情況，因為恐懼和懷疑而制定針對民族少數的政策，但為何不想想最好的狀況呢？某些國家的少數民族不也融入當地社會了嗎？」

終極警察國度

為了強調他的觀點，他還說了南非曼德拉和美國林肯的故事。

　　「他對學生就像對自己的孩子一樣，」菊爾告訴我，「家裡常有學生來一起吃飯，跟我們一起下廚。我爸甚至會拿出一部分的薪水，給學生當開齋節的零用錢。」（開齋節是伊斯蘭教節日，代表齋戒結束，父母和長輩會給年輕人一點現金。）

　　「他愛唱歌也愛笑，」她說，「還會說些很呆的笑話，以為自己很有趣，但其實並沒有。」

　　「伊力哈木・土赫提就是這樣，」艾賽提・蘇來曼也說，「他是現代派的。主要陣營有三個：伊斯蘭主義派、現代派和傳統派。他相信要成就志業，必須與現實世界合作。」

　　「大家原本都以為他會領導我們，」梅森的朋友告訴我。

　　但是土赫提堅持不想當政治領袖，只想做個學者[20]。

　　「我很確定我爸不想當政治領導人，」菊爾說，「他一直都希望能簡單過日子，偏偏卻生在一個大家希望有人帶領的時代。」

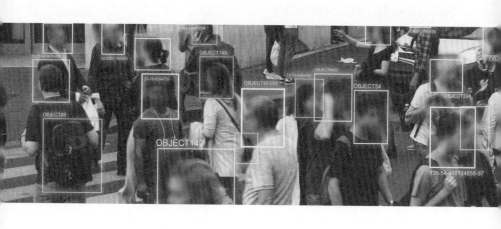

第七章

偉大復興

中華民族偉大復興，絕不是輕輕鬆鬆、敲鑼打鼓就能實現的。

——習近平

伊力哈木・土赫提說的沒錯，新中國的確變得越來越專制、偏狹，而且即將展開一場權力更迭，使得政治領袖在國內的地位和打壓敵人的手段都全然改變。

2012年，也就是土赫提提倡共融的時期，我來到中國西南部的河口工業城市重慶，研究傳統毛澤東主義的復興──激發這股懷舊浪潮的是共產黨當紅的領袖薄熙來，他把重慶治理得有聲有色，就像市長一樣[1]。

不過我抵達中國時，薄熙來已在一場轟動全球的大審中淪為被告。僅僅兩年前，《時代》雜誌還曾因他的治理手法，將他列為2010年全球最具影響力的百大人物之一[2]。薄熙來主張遏止一發不可收拾的經濟成長，支持反腐行動、打擊黑幫犯罪，並重振毛澤東主席的精神──也就是回歸舊有做法，讓國家重度干預商業與經濟，還可為了拘留嫌犯、沒收資產而繞過法律規定[3]。

但後來，他成功的律師妻子谷開來卻害他遭殃，因為她被控謀殺高調揮霍的英國公民尼爾・海伍德（Neil Heywood），後來也實際被定罪。海伍德和谷開來一家曾是好友，她把海伍德介紹給一些很有影響力的盟友，希望他能幫忙處理重慶的一個房地產計畫，吸引英國投資者。後來計畫失

敗，海伍德要求谷開來付他原先承諾的部分佣金，還想跟她在英國的有錢兒子索要，觸發兩人的紛爭。

谷開來在受審時表示，海伍德曾勒索她的家人並威脅她兒子，所以她才在盛怒之下謀劃殺人。她和海伍德約在飯店房間見面，一起喝威士忌，他喝醉跑到馬桶嘔吐後，谷開來把他按在床上，拿出一個醬油瓶，把摻了致命氰化鉀的綠茶往他嘴裡倒，導致他喪命[4]。2012年8月，谷開來因謀殺海伍德被判處死刑，但最後減為無期徒刑[5]。

2013年9月，薄熙來自己也因收賄、挪用公款和濫權被判無期徒刑。法院認定他收賄金額超過330萬美元（包括南法坎城的一棟別墅），還濫用職權解僱警察局長，企圖阻止對方調查妻子謀殺海伍德一案[6]。

就這樣，中國除掉了一個權大勢大的政治家族，也將他們變成貪腐和放肆的象徵。這些問題會威脅到新中國，需要透過民族復興來矯正。

在重慶陰鬱灰暗的街頭巷尾，薄熙來留下的影響仍清晰可見。

「中國在成長，人民也變有錢了，」一個中年男子在路邊攤吃麵，用粗啞的聲音告訴我，「但我當建築工人，工作還是很辛苦，家裡也總是吃不飽飯。」

「新中國不能只在乎賺錢而已，就是這樣才會有貪污問題。新中國的重點，應該是團結，把國力變強才對。」

「他（薄熙來）嘴上說要掃蕩貪官，自己卻成了新中國各種問題的象徵：犯罪和貪污猖獗，還有人認為身分認同不重要，反正有利可圖，大家都想不計代價地分一杯羹。就某種程

度而言，他也只是替死鬼而已，」一個中國朋友這麼告訴我。他和其他受訪者一樣，擔心惹怒政府，所以不願透露姓名。

中國經濟狂飆了二十年，幫助好幾億人脫離赤貧，但也導致不平等、貪腐和犯罪問題不斷飆升。越來越多的領導人認為，中國已迷失方向。

據傳薄熙來在淪為罪犯前，曾是中華人民共和國主席（相當於總統）的熱門人選[7]，將在2012年11月的共產黨全國代表大會獲任。

他被剝奪政治權力後，取而代之的是一個叫習近平的官僚。他父親擔任過國務院副總理，是很有權勢的角色。習近平15歲時被送到農業公社工作（當時普遍這麼做），受過共產主義薰陶。他的世界觀和許多黨幹一樣，是青少年時期經歷文革磨難後塑造而成的。這樣的經驗讓他體認到生活的艱辛，也使原本那個熱愛古典詩詞的害羞男孩強硬了起來。

「我一直有股倔強的性格，不容忍被欺負，」他在2000年的某次訪問中說。「我就是惹到激進分子，所以他們就把錯全怪到我身上。」

1966年5月，在習近平的父親因支持一部毛澤東反對的小說而被共產黨開除，並被派到工廠勞動四年之後，習近平的高中課程被迫停止。

當時的黨主席毛澤東發起「文化大革命」來煽動群眾，

把敵人一個個地除掉，就是要徹底控制一切，打造邪教般的個人崇拜。全國上下因而混亂不堪，暴亂的學生譴責老師與父母；紅衛兵在街上巡邏，毆打中產階級裝扮的民眾；企業、學校和其他象徵資本主義過剩的場所都被洗劫並棄置不管。結果，中國陷入了十年的飢餓、貧窮和暴力。

革命群眾洗劫了習近平家，曾任黨幹的父親也被遊街示眾、顏面盡失，連妻子都譴責他[8]。

但習近平並未將他的苦難歸咎於共產黨。相反地，他和毛澤東時代的其他第一代領導人一樣，認為自己理當繼承父母那一代的共產治理權。他學會質疑民粹主義者和煽動騷亂者，譬如顛覆階級制度與社會秩序、引發混亂的年輕文革人士。習近平認為，順從的愛國主義才是理想狀態。他的觀念非常實際，為了在中國的苦難中存活下來，他選擇變得「比紅更紅」──某位人脈廣闊的大使館人員告訴我，一份外洩的美國電報中是這麼寫的[9]。

家道中落後，習近平搬到一個小村莊，住在地窖裡，擔任地方政府的行政人員。在這段期間，他姊姊自殺身亡，確切日期不明。他想成為黨員，但七次被拒絕，最終在1974年成功加入，不過是因為他和一名黨官交上了朋友[10]。

習近平和其他共產黨官僚一樣，大學讀的是工程，不過從未當過工程師。他畢業於1970年代末，正值中國市場改革、對外開放之際，他在黨內也逐步高升[11]。習近平開始政治生涯時，老派的毛澤東式共產主義逐漸式微，在毛澤東極權體制下長大的那一代人也不再掌握大權，取而代之的是更集體化也更官僚的領導體制。

包括習近平在內，某些人認為中國正在喪失靈魂。政治科學家易明（Elizabeth Economy）在《習近平與新中國：中國第三次革命的機會與挑戰》（*The Third Revolution：Xi Jinping and the New Chinese State*）中寫道，共產黨「已變得腐敗，缺乏中心意識，在習近平看來，只有革命性的徹底改變，才能拯救黨與國，推動中國發揮全部潛能，成為世界強權[12]。」

　　2012年，習近平獲菁英階層黨官推選為新的中國共產黨主席，接替說話溫婉、做事按部就班的胡錦濤。在胡錦濤的年代，像他那種自我風格和個人魅力不特別強的領導人很常見，習近平的崛起，象徵胡式的軟性治理結束。對於貪官，習近平全都敢於揭發，也不怕撼動體制、甚至樹立敵人。

　　習近平相信重塑體制是他的使命。中國必須進行愛國復興，遠離過去造成貪腐的資本市場影響，回歸國家的團結和紀律。習近平希望親自統領這場運動[13]。

　　他流露一種天生的魅力，為自己打造出多才多藝、無所不能的形象，但同時也展現共產菁英的自在氣息。簡約為主、避免放縱是他的代表性訴求。

　　「他散發令人難以置信的力量，」一位歐洲外交官曾如此告訴法國記者弗朗索瓦・卜光（Francois Bougon）[14]。

　　他也是一名知識分子。

　　習近平每次出訪大國時，都喜歡說他讀過該國哪些作家的作品，到美國和歐巴馬總統會面時，曾在演講中宣稱自己讀過海明威（Hemingway）、惠特曼（Whitman）、梭羅（Thoreau）的著作和湯瑪斯・潘恩（Thomas Paine）的《常識》（*Common Sense*）；拜訪俄羅斯時，他列舉的名單則包括

克瑞洛娃（Krylova）、普希金（Pushkin）、果戈里（Gogol）、萊蒙托夫（Lermontov）、屠格涅夫（Turgenev）、杜斯妥也夫斯基（Dostoyevsky）、涅克拉索夫（Nekrasov）、切爾尼謝夫斯基（Chernyshevsky）、托爾斯泰（Tolstoy）和契訶夫（Chekhov）。

無論到哪個國家，習近平總是喋喋不休地講個不停[15]。

「實在很荒謬，」一個中國朋友在北京告訴我，「《週六夜現場》（*Saturday Night Life*）應該寫一段來諷刺他才對，不過肯定會被審查，而且還可能有人會坐牢。」

習近平1980年代曾擔任國防部助理，所以也很以自己的軍事知識為傲，相信軍事力量就是國家實力的展現[16]。

「他經歷了很多，也度過許多困難的時期，」新加坡總理2007年會見習近平後說，「我覺得他和曼德拉是同等級的人，情緒非常穩定，不會讓個人的不幸或苦難影響他的判斷[17]。」

習近平具有強烈的歷史意識，他對中國未來的展望，也是建構於這種意識之上。

「中國5000年的文明是一種知識實力」，習近平說。他向人民承諾會讓他們實現「中國夢」，恢復國家的強權地位，就像各國都向中國進貢的時代一樣[18]。「我們會創造光明的未來，」他在2012年11月宣示，「讓大家看看我們優越的國家體系[19]。」

他設想的那片未來，也包括要重新定義中國西部的新疆和中亞地帶。

「貫穿歐亞大陸西部的絲路，曾是促成東西方文明交流與商業來往的重要橋梁。」

2012 年 10 月 17 日，在菁英大學北大任教的著名地緣政治策略家王緝思寫道。

王緝思也提到所謂的「西進運動」，由於東鄰的太平洋已由美國、日本和南韓主導，所以中國轉戰貧脊西部邊境的新策略正蓄勢待發[20]。

「哈薩克民族有一句諺語：『一片土地的歷史，就是在她之上的人民歷史』，」2013 年 9 月 7 日，習近平在鄰國哈薩克的納扎爾巴耶夫大學（Nazaybayev University）進行一場知名演講：

2100 多年前，

中國漢代的張騫肩負和平友好使命，

兩次出使中亞，開啓了中國同中亞各國友好交往的大門，

開闢出一條橫貫東西、連接歐亞的絲綢之路⋯⋯

我的家鄉陝西，就位於古絲綢之路的起點。

站在這裡，回首歷史，

我彷彿聽到了山間迴盪的聲聲駝鈴，

看到了大漠飄飛的裊裊孤煙。

這一切，讓我感到十分親切⋯⋯

我們可以用創新的合作模式，

共同建設「絲綢之路經濟帶」。

這是一項造福沿途各國人民的大事業[21]。

「一帶一路」計畫就此展開，與習近平悉心研究的歷史相互呼應，預計投入的資金高達一兆美元。

歐洲探險家十六世紀初首次抵達新大陸時，歐亞大陸的國內生產毛額占全球89%[22]。當時的歐洲人剛度過看似無止盡的瘟疫、饑荒與戰爭，正在崛起中。在歐亞大陸，他們被視為原始野蠻的基督教徒，帶領散漫沒紀律的十字軍到處撒野。

　　與此同時，亞洲和中東的帝國則已發展出生物學和代數，也發明了紙張、活字印刷與火藥。中國的明朝曾是區域霸主，還派遣航海探險家鄭和到印度與非洲探勘[23]。不過中國雖然強大，也未能主宰歐亞大陸，因為數千年來，絲路上曾存在形形色色的王國、帝國與部落[24]。

　　牛津大學歷史學家彼德・梵科潘（Peter Frankopan）寫道，歐洲人開始屠殺新大陸的原住民並並掠奪美洲財富時，也將他們在全球掌握的經濟及政治權力帶離了東方。全世界的貿易和軍事力量從陸地轉移到海上，現代歐洲海軍的成立，也在十八世紀帶動了工業革命[25]。

　　歐洲將軍隊工業化並建構出強大的現代民族國家時，中國的領導者仍對現代科技和武器很不屑，仍相信皇帝是無與倫比的天之驕子，是自古以來一脈相承，代代相傳的歷史比日韓等鄰國都來得長。英王喬治三世派遣使者送禮到中國，結果被視為獻給皇帝的貢品，而不是送給平等主權國家的禮物[26]。

　　到了十九世紀中葉，中國的封建制度在不斷變遷的世界上顯得越來越過時、腐敗且無效。統治階級沉溺鴉片，吸毒成癮、深陷債務，犯罪也無所遁形。中國曾試圖制止英國的鴉片貿易，但英方派遣炮艦到香港，確保市場維持開放，史稱第一次鴉片戰爭。在中國共產黨的歷史著作中，這是「百年國恥」的開始——中國落入西方列強手中，在世界舞台上的地位出現

令人震驚的逆轉。皇帝面對史上最強大的海上帝國，也只能服首稱臣[27]。

曾經繁榮的歐亞大陸也陷入了戰爭、宗教偏見與衰敗，之所以會如此，是因為歐洲殖民者在占領過程中大肆掠劫，還收買部落領導者[28]。中國經歷毛澤東主義和經濟暴力主義多年的摧殘，在1973年要邁向市場改革時，經濟總額只占全球5%[29]。

所以中國政府學到了什麼教訓呢？答案就是要現代化，要站得高、站得挺，也要擁抱科技——習近平在2013年7月和8月的兩次演講中說得很明白。

先進的科技是現代國家的利器。

西方國家能在當代世界擁有主導地位，

擁有進步的技術是很重要的一個原因。

真正的核心技術是買不到的——

有句話說得很好：

「國家最精銳的武器，不能暴露出來。」

另一段講詞則是：

我們科技總體上與發達國家比有差距，

要採取「非對稱」趕超戰略，發揮自己的優勢，

特別是到2050年都不可能趕上的核心技術領域，

要研究「非對稱」性趕超措施，

在國際上，沒有核心技術的優勢就沒有政治上的強勢。

終極警察國度

在關鍵領域、卡脖子的地方要下大功夫。

軍事上也是如此[30]。

習近平從未明確解釋，在技術領域，他所謂的「非對稱戰略」是什麼，可能是委婉的說法，意思是複製並模仿西方技術，盼能迎頭趕上，就像日韓過去幾十年來那樣。

漸漸地，習近平開始在歐亞大陸施加影響力，企圖將中國擴張成「超大陸」。美國也曾使出類似的手段，剝奪美洲原住民的土地和權利，無情地向太平洋岸拓展勢力，還藉由操弄，完成巴拿馬運河的建設，讓美方船隻得以快速來往於大西洋和太平洋之間，帶來莫大的地緣政治力；此外，英國在中東控制蘇伊士運河，也是為了加速倫敦與印度的貿易，畢竟當時，印度是大英帝國最具經濟價值的殖民地[31]。

「歐亞大陸是全球最大、最核心的超大陸，占全球陸地面積超過三分之一，」政治學家肯特·歐德（Kent E. Alder）說，「這片土地蘊藏全世界近三分之二的石油和超過80%的天然氣儲量……歐亞大陸的國家擁有近85%的世界外匯存底，以購買力平價（PPP）衡量的GDP更占全球將近七成，更不用說製造業的商品了，快要一半都是從那裡來的[32]。」

中國想要、需要的，就是貿易網絡和道路四通八達的超大陸。中國經濟成長在2013年放緩時[33]，也是因此才能把勞工和基礎建設計畫移到尚未開發的西部，以及中亞和中東的高原、山脈及沙漠地區。

不過，我和其他記者取得的共產黨外洩文件顯示，中國領導人擔心的不只經濟放緩而已。在此之前的兩年2011年6

月，美國開始逐步從鄰國阿富汗撤軍，留下權力真空，極端分子和恐怖分子可能會藉機發起攻勢，攻擊和美國一樣不信伊斯蘭的共產中國[34]。

「他（習近平）是個強勢、聰明的人，」美國當時的副總統拜登於2013年5月訪問中國後，在賓州大學對學生說，「但看起來好像不太確定一切是否都會順利落幕[35]。」

2013年10月一個寒冷陰沉的日子，天安門廣場一如往常地滿滿是人，擁擠不堪，霧霾瀰漫。這個廣場象徵國家的偉大，也是二十多年前發生暴力反民主鎮壓的地方。

那天早上，在場的人聽見遠處傳來喇叭聲。一輛SUV出現，在街上高速行駛，衝入人群、撞上橋的護欄，然後瞬間爆炸，距離廣場內醒目的毛澤東像只有幾步之遙。煙霧散去後，地上躺著兩個人的屍體，炸毀的車裡則是三名自殺恐怖分子[36]。

人群中的警察開始逼迫目擊者刪除相機裡的照片，試圖拍下畫面的BBC記者組被暫時拘留，中國的網路新聞也被過濾。不過當局很快就釋放了BBC記者，而這則事件也傳到了國外[37]。

這場駭人攻擊發生在中國的核心地點，想當然爾，會有人被嚴正處罰。果然不久後，新疆的最高軍事指揮官就被換掉了[38]。

事實上，中國的恐怖主義問題，可說是當局自己造成的，因為多年來，政府只要認定維吾爾人有犯罪嫌疑就會逮捕、壓制，迫使他們消失。於是從2009年起，上千名維吾爾人逃往阿富汗和土耳其，再坐車或巴士前往敘利亞。他們認為自己是政府不公不義的受害者，想要學會使用武器，然後發起叛亂，這樣的情況在2013年後又更加劇[39]。「本來我們是希望可以回中國，」一位2013年曾在敘利亞作戰，後來返回土耳其的聖戰分子告訴我。他在中國是醫生，抵達敘利亞後才開始信教。「敘利亞內戰是誰會贏，我們並不在乎，我們只想對抗（中國）共產黨而已。」

中國境內其實已有許多恐怖行動在醞釀，十月的天安門攻擊事件就是最戲劇性的代表。五個月後的2014年3月1日，又有八名手持長刀的黑衣恐怖分子，攻入中國西南部的火車站瘋狂砍刺。特警小組衝進車站後，發現172人受傷，個個鮮血淋淋，還有近30人喪命。四人特警小組中，唯一持有自動步槍的成員開槍射殺了四名恐怖分子；另有一人被警方逮捕，其餘三人在兩天後落網[40]。當局認定嫌犯是暴力維吾爾分裂主義分子，中國官媒也開始稱這次攻擊為「中國911事件」[41]。

「這引發了全國憤怒，」中國官媒新華社的某個評論家寫道，「我們必須伸張正義，鐵腕懲罰恐怖分子[42]。」

世界維吾爾代表大會是提倡維吾爾人權的和平組織，擔任主席的熱比婭・卡德爾（Rebiya Kadeer）在2013年10月的天安門廣場攻擊事件隔天表示：「我現在更擔心東突厥和維吾爾民族的未來[43]。」

在微信群組裡，梅森的某個朋友傳了天安門汽車炸彈的新聞。根據那篇報導，中國當局宣稱在那台自殺車輛裡，發現了恐怖主義的宣傳素材，還有象徵維吾爾獨立的藍旗。梅森知道那些報導並不一定是真的。

「我實在不敢相信，」她朋友說，「感覺太極端了。」

梅森馬上擔心起了維吾爾人的名聲，也怕全中國的人都會開始對他們有敵意。和朋友在家討論這個議題時，她覺得自己成長的土地彷彿被沉重的陰霾籠罩。

「大家都開始打電話給在國外的家人，叫我們不要回去了。」

2014年4月，習近平首度（也是唯一一次）到訪新疆時，兩個維吾爾族激進分子在烏魯木齊炸毀了一個火車站，造成79人受傷、一人死亡，那兩名自殺炸彈客也在爆炸中身亡[44]。

習近平視察後才過不到一個月，就有更多維吾爾極端分子在烏魯木齊的果菜市場丟手榴彈和爆裂物，包括四名攻擊者在內，至少有43人死亡，90多人受傷[45]。

於是，習近平召集高級官員與顧問，進行了一連串的緊急會議。

「近年來，」外洩文件顯示他曾在某次會議上表示：「新疆發展快速，生活水準持續提高，但種族分裂主義和恐怖暴力仍一再加劇，可見經濟發展並不會自動帶來長久的秩序與安全。」

過去30年來，中國形式的自由主義，是中共國家戰略的基石，但現在，中國對自由主義的定義因習近平而改變。中共不再為了尋求現代化而開放邊境，反而決定關閉門戶，回歸極權手段。

「美國從阿富汗撤軍後，阿富汗和巴基斯坦邊境的恐怖組織可能會迅速滲透中亞，」習近平說，「東突厥（新疆的別名）地區的恐怖分子曾在敘利亞和阿富汗受過真槍實彈的訓練，隨時都可能在新疆發動恐怖攻擊。」

他還把宗教極端主義比喻為毒品：「你會失去理智，像發狂似的，什麼事都做得出來。」

在蘇聯解體時正好成年的習近平得出了這樣的結論：要想保全中國，就得拿出武器，展現威權與實力，也得全面掃蕩弱勢的維吾爾和哈薩克族。他呼籲當局使用最新科技，並下令黨幹研究美方是如何回應911攻擊。

「為人民而戰，為了目標團結起來，就是我們共產黨人天生最擅長的事，」他這麼說，言下之意就是中國應該利用民眾互相滲透、監視[46]。

而新疆的命運，也就這麼註定了。

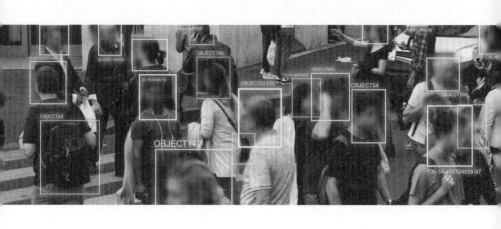

第八章

中國的反恐戰爭

❝我們必須嚴正摒斥宗教❞

——中共在喀什的宣傳標語

　　911事件發生後，中國就已著手準備反恐行動。當時，中國駐美大使曾在使館的招待會上，表示中國將會「與美國並肩打擊恐怖主義[1]」，也開始在阿富汗、中亞和中東追捕有恐怖主義之嫌的人。不過如同習近平在2014年所宣布，中共還在全球各地派出更積極行動的情報特工，希望能有效蒐集恐怖主義嫌疑分子的情資。

　　在國家授命下，這些間諜有義務保護中國不受恐怖陰謀威脅，情報機構官員承受很大壓力，必須無所不用其極地找出敵人，找到後向政府長官報告，讓長官在官媒上炫耀「成就」。由於這樣的情勢所逼，中國間諜落入惡性循環，開始在土耳其等國家氾濫追捕，毫不區分暴力的聖戰主義者與和平的一般維吾爾民眾（不過這些民眾儘管立場和平，對中國政府也通常抱持批判態度）[2]。

　　「他們認為找到的敵人越多，」阿不都外力說道，「就越能團結國家。」

　　阿不都外力知道一名準備叛逃的中國間諜，躲在土耳其的一個偏僻濱海小鎮。當地的維吾爾人很少，所以這名間諜相信，待在那兒就不太會被其他也向中共告密的同胞出賣。阿不都外力說可以介紹他給我認識。

　　阿不都外力經常在他很受歡迎的網站上發表文章和評

終極警察國度

140

論，在全球的維吾爾和海外記者社群都十分有名，所以常會有人寫信或提供小道消息給他，希望藉由他的人脈網絡，和記者搭上線。

那位間諜就是這樣——他希望能在叛逃前，說出自己的故事，萬一中國政府真的對他下手，媒體的關注至少還能給他一點保護，而且他也想坦白說出自己做過的事，免得一直悶在心裡，所以願意和我這個美國記者見面。

阿不都外力和我搭上公車，開始前往海邊的漫長旅程。

「在大路上的海鮮餐廳碰面，」那位間諜用加密通訊應用程式Signal告訴我們。

那天傍晚六點，表示願意使用真名的尤瑟夫·阿梅特（Yusuf Amet）走了進來，身穿迷彩褲和蓬鬆的白色外套。他承認已經喝了五罐啤酒，也很快就向我們說起他躲起來之前的家庭狀況。

尤瑟夫來自一個父親遺棄妻小的破碎家庭。他說在成長過程中，因為沒有父親引導他從男孩變成男人，所以他一直追求某種男子氣概，認為只要表現出陽剛的模樣，單親的母親和生活中的其他女人就會愛他、崇拜他。

「我老婆如果不聽話，」他得意地說，「我就會打她，最後她離開我了。」2010年，高中輟學的尤瑟夫決定到阿富汗受訓打仗，希望將來能對新疆地區的中國政府發動獨立戰爭。

「我希望母親以我為榮，她就是我的生命，我非常愛她，」尤瑟夫說。

「我們到了機場，母親正要送我上機時，」他繼續說道，「警察突然衝進來，把我們逮捕。他們一直都在監控，知道我

們在做什麼。」

尤瑟夫在中國監獄關了兩年，被情治人員拷問，也曾被送上梅森在拘留營的酷熱庭院坐過的虎椅。

「我媽被送到我隔壁的牢房折磨，她的尖叫聲我都聽得見，他們就是希望我聽見。就是在那時，有個情報單位的頭頭出現了。他說他叫『阿布杜蘇庫爾』，在中國西部某個鎮上是很有影響力的地方首長。」

「我很不想看到你剩下的青春年華都浪費在監獄裡，你應該也是吧？而且也要替你母親想想啊。如果你願意幫忙，我們就會放了她，」那位情報官員這麼說。

接著他就打開天窗說亮話了。年輕、健康又強壯的尤瑟夫可以不用坐牢，但必須待在中國三年，監視他的家人，證明他的忠誠後，再到世界各地假裝是有興趣加入恐怖組織的年輕人，滲透所謂的「細胞網絡」，向他的新上司報告。

「他們看出我這個人有點瘋狂，利用了我渴望得到認同的心理。」

尤瑟夫2013年起假釋了一年，每幾天就得向警方報告行蹤，說他當週都在做什麼。他聽命行事，也把兄弟姐妹和親戚從事的無害活動告訴了情報機構，但據他所說，大家卻都因此被送進集中營。

後來在2016年，中國情報官員聲稱恐怖組織已滲透整個中東地區，正在策劃對中國的攻擊。他不願透露恐怖分子的身分，只說是一群瘋狂、暴力又有問題的年輕人，正在準備發動「聖戰」。尤瑟夫拿到了一本外交護照。

「他們派我去巴基斯坦。我抵達機場後，跟我們在巴基斯

坦政府的間諜碰了面。」這名間諜是巴基斯坦的前軍事指揮官，他收受賄賂，幫忙把外國間諜從巴國邊境偷渡到阿富汗。

「飛過一片山區後，我終於抵達目的地，是阿富汗南部的村莊，我必須加入一個和塔利班有掛勾的當地民兵組織。」

中國政府已滲透塔利班，該組織也熱烈歡迎新戰將尤瑟夫加入，完全不知道他把成員的一舉一動向中國管理官報告。

「我的任務是監視加入恐怖組織的中國公民，」也就是維吾爾人和其他在阿富汗作戰的穆斯林團體，「因為中國不希望有恐怖分子把觸角延伸到國內。」

不過那份任務遠不如他想像中刺激。他表示：「偶爾會有槍戰，跟阿富汗政府的部隊發生小衝突，但完全沒在那裡見過美國人。」

六個月過去，他感到厭倦又無所適從。加入間諜行列前，他想像自己將為獨立奮戰，在戰場上享受榮耀，結果現實根本不是那樣。於是尤瑟夫用WhatsApp傳訊息給管理官，說他想離開。

「我們一直都是用WhatsApp聯絡，以為很安全，」他說。「我們沒用微信，因為就連中國情報部門都擔心被監控，怕政府會命令微信交出資料。」

尤瑟夫給我看了管理官傳給他的WhatsApp訊息，兩人仍有聯絡。「他簡直是操弄大師，」尤瑟夫說，「非常懂得如何操控人心。」

他說想離開後，管理官馬上替他安排了新任務。

「你再待一會兒就好，」他說。「你是個有才華的年輕人，前途一片光明，我們很快就會派你去中東了。」

當時中國正在建造數以百計的輸油管線、鑽井設備、高速公路和其他基礎設施，這些計畫後來也都納入了「一帶一路」的範疇。為保護中國的投資，中方情報機構需要間諜前往世界各地，滲透維吾爾社群，並說服地方當局將維吾爾人送回中國。這些人回到國內以後，全都會被關。

　　根據尤瑟夫的說法，中國情報機構相信海外維吾爾社群正在策劃炸毀中國的橋梁和石油、天然氣管道，阻撓「一帶一路」計畫。如果和中國成為夥伴可能招致恐怖攻擊，那各國政府可能就不會想跟中方合作了。

　　由於必須阻擋傳言中的陰謀，中國的情報組織面臨極大壓力，手法也變得很粗糙，決定採取一網打盡的策略，把海外的每一個維吾爾人都視為敵人，並持續監控到他們證明自己的清白為止。實行這項策略後，中國間諜也開始失焦，忘了他們真正的目標其實是在敘利亞作戰、在土耳其招募激進分子的恐怖主義者。尤瑟夫也表示，這種做法並不能有效收集情報。

　　2017年，他穿越邊境回到巴基斯坦，然後飛往伊斯坦堡。這座城市所在的土耳其，是收容最多維吾爾難民的國家，也是除了中國以外，維吾爾族人數最多的國家。他的任務是「跟維吾爾商人見面，說服他們讓我加入商業公會。」

　　尤瑟夫走進當地餐廳，鎖定一位年長的維吾爾商人當目標後，便開始他的遊說大計。

　　「我在找工作，」他說，「要做什麼我都會，但才剛到這裡，而且又很窮，你可以幫幫忙嗎？」

　　他並沒有得到工作，但仍繼續安排會面，希望能悄悄潛入維吾爾族的圈子。他滲透得越深，管理官下達的命令聽起來

就越凶險。

「他說要我跟這些商人見面，背後其實另有目的，」尤瑟夫說。「他說跟我碰面的那些人實際上是恐怖分子，跟敘利亞的突厥斯坦伊斯蘭黨（Turkistan Islamic Party，TIP）有掛勾。他叫我去當地的公司找一份正式工作，這樣就能加入TIP，然後他們會把我送去敘利亞，我就可以去打擊恐怖分子了。」

尤瑟夫原以為自己渴望冒險，但負責跟他聯絡的管理官卻越來越緊張、多疑，使他也覺得心神不寧。他監控的那些商業公會成員，都是一些看起來很悠閒的年長男子，在宗教信仰方面也顯得頗為溫和，似乎沒什麼理由要冒著被捕、丟掉事業的風險做壞事，好像根本也不太可能贊助敘利亞的恐怖分子。

尤瑟夫開始懷疑情報機構的長官是因為找不到真正的敵人，所以對所有人都產生懷疑。而且，他們四年前曾說只要他當間諜，就保證放了他母親，結果卻仍未實現諾言。

我曾在土耳其遇過TIP的成員。當時，他們在土國規劃敘利亞的軍事行動，目標是對抗獨裁者巴沙爾·阿塞德（Bashar al-Assad）的政府軍。軍方消息指出，在敘利亞衝突劇烈的庫德斯坦地區（Kurdistan），維吾爾士兵傷亡慘重，許多位居組織核心的聖戰分子也已被捕。所以，要說恐怖分子與阿塞德的部隊激戰後，還有力氣返回新疆，在中國西部建立伊斯蘭王國，似乎有些牽強。但這種說法符合中國利益，所以政府才一

第八章　中國的反恐戰爭

再宣傳、強化。

　　維吾爾恐怖分子的故事可以追溯到911事件。在中國的高壓統治和偏執手段之下，自覺被共產黨迫害的年輕中國男性越來越有意願加入恐怖組織，在他們眼中，恐怖分子也越來越有地位與正當性。

　　在這些男子中，有22名維吾爾人在阿富汗被抓，送往古巴關達那摩灣（Guantanamo Bay）拘禁。他們隸屬於阿富汗和巴基斯坦營地的一個鬆散同盟，在那兒受訓學習使用武器，期待時機成熟時能用來對抗中國。

　　拘禁一事之所以沒被批評不正當，據說是因為2002年的一次政治操作。當時，中國外交官在聯合國抗議美國提出的伊拉克入侵計畫，為維吾爾恐怖分子辯護的美國律師因為希望中國不要再反對，所以表示小布希政府已將維吾爾獨立組織——也就是東突厥斯坦伊斯蘭運動（ETIM）團體——列為恐怖組織。雖然美方給了這個甜頭，中國仍繼續反對伊拉克戰爭，但最後並沒有在聯合國安理會投票禁止美國入侵伊拉克[3]。

　　被拘留的22名維吾爾囚犯都表示，他們被送到關達那摩灣之前，根本沒聽過蓋達組織[4]。這些人說他們只是異議分子，只是因為不滿中國迫害而出逃、途經阿富汗而已，但在美國眼裡，他們就是激進的聖戰主義者，對抗的就是普世的自由與民主價值[5]，即使當下聲稱要捍衛這些價值的是中國也一樣。

終極警察國度

「在那之前，我根本沒聽過ETIM，」專門研究維吾爾議題、在喬治華盛頓大學（George Washington University）教授國際關係的尚恩‧羅伯茲（Sean Roberts）告訴我，「沒有任何專家聽過[6]。」

在美國的推波助瀾下，中國突然得到了他們最需要的藉口：恐怖分子可能存在。

中國情報人員獲准到古巴東南端的關達那摩灣審問22名囚犯，簡直是有如走紅地毯的特殊待遇，全世界就只有中國的代表能進入營區，拍攝維吾爾嫌犯的照片。

但被關的維吾爾人拒絕合作，也不願回答中國情報人員的問題。畢竟他們曾在中國遭受折磨，在家鄉的親人也陷入危險。

中國情報員審問完每一名維吾爾嫌犯後（最久長達八小時，有時甚至是一天三四小時），美國五角大廈的訊問團隊讓他們拍下嫌犯的照片，而且拍照時，至少有一名維吾爾人被美國士兵用勒頸姿勢給擒抱住。而且美國政府先前明明承諾過這些維吾爾囚犯，說不會把他們的機密檔案洩露給中國，結果卻還是交給了中方特務。

「我對我的國家很失望，」軍方翻譯茹仙‧阿巴斯（Rushan Abbas）告訴我。到了2002年10月，五角大廈的審訊人員發現，某些維吾爾囚犯其實並不是主張聖戰的恐怖分子，只是分裂主義者，正在受訓準備發動抗中獨立運動[7]。

哎呀，糟糕。

「他們很多都是很棒、很好的人，顯然不是對美國抱有仇恨的恐怖分子，」阿巴斯告訴我。

又過了一個月，那些維吾爾人仍舊沒被放出來，美國政府不確定該如何處置。由於國防部在扣押這些人時，並未依照法律程序，只是隨意貼上「敵方參戰人員」的標籤，所以在美國法律和日內瓦公約中都沒有法律依據，也因此沒有法定程序能用來決定該如何、在哪裡釋放[8]。

法律狀態不明的同時，美國外交官也在幕後努力和其他國家協議，希望他國能給予難民地位，為這些維吾爾人提供庇護──他們在美國並不受歡迎，國會議員不希望關達那摩灣的「恐怖分子」安置到他們的選區。

2006年5月，22名男子中的五人在關達那摩灣被囚禁三年後，被送往阿爾巴尼亞安置，這是唯一願意收留他們的國家。

「阿爾巴尼亞收留的那五人絕非難民，而是東突厥斯坦伊斯蘭運動的恐怖主義嫌疑分子，」中國政府的發言人在他們獲釋四天後宣稱，「這波運動和蓋達及塔利班都有很密切的關聯[9]。」

中共有一份重點名單，是對中國構成威脅的「五毒」：民主激進分子、台灣支持者、藏人、法輪功和維吾爾族的穆斯林恐怖分子[10]。

同時，還有17名維吾爾人在關達那摩灣的六號營苦苦等待──那是最高安全級別的營區，有「墳墓」之稱。由於十分黑暗潮濕，如果有陽光從屋頂唯一的窗戶射入，囚犯甚至會歡呼鼓掌[11]。

2009年，在被美國關了長達七年後，剩下17名維吾爾囚犯中的六人被安置到太平洋的小島帛琉，其他人則送到斯洛

終極警察國度

伐克、薩爾瓦多、百慕達等地。肯接納他們的就只有這些地方，而且前提是美國答應替每名維吾爾人支付93,333美元，用於住宿及生活開銷[12]。不過大多數人卻覺得自己不受歡迎，沒有家的感覺，所以決定放棄美方安排的落腳處，搬到土耳其[13]。

不過，中國已經拿到他們需要的籌碼了。即使沒有證據能證明恐怖陰謀，美方卻仍決定將維吾爾人關到關達那摩灣，合理化了中國對待維吾爾族的方式，也使族人被貼上恐怖主義者的標籤，彷彿是定時炸彈，必須透過強硬的手段拆除。

911事件15年後，尤瑟夫成了拆除行動的一分子，在阿富汗、巴基斯坦和土耳其到處出任務，目標就是揪出藏身在每個家庭、街角、學校和餐車裡的恐怖分子。簡而言之，只要是維吾爾人，都不能信任。

久而久之，即使是對國家志業忠心耿耿的尤瑟夫，也開始對政治宣傳感到猜疑、厭倦。因為找不到長官堅稱無處不在的恐怖分子，他每一次任務都以失敗告終。

他表示：「我會回覆WhatsApp訊息，向長官報告當地的商人都在做什麼，但他們其實就只是普通的商人，過著他們自己的日子。可是情報單位卻越來越多疑，因為受到上級壓力，必須找到罪犯，所以認定我絕不能相信任何人。」

後來政府要求尤瑟夫去監視一個很受尊敬的慈善社群領

袖，成了壓倒駱駝的最後一根稻草。

「我們懷疑他是恐怖分子，」管理官告訴尤瑟夫，「有充分證據。」但上級說要保護國家安全，所以從不分享情報，只是不時給些隱晦的暗示。

「不然這穆斯林男子何必捐這麼多錢做慈善呢？一定是招募恐怖分子的幌子嘛[14]。」

尤瑟夫一直跟在這個人身邊，參加他的活動和演講，卻完全沒找到他心懷不軌的證據，所以決定要放棄任務，不想繼續在土耳其和敘利亞找極端主義者了。

「妻小都不在我身邊，我還年輕，卻一個人這樣孤零零地待在中東，過著菸酒過度的日子。我開始意識到自己所做的事有多可怕，原以為是要對付恐怖分子，結果卻害到同胞，所以我才逃到這裡，在加油站工作，隱姓埋名地過日子，因為我想消失。」情報人員沒遵守承諾、釋放他母親，讓他十分沮喪。

我和阿不都外力拜訪了鎮上少數其他維吾爾人，問了尤瑟夫的事。

「他很安靜，」有個人說，「我們對他不是太熟。」

連續四天傍晚，我和阿不都外力都在尤瑟夫結束加油站的工作後訪問他，也引起了一些當地人注意，有個餐廳經理、一群青少年和一些路人都想知道，美國「遊客」為什麼會跑到宗古爾達克（Zonguldak）這個破舊、不重要的海濱工業小鎮，畢竟就連本國遊客都不會想去了。

中國間諜還不是唯一讓我們擔心的事，因為土耳其也變得日益威權，軍隊和大學都被政治肅清。土耳其的許多教授和前決策者都告訴我，聽說情報人員正在監控民眾。

「小心點，」尤瑟夫警告我們，「情報機構一直都在招募間諜，你們也可能會變成監控目標。」後來他也表示，他知道自己身為前間諜，還接收記者訪問，可能會被中國情報機構報復，但他已經接受現實了，他只希望趕快了結這事。

　　外國記者和阿不都外力這樣的維吾爾難民一同出沒，看在當地人眼裡，大概非常明顯突兀。為避免引起太多注意，我們決定趕緊離開。回到伊斯坦堡後，我們暫停訪談工作，休息了一下，接著又再前往安卡拉，和梅森見面。

第九章

三毒勢力：恐怖主義、
極端主義和分裂主義

對抗恐怖主義並維持穩定是漫長的戰爭，也是一場攻勢戰，必須主動出擊。

——陳全國，新疆自治區黨委書記

場景回到2013年的喀什市，當地政府疑心病越來越重，梅森的父親接到指令，必須走遍鄉村向農民發表愛國演說。

「我們與中國同心協力，」他如此宣示，「抵制恐怖分子。偉大的領導習近平主席萬歲！」

「爸爸非常自豪，」梅森回憶道，「每天工作結束回家後，總會說他演講得有多棒，讓他想起文化大革命的歲月。」

「讓我們一起對抗三大邪惡勢力：恐怖主義、極端主義和分裂主義！」他會這麼告訴聽眾。他說農民全都鼓掌，但從父親的描述聽來，梅森無法確定他們是否真心認同。

有一天，梅森的母親帶著令人震驚的消息回家。

「有一群男生因為一個女同學戴面紗而動手打她，」她說，「被我抓到，送去校長室處理。」

「校長瞭解整件事以後，決定不處罰那幾個男生，沒有說明原因，但眼神看起來很緊張。」她母親認為那是恐懼，因為政府談到「穆斯林恐怖分子」的威脅時，論調越來越激烈，校長應該是擔心處罰了那些學生，也會得罪當局。

梅森的父親則強調：「她們本來就不應該戴面紗。」

努力用功四年後，梅森於2013年從北大畢業，取得社會學學位，也申請了土耳其的研究所。

「我想看看外頭的世界，」她說，「土耳其接納許多維吾爾人，是很好的選擇。」

「再說，北京也讓我覺得很孤單。我想要有歸屬感，所以開始訴諸宗教，」她說。其實她在成長過程中，並不太崇信宗教，但「我開始認為，我骨子裡其實是穆斯林，因為中國一直排擠我，似乎覺得我是『外人』。」

通過考試後，她選擇到安卡拉攻讀社會學碩士。在北京，最讓她不捨的，就是她最崇拜的土赫提教授。

梅森的媽媽十分以她為榮，爸爸看起來則不太開心，但承認會想念她。

「告別的時候了。我在2013年秋天出發，卻沒有意識到，家鄉會就此永遠改變。」

梅森機靈又聰明，所以在研究所輕鬆交出優異的表現，也繼續閱讀大量書籍、寫出行雲流水的論文與分析——這些都是她最愛的休閒活動。

之所以能一切順利，也是因為她認識了一群新朋友，他們瞭解梅森，也懂她日益增強的宗教信仰。在安卡拉大學，她認識了系上的一位博士生，名叫阿曼，以前是記者。他年紀比較大、曾離過婚，是個有點古怪的獨行俠，沉迷於他為論文研究的中世紀文本中。

「離開中國後，就可以用臉書了，感覺好像開啟溝通新世界一樣。」臉書在中國被禁，但到了土耳其，則讓梅森和阿曼在上課、打工時，都能隨時保持聯繫，對他們的感情來說很重要。

「我一見到她本人，」我們一起在梅森的公寓喝茶時，阿曼這麼告訴我，「就知道她是個很特別的女人，我們的興趣很像。」阿曼會透過臉書Messenger，用詩歌陪梅森度過夜晚時分[1]。有些詩作已經有幾百年的歷史了。他們最愛的一首是來自十五世紀：

> 真正的戀人多麼罕見：
> 踏上旅途，難道不能馬上找到心愛的人？
> ——不可能
> 噢，內瓦伊，請給予尊重，
> 為心靈注入醇酒，因為有酒之處，
> 就沒有悲傷的疼[2]。

「我們很快就愛上對方了，」梅森說。

不過梅森打算放暑假時回新疆老家，所以和阿曼說好盡量保持聯絡，只是不能用臉書，因為在中國是封鎖的。

結果她回到一個「不斷改變的地方，新疆已經不是我記憶中的樣子了。」

在喀什，梅森搭巴士要去探望家人，途中車停在警察檢查站，警方命令所有人下車，還特別檢查維吾爾人的身分證，拿出手機掃描。

終極警察國度

「你去那個鎮做什麼？」警察輪番詢問每一名乘客，並重複檢查所有行李。梅森一開始並沒有想太多，因為政府本來就在進行「嚴打」運動，要揪出奉行三大邪惡勢力（恐怖主義、分裂主義和極端主義）的罪犯。新疆的氛圍是變得不太一樣沒錯，她心想，但政府1996年首次祭出嚴打計畫，開始掃盪毒品走私分子和幫派成員後，就時常會有以「嚴打」為口號的行動，這樣的情況已經持續大約二十年了。雖然感受上不太好，可是梅森以為這波嚴打也和從前一樣，終究會過去[3]。

「我並沒有和警察發生什麼不愉快。他們對我進行簡單的檢查後，就讓我通過檢查站了。來自受尊敬的家庭，還是有幫助的。」

但久而久之，光是開車兜風或去散個步，都開始令人壓力重重。梅森一再被檢查站的員警攔下，才不到一個月，她就覺得心神耗弱了。

「在那樣的環境裡，」她回憶，「會變得越來越有戒心，不想跟任何人說話、不想出門認識新的人，對所有人也都不信任。」

城市的街道越來越空蕩，沒有人願意冒著被警察騷擾的風險外出。那年，上班、上學、上雜貨店和探望家人等「必要行程」，成了少數幾個正當的外出理由。新疆陷入新冠疫情般的封城狀態，只不過人民面臨的病毒，是過度的國家控制。

某天，梅森和父母開車去加油站，下車時，武裝警察站在車外盯著他們，觀察是否有任何可疑行為或突然的舉動，但其實從來都沒人知道怎樣的行為會被認定是「可疑」。梅森看著母親掃描了身分證，覺得那根本是政府專門針對新疆居民

打造的評分系統，十分粗糙、不成熟，只根據是不是維吾爾族、有沒有工作、家裡有沒有人在國外，來評判他們值不值得信任。梅森住在土耳其，所以可能會影響她家的信用評分[4]。

如果掃完身分證後，系統判定為不誠信，那麼梅森和家人將喪失加油的權利，警察也有權禁止他們進入加油站。「實在是讓人好累，」梅森說。

梅森和親朋好友在當地人常去的地方碰面時，警察會突然出現，檢查所有人的身分證，用懷疑的眼神打量他們，然後毫不解釋就離開。那是侵入式的監控，是一種不需什麼技術，但持續不斷的威嚇。

夏天過了一半後，即使是一向比較開明的母親，都勸梅森不要太常跟朋友見面，也不要在外頭待太晚。

「待在家裡，」母親對她說，「政府不信任我們。」

但梅森不願關在家裡。2014年8月某天，她去參加朋友婚禮，戴了她在北京時用的伊斯蘭面紗。要進到喜宴會場時，門口的保全把她攔住。

「把面紗拿掉，」他說，「你瘋了嗎？」

「你不能戴那種東西，」她父親聽到那晚發生的事以後這麼說，「這樣只會招來異樣眼光。」

於是，家中多了一個新規定：外出時不能穿傳統服飾，避免引起警方注意，家人也會要求梅森穿上亮到很不自然的紅色和粉紅色，不符合她的風格，但很有都會女性的樣子，能讓她看起來像個「優雅的淑女」。父母還希望她對警察微笑，畢竟警察幾乎都是男性——穿著亮麗的紅色緊身洋裝，臉上掛著笑容，總是比較不會捲入事端。

終極警察國度

「大家都跟我說這樣很漂亮，」梅森說，但她到處跑腿，幫父母上超市、藥房買東西時，心裡往往只想著：**這不是我，我都不是真正的自己了。**

夏天接近尾聲時，警方監視得更嚴密了。到了2014年8月，大家別無選擇，只能戴上假面具。無論是在診所、銀行或加油站，都經常有兩條隊伍：比較快的那條是專為強勢的漢族服務，速度很慢、手續繁瑣的另一條，則是開給維吾爾族和其他少數民族的。維吾爾人必須面帶微笑、舉止合宜，否則就可能被拒，無法獲得服務。梅森很不開心地發現，在權力面前，眾人很快就裝出虛偽的樣子，奉承政府和企業的官僚。

國家電視台提到維吾爾文化時，也總是刻意營造某種形象。「我每次看到漢人的電視節目在講絲路或維吾爾人，都覺得假到難以置信，」梅森說，「好像我們就是整天只會唱歌跳舞的少數族群似的。電視製作人只看到維吾爾文化的表層，像是飲食和結婚禮俗什麼的，把我們弄得很有異國情調，彷彿是供在那兒給人看的博物館收藏。」最後，梅森終於屈服，也漸漸和親友疏遠。「我只想整天待在家看書。」

「你是從土耳其回來的？所以你現在有信教嗎？」那年夏天，有人這麼問梅森。中國官員開始在政府機關的外牆上張貼標語和畫作，把維吾爾人描繪得猶如阿富汗農村的落後恐怖分子，只能任由畫得像英雄般的警察和軍人痛擊、逮捕。**如果不支持，就等於反對我們。**這種情緒在新疆蔓延，梅森認識的人幾乎都表明了立場，無論走到哪都聲稱自己站在政府那邊。

某天，梅森的母親被屋外傳來的聲音驚醒，聽起來似乎是一名男子在大叫。她從窗戶看向對街的公安局，也就是當地

主要負責監控和逮捕人民的機關。在中國，公安局是國家權力象徵。她看見七名身穿白袍的男子衝向警局，那是穆斯林會替屍體換上的傳統服飾。

「他們喊著一個名字，」梅森說。

她母親不確定是什麼狀況，只覺得那些男子看起來應該沒帶武器。但她隨後聽見公安局裡傳來槍聲，於是就從窗邊退開了。

「我們在想，應該是那些男人中槍，」梅森說。「媽說他們手上沒拿槍或刀子，不知道有什麼打算，不過穿白袍的意思，基本上就是已經準備好要赴死了。」

接下來那兩天，梅森的母親早上都有查網路新聞，卻找不到關於當晚事件的隻字片語。「我原以為是什麼恐怖攻擊，但消息卻完全被報紙封鎖。」朋友和街上的路人，都表現得好像什麼事也沒發生過似的。

不久後，梅森一家又再次驚醒，這次是遠處傳來槍響和炸彈、手榴彈的聲音。梅森的母親隔天走去雜貨店時，主街道上滿是血跡，市場也已被身穿黑衣的特警小組封鎖，但究竟是什麼狀況，仍沒有任何解釋。

據估計，從 2013 到 2014 年，共有 592 名維吾爾人因安全相關罪名受審，但我們無從得知哪些是真正有依據的指控。此外，中國還以妨害社會秩序為名，進行了 12,000 次審判[5]，但

維吾爾難民社群中認識被告的人告訴我，那些受審者其實也只不過是參加和平抗議活動，挑戰政府對宗教風俗儀式的禁令，或傳播了被禁資訊。

2014年，政府開始以更換身分證的名義，要求住在烏魯木齊（據梅森所說，還有中國其他地區）的維吾爾人回到自己原本居住的鄉村地區。他們回去以後，至少有一人被警方抓去進行所謂的「再教育」，原因不明；還有人是被禁止前往其他村莊，除非政府允許[6]；喀什一帶也到處都在流傳有人不見的消息。

「新疆好像就要陷入戰爭似的，人與人之間完全無法互相信任，」梅森說，「新疆的人民，就是國家的敵人。」

梅森聽說警察對她從前的教授伊力哈木‧土赫提很惡劣，「他好像每個星期都被逮捕。」

土赫提常被拘留，但也總會獲釋，不過當局放人時，也往往會警告他不要煽動學生。

這樣的模式在2012年越演越烈，他在網路上發表了一篇文章，指控中國軍方在齋戒節的假期監控維吾爾人，因此被訊問長達10小時。兩個月後，他短暫地被軟禁家中，然後又被釋放[7]。

2013年2月2日凌晨三點，土赫提和女兒菊爾從家中出發前往北京首都機場，準備飛往芝加哥的歐海爾機場轉機，

因為土赫提要到印第安納大學伯明頓分校（Indiana University Bloomington）擔任研究員。表訂的起飛時間是早上十點，但土赫提認為半夜離開比較不會被當局跟蹤。

結果在機場，情報人員還是攔下他們，檢查了護照[8]。

「我們人都已經在機場，準備要離開了，」菊爾告訴我。「我打算待一個月，他則是要待一年。警察讓我上飛機，但不准我父親離開。我不想丟下他，問他該怎麼辦。」

土赫提的建議很明確：「你得把握這個機會離開。」他推開女兒，深怕她不走也陷入危險。「走吧，快走，」他說。

菊爾通過機場安檢，準備飛往芝加哥轉機，不確定何時會再見到父親。

「這裡氣氛很緊張，」2013 年 7 月 24 日，人在中國的土赫提這麼告訴自由亞洲電台（Radio Free Asia）的記者。該電台是非營利組織，以華盛頓特區為營運基地，專門報導流亡人士的新聞。

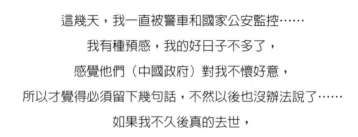

這幾天，我一直被警車和國家公安監控……
我有種預感，我的好日子不多了，
感覺他們（中國政府）對我不懷好意，
所以才覺得必須留下幾句話，不然以後也沒辦法說了……
如果我不久後真的去世，

絕不是因為生病，也肯定不是自殺……

如果我被捕之後，

說出不符合我道德理念的話，那也是因為我身不由己……

不管被怎樣嚴刑拷打，不管會失去哪些身體部位，

我絕不會說出有損維吾爾族利益的話，

也永遠不會背叛維吾爾人……

我向來都只依賴紙筆，

以外交手法為維吾爾人爭取人權、法律權利和區域自治權……

我從未訴諸暴力途逕，

也沒加入過使用暴力的組織[9]。

菊爾在印第安納州安頓好後，每天都會用Skype跟父親通話，有時一天三次以上。

「某天，他突然要我寫下一些名字和電話，是他認識的記者和美國外交官，」她說。

「為什麼要這樣？」菊爾擔心地問。

他說：「我有種不好的預感。你要努力念書，盡快上大學，也要開始設立社群媒體帳號。如果我不在了，別忘了我在美國有很多朋友。」

土赫提認識許多有影響力的記者、社運人士和外交官，如果自己遭遇不測，他希望這些人能幫助菊爾。「你沒見過這些人，但他們會幫你，你要主動去聯絡。也別忘了，你要聲援爸爸時，社群媒體是很重要的。」

菊爾報名了英文課程，希望能進印第安納大學讀學士，計畫在2015年9月開始大學部的課程。

2013年11月4日，土赫提和妻子開車帶其他孩子出門時，被一輛沒有警方標誌的警車狠狠撞上，幸好全家都無大礙，但沒有人相信那是意外[10]。

2014年1月，警方突襲土赫提家，將人逮捕以外，也搜走他的智慧型手機和電腦。隔天，菊爾在宿舍小睡時，被重重的敲門聲吵醒。來找她的是知名西藏學者艾略特‧史伯嶺（Elliot Sperling）。他是土赫提的朋友，也是致力幫助中國少數民族的社運人士。

他帶來了壞消息：「你爸爸被捕了。」

「艾略特把我當成自己的孩子，」菊爾告訴我。「他照顧了我好幾年，就像我父親一樣。」

史伯嶺經常到處演講，不論是達賴喇嘛或中國共產黨，他都敢直言批評。後來，他也開始和菊爾一起到全球各地發表慷慨激昂的演說，向全世界宣揚土赫提的志業，並預告新疆可能發生的事。

土赫提因不明罪名被羈押後，公安局很快就指控他在關於政府的部落格上「煽動種族仇恨」，中國的某個搜索引擎，也開始針對與他姓名相關的內容進行審查[11]。

2014年9月某天，梅森打開她和朋友的微信群組，看見一則訊息：他們的導師土赫提教授被判無期徒刑。

罪名是？

「分裂主義」，主要是因為他教授的課程，和他在網站發布的內容。當局指控土赫提成立分裂主義團體，當中有七名成員是他的學生，也已被拘留，將接受審判[12]。

微信群組內的人都懷疑政府在監控他們的手機，於是全都小心翼翼地傳了「我愛共產黨」，以免被逮捕。看在梅森眼裡，用這種方式展現忠誠，實在詭異至極。

土赫提被判終身監禁，使梅森和朋友們心煩意亂，畢竟大家都曾是他的學生。她覺得自己需要一點時間，遠離這一切。

2014年初秋，梅森人在中國。要回土耳其前，她和家人到他們在鄉間的房子度假。那是個有中庭的傳統平房，顏色漆成淺藍。梅森會和母親在客廳待上好幾個小時，按照維吾爾傳統，拿枕頭躺在地上，邊品茶邊吃好幾輪的甜點和咖哩餃。

那是個能讓人平靜內省的地方。但梅森心靜的感受很快就被敲門聲打斷。上門的是一個當地黨官。

「我們收到鄰居通報，聽說你們把房子裡頭漆成淺藍色，」那名男子說。

藍色是傳統色，是維吾爾獨立運動的代表色，也是獨立旗的顏色，但梅森一家與獨立運動無關，也沒有維吾爾旗。早在獨立運動興起的許多年前，他們就已這樣裝飾家裡了。

男子繼續說道：「當局要求你們把家裡漆成紅色，」他遞

出文件。

　　紅色，共產黨的代表色，也是值得信賴的顏色。

　　梅森的母親抗議。

　　「這棟老房子這麼漂亮！怎麼可以破壞！」

　　但那名當地黨官堅持己見，逼迫梅森一家人親自粉刷。他們只能用普通的刷子盡量處理，藍色就這樣被蓋掉了。

　　梅森心煩意亂、失望至極，想找個地方獨處、思考，於是來到鄉間住家附近的一座清真寺，但那兒大門緊閉，也沒說何時會再開放。

　　「不准他們膜拜，」門上有人用塗鴉字體寫下這句威脅。

　　閉門的清真寺，象徵對維吾爾文化的大肆破壞與褻瀆，而且在之後的兩年內，這樣的情況快速惡化。2016年起，政府假借「清真寺整治計畫」的美名，拆除並破壞許多清真寺，消除伊斯蘭教的特色（如宣禮塔），還找藉口為此辯護，說是因為有些寺院的結構不安全。調查結果顯示，在短短三個月內，政府就在喀什推毀了多達五千座清真寺。

　　負責拆除清真寺和墳墓的單位，是喀什地區的民族宗教事務委員會。該組織的主席告訴自由亞洲電台，喀什市有70%的清真寺在2016年被拆除，「因為寺院數量過多，有些根本不需要存在[13]。」

幾天後，梅森突然很想去艾提尕爾清真寺（Id Kah）。這座年歲悠久的大清真寺轟立在喀什的市鎮廣場，象徵維吾爾族的歷史。

　　在波斯語中，「Id Kah」的意思是「節慶時節敬拜的地方」。艾提尕爾十分宏偉，是歷史悠久的伊斯蘭清真寺，已經超過500歲了。導遊說寺內庭院種了梨樹和杏桃樹，內部是按照維吾爾族的傳統設計，反映出當地原住民和伊斯蘭教對天堂的概念；另外還有一個敬拜大廳，有華麗的地毯和綠色的柱子裝飾。

　　踏進艾提尕爾清真寺，讓梅森有種安心的感覺，彷彿她和這座寺院悠久的歷史緊密相連，不可動搖。西元十世紀時，這裡其實是墳墓[14]，後來才由喀什的統治者薩克米札（Saqsiz Mirza）在1492年改建成敬拜廳[15]。

　　即使周圍侵略不斷、改朝換代，新的政府相繼到來，艾提尕爾清真寺仍屹立不搖，是文化與政治上的樞紐，也在好幾世紀間持續擴張，大大的出入口曾通往人聲鼎沸的市集，除了買賣，那兒也常有政治集會和抗議活動。在1966到1976年的十年共產黨文革暴動期間，艾提尕爾清真寺面臨有史以來最大的威脅，結構也嚴重損壞[16]。

　　但這座寺廟仍在中國無情的政治局勢中存活了下來。梅森認為，即使政府拆除了喀什各處的傳統建築，將舊社區改建為高樓公寓，艾提尕爾清真寺也絕不能被摧毀。每逢星期

五，那兒都會聚集上萬名信眾。

　　這天，梅森站在市鎮廣場上，深吸了一口氣後，開始走向清真寺。

　　「根據中亞的傳統，女性是不能進去的，」她解釋。

　　梅森在售票亭買了票。能夠順利進去，是因為她身分證上的居住地仍是「北京」——大學以後就沒改過了——所以入口處的男子沒發現她是當地人。

　　梅森戴著頭紗，穿越庭院，幾個男人對她投以奇怪的目光。她走進禮拜室，跪在地毯上彎腰將額頭靠到地上。

　　她輕聲說：「我向祢祈禱，請賜予我父母長壽，也賦予我長壽，讓我們見證祢的公平。」

　　「你在做什麼？！」一位伊瑪目（伊斯蘭教的高階祭司）斥喝，然後就迅速朝她衝過來，在場的政府官員也是。

　　「女人不能在這敬拜！」

　　「來我們寺裡的女人這麼多，」梅森反駁，指著到處拍照的觀光客說，「你怎麼不去煩她們？她們甚至還沒戴頭巾。」

　　「你說這什麼話？！你父母是怎麼教你的。」

　　「清真寺是祈禱的地方，我想祈禱，就這麼簡單。」

　　最後梅森被送走，也被警告一番。

　　「可是我很滿足，」她說，「我堅守自己的原則，也因此保住了一部分的自己。」

　　但她回家把事情告訴家人後，就連平時寬容的母親都警告她，絕不能再違抗當局了。

第十章

人民就是資料

騰訊擁有龐大的用戶數據庫，你們可以從中取得最客觀準確的分析，為我們提供聆聽公眾聲音的渠道。

——習近平，2014 年 12 月 7 日訪問騰訊時的演講

梅森不知道當局有沒有注意到她在清真寺的反叛行為，又在不在乎——畢竟他們應該有更迫切的國安問題要關心吧？

我們先前提過的維吾爾族科技公司員工伊爾凡承認，2014 年時，中國仍缺乏「最重要的那塊拼圖，也就是充足的資料，這樣監控系統才能真的有效。」

那年，中國政府在私人企業的協助下，在全國啟動了一連串試行計畫，監控民眾的購買行為和網頁瀏覽習慣，並按照可信賴度對所有公民排名，目標是在六年內把這個監控系統發展到可以全面運作[1]。

中國消費者喜歡用行動 App 支付，不常刷信用卡，所以掌控龐大數位支付平台的中國企業，自然會想把觸角延伸到信用評等領域，好好利用數億人每天付款產生的資料。說不定可以根據網路購物和付款行為資料，替民眾進行「誠信度」和更多類別的排名？有點類似信用分數，但涵蓋範圍更全面。

在中國這種快速興起的國家，數百萬人從未使用過傳統信貸，也沒有信用分數，所以蒐集大量的個人數據，或許能幫助中國跨越這道障礙，讓民眾開始有門路取得貸款[2]。

但社會信用評等同時也是很邪惡的體制。信用服務公司「芝麻信用」的技術總監李英雲告訴中國雜誌《財新》：「舉

終極警察國度

例來說，一天打電玩十小時的人會被評為懶散，如果常買尿布，系統會認為大概是父母，大致而言比較有責任感[3]。」

在中國，社會信用評分較高的人，能享受一些不錯的福利，譬如飯店或租車行的 VIP 預訂服務，個人檔案在交友網站上也能出現在較醒目的位置等等；至於評分太低的人，則可能會租不到房子，貸款也可能被銀行拒絕[4]。

不過一開始，中國的社會信用系統並不是什麼資訊都有，也遠不如歐威爾式的集中化圓形監獄那麼完備[5]。阻礙系統發展的，是中共頑固的官僚體系和企業政治。一名騰訊員工向我坦承，「公司各部門不願彼此分享從自家平台收集到的資料，像是 QQ、微信等。關係企業和企業底下的單位都在相互競爭。」

伊爾凡和其他科技公司員工告訴我，他們最大的恐懼在2015年7月成真了。某天伊爾凡打開手機，看到一篇新聞報導：中國立法機關通過了將完全翻轉現況的國家安全法，而且還只是系列法案中的第一條，共計有154人贊成，1人棄權，反對票則完全沒有[6]。根據該法，政府有權力在執法需要時，使用以各種監控手段蒐集的資料。

法條內容措辭含糊，有許多委婉的說法和可做不同詮釋的詞語，為中國共產黨這個「高效集中的權威式國安領導體系」奠定了終極強權。

「中國人民共和國的所有公民、國家機關、武裝部隊、政黨、人民團體、企業、公共機構和其他社會組織，都有責任與義務維護國家安全，」法條指出[7]。

《紐約時報》認為中國通過這項法律，是為了號召眾人動

起來，透過措辭模糊的一系列規定，將國家安全塑造成全國最重要的任務[8]。

三個月後，微軟開發出指標性的臉部辨識技術，可用於監控與執法作業。在那之前的四年間，微軟亞洲研究院的研究團隊在孫劍博士帶領下，不斷增加神經網絡，改善AI軟體功能，最後終於開發出名為ResNet的全新人臉辨識系統，共使用152層深度神經網絡。在2015年9月的一場產業競賽中，ResNet使谷歌和其他公司都相形失色，系統軟體辨識臉部的準確度，明顯遠高於市場上的其他產品[9]。

後來，孫博士和他在微軟亞洲研究院的許多前同事一樣，也跳槽了。他加入新創公司曠視科技，是由他在研究院的老朋友創立，專門研究臉部辨識技術，也成功開發出辨識軟體Face++，客戶包括中國政府，以及想多加瞭解顧客人口統計資料的私人企業[10]。

在這個新興的監控生態體系中，Face++只是很小的一環。中國致力發展的技術無所不包，包括用攝影機監視民眾、比對人臉與聲音、為警方提供監控人口所需的智慧型手機和App，還將這一切連結到用AI處理的大型監控網絡[11]。

2015年時，曠視科技和競爭對手商湯科技（也是臉部辨識技術的大型開發商）在全球都越來越受矚目。

商湯還與紐澤西州的監視攝影機製造商英飛拓合作，在新疆提供監控技術。

「英飛拓在中國也是新疆公安廳首批推薦的品牌之一，對新疆平安城市計畫的建設有重要貢獻，」該公司在2015年的新聞稿中寫道。「2014年，英飛拓贏得殊榮，負責為整個新疆自

終極警察國度

172

治區的平安城市計畫進行 IP 作業與維護[12]。」

「我們使用商湯的人臉辨識軟體，不過是搭配自家的監視攝影機設備，」英飛拓的張姓前經理談到公司計畫時，曾在上海這麼告訴 BuzzFeed。「我們會偵測臉部、存下影像，然後和商湯合作，將這些影像和資料庫圖片進行比對[13]。」

到了 2015 年，中國政府眼見微軟、曠視和商湯科技都有所突破，也想分一杯羹，希望把國內這些新崛起的企業培養成國家級的技術推手，所以為新創公司提供 65 億美元的創投基金[14]，來源主要都是私部門。私人創投基金一般並不常見於國家掌控的共產體制，但此時卻盛況空前，金額創下中國史上最高。《金融時報》於 2015 年 1 月的報導指出，中國的私募股權和避險基金產業蓬勃發展，共有 3,100 家避險基金管理將近 560 億美元，還有 2,500 名私募股權經理人，掌管共 1,725 億美元的資金[15]。

共產黨正在為中國塑造技術先進、仁慈親善的全新形象，而且非常渴望向人民和企業展現逐漸增長的國家實力。

另一方面，習近平在與美國往來時，也換上了另一張臉，承諾會在越發緊張的科技戰爭中，解凍中美關係。

2015 年 9 月，歐巴馬總統和習近平主席宣布雙方已達成協議，將限制兩國之間的網路間諜活動。歐巴馬告訴習近平，中國為竊取商業貿易機密而發動的網路攻擊「必須停止」。

「我們已經達成共識，美國和中國政府都不會從事或刻意支持網路竊盜來剽取智慧財產，包括商業祕密或其他機密性商業資訊，藉此取得商業優勢，」歐巴馬在白宮草坪上宣布[16]。

就這樣，以竊取美國企業技術為目標的中國駭客行動沉寂了下來[17]，但美國的許多前政府官員告訴我，中方還是會定期入侵、竊取情報。美中只是暫時達成協議，休戰一會兒罷了。

2015 年 10 月，美中宣布網路安全協議後的一個月，伊爾凡人在離監控室不遠的辦公室裡，收到一封以國家安全法為依據的機密政府命令。「新疆的所有微信訊息都必須在我們的伺服器中保存兩年[18]，」他說。

先前在 2013 年 4 月到 2015 年 8 月間，伊爾凡的單位一直在從微信收集中繼資料，包括互傳訊息的用戶名稱、通話時長、訊息發送的日期和時間等等，也追蹤每則通訊的寄件者和收件人，只是沒有監控訊息內容。透過中繼資料，系統可以推斷出關於用戶社交圈的大量資料；但現在，政府下令伊爾凡的部門擴大資料蒐集範圍，連微信的訊息內容都必須深入研究。

「AI 軟體會掃描一切，」他說，「找出我們看不到的關聯性，甚至還會搜尋包含『炸彈』和『槍』等字眼的訊息。人類不會有時間做這種事，但 AI 辦得到。」

曾經效率低下的監控機制彷彿活了過來，在伊爾凡看

來，似乎能看、能想，也有感知與理解能力，但事實上，這項技術根本還不夠成熟，並不具備思考與覺察力，無法在一般情境下展現廣泛的智慧，只能在受過程式化訓練的單一領域，執行唯一任務：分析使用者的微信訊息，找出「可蘭經」、「恐怖主義」等關鍵字和宗教、暴力之間的關聯。

在AI的推波助瀾下，不斷演進的監控系統開始將個人資訊隨機傳回監控中心，送到工作人員手中。

有個妙齡女子喜歡看電影；某個年輕爸爸可能有酗酒問題；有個男的傳訊息的方式很神祕，是典型的竊賊跡象；還有些用戶可能是恐怖分子。

「我們並不知道AI是如何得出這些結論，」伊爾凡承認，「很多案例都很隨機，令人擔心。AI歸類為可疑的人是不是真的有可疑之處，我完全不曉得。」

「大數據和AI結合之後，一切都變了。經理把我調到另一個部門，但大家不歡迎我，因為他們是漢族，而我則是辦公室裡（少數）的維吾爾人，覺得很不自在。那些漢人同事大概覺得我會洩漏資訊，幫助維吾爾同胞。」

到了2015年秋天，也就是國安法通過時，伊爾凡無論是和老同事打招呼，或試圖在公司會議上發言，都開始遭受冷淡對待。大家不願直視他的雙眼，也不想跟他來往，深怕被人看見。

「後來他們也不讓我進機密單位，總叫我在外面等。」

就這樣，伊爾凡被開除了。他在電視台找到一個低階的工作，負責一些不重要的政治宣傳。「我的工作是在國家電視台播放維吾爾快樂生活的影片。上司甚至想將這些政治宣傳內

容散播到全世界，不過沒有成功。」

　　雖然伊爾凡已無法再接觸監控計畫的機密運作細節，但他並不認為政府會中斷大規模的資料蒐集計畫，不然官方該怎麼監控、追蹤少數族群，並實施和多數民族不同的差別待遇呢？而且，他們也一定會開發社群媒體和通訊App以外的監控管道。

第十一章

信用分數怎麼打

> 玩政治不是上幼稚園；在政治裡，服從和支持是同一件事。

——漢娜・鄂蘭

《Eichmann in Jerusalem: A Report on the Banality of Evil》

（暫譯：平凡的邪惡：艾希曼耶路撒冷大審紀實）

2015到2016年，梅森返回土耳其，專心攻讀社會學碩士。讀這個學位通常只需要兩年，但她兼職工作，所以時間拉得比較長。她對國內的局勢發展並不是非常關注，偶爾才會在微信收到朋友傳來的八卦。

2016年6月，她回喀什過暑假。某天早上，就在她因為腸胃型流感無法出門時，家裡傳來敲門聲。梅森開了門，眼前站著一名女子，自稱葛小姐。

「有鄰居通報你，」葛小姐說。

梅森知道葛小姐口中的「通報」絕非好事。

「鄰居說你今天早上九點沒出門散步，」她補充，「你行為改變，有什麼原因嗎？」梅森近來行為反常，葛小姐似乎很擔心：沒按照平常的時間出門，沒做每天的例行公事，一切都亂了調。

「我得流感，所以待在家。」

「你能提供文件證明你得流感嗎？」

「我發燒了。」梅森知道她需要醫生開的紙本診斷書，所以勉強答應葛小姐會去拿，而且當天就去看了醫生，把診斷證

終極警察國度

明交給警察。

在新疆，居民被分成十戶一組，每個家庭互相監控，記錄進出的訪客，以及鄰居親友的日常活動。這樣的手段是仿效中國封建時代的**保甲**制度，當時在執法、徵收稅款時，都是以類似的住宅編制為連坐單位[1]。

葛小姐是新上任的十戶長，很有禮貌，每天傍晚都會來敲門，要求全家人報告日常活動，並詢問是否注意到鄰居不尋常的行徑。

葛小姐的問題是有些冒犯沒錯，但梅森一家人覺得她也只是盡自己的責任罷了。

問完每天的例行性問題後，葛小姐會將答案記錄下來，向當局匯報。到了2016年7月初，也就是幾週以後，家家戶戶門外都掛上了QR碼，裡頭包含全家人的個資，她掃碼就代表已檢查過這戶人家，一切正常。接著，她會走到隔壁繼續，把十戶都檢查完畢後向當地的主管機關報告。2014到2018年，政府派出了20萬名像葛小姐這樣的黨幹，到新疆監控民眾，並向他們發放政治文宣[2]。

「用這種方式管理社區，真的非常有效，」梅森說，「每個人都在睜大眼睛在看，如果某天鄰居通報了什麼不尋常的事，但你卻沒舉報，政府就會降低你的信用評等，認為你很可疑。」

當局利用這樣的社區監控體系，收集到每位居民的資料，不久後就將所有人分成三個社會信用等級：誠信、普通，不誠信。被評為不誠信的人可能會被警察拘留、進不了大學或找不到工作[3]。

幾天後，貼心周到的葛小姐又來敲門，說必須在梅森家的客廳安裝政府攝影機。

　　「真是抱歉，讓你們麻煩了，」葛小姐有禮貌地說，「但這也不是我能控制的。我收到當地警察通知，說你們家可能有些可疑的事。」

　　葛小姐給了他們一張紙，上頭說明如何在當局協助下安裝監視攝影機。政府為何要入侵他們家，梅森和家人一清二楚：梅森在國外留學，去的又是穆斯林國家，所以成了「嫌疑犯」。2015年時，中共正式將土耳其列為「26個敏感國家」之一，同樣在名單上的還有阿富汗、敘利亞和伊拉克[4]。

　　「我很怕自己被歸類為沒誠信的人，怕政府不再信任我，」梅森說。「政府知道我一直往返土耳其，所以當然會認為我不值得信賴。」

　　她的直覺沒錯。葛小姐說她似乎沒達到政府的「誠信」標準，所以應該要安裝攝影機來展現她的可信度。

　　「我們別無選擇，」梅森回想到，「不然要怎麼辦？抵抗政府然後被逮捕嗎？每個人都在看，都在打小報告，根本就不可能真的相信任何人。所以我們去了當地的3C商家，找合適的攝影機。」

　　結果許多電子器材店都缺貨，因為警方成了大宗顧客。合適的攝影機很不容易找，但梅森一家人終究找到了一台。

　　有個工程師到家裡幫忙安裝，把攝影機放進透明的塑膠

外殼，並置入牆壁，確保他們無法關掉或私自調整。鏡頭從上方俯瞰客廳，小小公寓很大的一部分都給照了進去，而且還會錄音。

梅森說：「這對我和我媽來說非常痛苦。家一直是我們可以隨心所欲的地方，是可以展現自我、有隱私的地方。我可以在家裡看書、聊天，表達我的想法。」

她和母親仍會使用客廳，但不敢擺出平常看的書，也不敢誠實地討論文學或時事。

「我們就坐在那兒喝茶，兩手空空的，努力不說出任何有意義的話。」

不能交談對梅森來說很難以忍受。她豐沛又活力洋溢的心中，有許多點子和想說的話，但現在，感覺就像一朵枯萎的花，無法再獲得澆灌。

「我等不及要趕快再離開中國了，」她說。她知道自己如果打土耳其的號碼，政府可能會再更嚴密地監視她，所以忍住了打電話、傳簡訊給男友阿曼的衝動。

一個月後，葛小姐又拿著一份政府通知，出現在梅森家門口，要求他們到當地派出所進行強制性的「檢查」。由於是全家一起被標記為「可疑」，所以所有人都必須接受這所謂的「檢查」。

當局很快就把這項措施定名為「全民健檢計畫」。「你們得去做健檢，到時會有人抽血、錄音、拍照並採集DNA樣本。這是為了社區安全，所有人的DNA都得收入資料庫供警方使用。如果之後還想出國，就一定得遵守這項規定，否則會無法申請新護照[5]。」

梅森抵達警局時，混亂的等候區已坐了幾十個人，有嬰兒在哭，母親則顯得緊張不安。進行健檢的是警察，不是醫護人員。

梅森等了很久以後，終於有人叫到她的名字。警官帶她進入一個滿是「病人」的檢查室，毫無醫療隱私可言。

警方先量了她的身高和體重，又測了視力，然後問她是否同意抽血，好像她可以拒絕似的。

她知道自己別無選擇，也知道自己的DNA會被警方拿去建立生物特徵資料庫，只是這事還沒公開罷了。

警官在醫護人員的協助下找靜脈，但就是找不到，於是改刺梅森的手指，把她的血抽入一根小小的醫療試管。DNA採樣器材是由美國醫療公司賽默飛世爾科技（Thermo Fisher Scientific）在新疆地區直接銷售[6]。

接著，她被一名男性警官帶到另一個房間，進行一連串的程序，一開始是要站在攝影機前做各種表情，讓警方存入資料庫：要微笑、皺眉，還得不斷轉向，拍攝左右側和另外八個角度的照片；最後在錄音時，還得大聲朗讀一篇關於「國家安全」的文章：

「三大邪惡勢力分別是恐怖主義、分裂主義和宗教極端主義，」梅森聽話地照念。就這樣，警方也取得她的聲紋了。

梅森也看到警察從嬰兒的腳和頭部抽血。大約十分鐘後，她完成了健檢，在那兒等家人一起回家。他們都疲憊又害怕，但即使在家裡，也無法討論剛才發生的事，因為可能被客廳的攝影機監視。

終極警察國度

後來梅森才知道，她被政府歸類為可疑人物，是首批在健檢計畫中被強制取樣DNA的民眾之一。那年9月，政府開始大規模執行醫療檢驗[7]，據新華社報導，最後共有3,600萬人接受檢查[8]，不過梅森被叫到警局時，計畫範圍還僅限於新疆。

人權觀察認為，負責控管生物特徵資料收集作業、向警方匯報的，就是中共神祕的組織「人口服務管理及實名登記工作領導小組」（Office of Population Service and Management and Real Name Registration Work Leadership Committee）。當局在政府公告中宣稱，全民健檢計畫的宗旨是協助官方「依據科學資料制定決策」，以消除貧窮問題、確保「社會穩定」並落實相關管理。他們聲稱該計畫能帶來更好、更有效率的醫療服務，有助診斷重大疾病，還能讓新疆的每一位居民都擁有自己專屬的病歷檔案。

人權觀察發現的一份線上官方文件顯示，官員必須「確保每個村莊、每戶人家、每個家庭成員、每件物品（的資訊）」都有收集到。

據政府所說，每個人檢測出的血型資訊都會送交給警方，但似乎不只如此。人權觀察發現的一則網路公告指出，「收集DNA用的『血液採集卡』會寄送到各郡縣的警局，供警方進行歸納作業。」這些資訊全都會儲存下來，並連結每個人的國民身分證號碼，所以當局需要時，可以輕易調取相關資料。

我有在網路上找到解釋全民健檢運作機制的政府公告和招標文件，但後來這些資料都被撤掉了。

「郡縣家庭衛生計畫小組會指示當地醫療單位收集血液資訊和DNA血液採集卡，以執行強制性公民健檢，」某縣政府網站上的文件這麼寫。「血液資訊會送到郡縣公安局進行DNA血液採集卡檢測。」

「公安局將負責收集12至65歲公民的照片、指紋、虹膜掃描以及其他生物特徵資訊，」另一份文件提到[9]。

只要是在有維吾爾人的地方，我無論走到哪，都常聽到強制收集醫療資料的故事。

「沒有人能拒絕。在那樣的環境下，根本沒有同不同意這回事，」塔依爾·哈穆特塔告訴我。2017年5月，他和家人也曾被迫在警局接受類似的檢測。

「可以檢測的項目他們全都不放過，測完後就收入資料庫中，」著名的維吾爾族商人塔希爾·伊明受訪時告訴我，「那是一場雷厲風行的DNA收集運動，目的就是監控。」

沒想到，計畫中用到的某些技術，其實是源自美國。

中國收集大量DNA用於特徵歸納作業，過程中是利用基因學家所說的「短片段重複序列」（Short Tandem Repeat，STR）。每個人的STR圖譜都不一樣，基因學家只要驗血就能分析STR，進而鑑定身分[10]。

如果在犯罪現場發現DNA，可以運用大型資料庫比對出嫌犯身分——全球的警察機關都會這麼做，但中國的計畫不僅

終極警察國度

止於此。政府想收集新疆地區所有維吾爾族、哈薩克族和其他少數民族12至65歲公民的基因資料，這樣一來，不僅能建立用於執法、調查的資料庫，還能藉機區隔這些少數族群和漢人多數[11]。

「他們（中國）想實施神話般的徹底安全機制，也就是借助科技發展，建設出完美的安全系統，全面抵制恐怖主義，」加拿大溫莎大學（Windsor University）的社會學家馬克・穆恩斯特赫耶姆（Mark Munsterhjelm）告訴我：「他們想掌握維吾爾族、哈薩克族和所有少數民族每一個人的基因檔案。」

穆恩斯特赫耶姆曾研究過南美洲、太平洋群島和台灣原住民的資料，瞭解這些資訊如何用於法醫基因研究[12]。

他表示，中國還利用另一個標記來累積大規模的基因資料集，也就是單核苷酸多態性（Single Nucleotide Polymorphism，SNP）。SNP可分析臉部結構、皮膚顏色和潛在遺傳疾病等特徵，所以長期以來，研究人員一直希望將這項技術發展得更完善，用於重建人臉，並歸納出整個族群的特徵資訊。

就這樣，政府這些令人毛骨悚然的詭異計畫，孕育出了「新一代基因定序技術」。

「在1970和1980年代，以種族為基礎的觀念和分類方式幾乎都被推翻，」穆恩斯特赫耶姆告訴我，「但1990年代又因為法醫基因學興起，而再次回歸。」

穆恩斯特赫耶姆花了15年，追蹤耶魯醫學院基因學教授肯尼斯・基德（Kenneth Kidd）的研究。

「911事件後，相關單位啟動了『總統DNA計畫』（President's DNA Initiative），從種族、表型和血統的角度進行

基因研究，為的就是要區分敵友，也可以想成是區分劫機者和無辜的乘客。」基德只要分析親緣標記資料，即可從基因樣本判定受試者的血統，在這個領域的成果領先全球。他在耶魯大學經營基因資料庫，是總統DNA計畫的血緣與資料分析專家團隊成員[13]。

「我注意到中國在進行的一些基因研究，」穆恩斯特赫耶姆告訴我，「然後慢慢摸出了線索。2017年，我在《自然》（Nature）期刊和人權觀察的報導中，讀到賽默飛世爾科技把基因定序儀器賣給新疆警方，讓他們對當地人口進行大規模的基因特徵歸納。」

穆恩斯特赫耶姆在網路上讀到基德和中國國家科學家共同發表的同儕互評論文，發現他有涉入SNP標記研究——這方面的研究讓警方得以在進行調查時，從DNA樣本分析血統，判斷是不是維吾爾族。穆恩斯特赫耶姆聯絡人權觀察，並與《紐約時報》合作，在相關文章中指出，這項DNA計畫「促成有史以來最全面、最具侵入性的生物特徵監控體系[14]。」

基德從1980年代首次訪中時，就已對中國產生興趣。他研究地理因素對人類基因變異的影響，因此在基因學領域聲名大噪，甚至發現了一個與冒險、探索新奇事物等行為有關聯的基因。

很少有外國研究人員可以對中國境內的民族基因組成進行獨立研究；就算有機會，也往往必須和中國學者合作，而且這些學者通常都受制於政府。

2010年，基德受中國公安部的邀請訪中。他向來都和世界各地的執法機構合作，協助各界運用法醫科學破案，所以該

次邀請似乎沒有什麼不尋常之處[15]。

　　基德抵達後，中國公安部法醫科學研究院的首席法醫科學家李彩霞和他接洽，說對他的血統研究很有興趣，想到他在耶魯大學的實驗室擔任訪問研究員十一個月。基德曾告訴美國國家公共廣播電台（NPR），他「一開始」並沒有什麼疑慮。

　　李彩霞受僱於執法部門，所以能取得維吾爾族、哈薩克族和吉爾吉斯族等中國少數民族的DNA記錄，這些資料是非常寶貴的。

　　「她（李彩霞）說他們收集那些樣本前，都有先告知受試者並請對方簽同意書，」基德這麼告訴NRP，「我又有什麼理由去懷疑呢[16]？」

　　兩人合作一年後成果豐碩，基德也將維吾爾族DNA納入了他的全球資料庫，並於2016年7月，和李彩霞在知名的《法醫科學國際期刊：遺傳學》（*Forensic Science International: Genetics*）上，共同發表了一篇看似無害的論文，名為〈74種血統型SNP標記：提升東亞民族血統推論成效〉（A Panel of 74 AISNPs: Improved Ancestry Inference within Eastern Asia[17]）。

　　穆恩斯特赫耶姆和其他專家認為，基德捲入了中國收集少數民族基因資料的國家策略。由於中國企圖打造民族神話，讓人民相信他們都擁有相同血統，全都血脈相連，都是大家庭的一分子[18]，所以自1990年代起，中共就一直很積極地在建置基因資料。

　　「世界各地的警方都常使用賽默飛世爾的基因定序儀器，但中國的做法卻是把技術簡化，儘可能地減少標記數量，縮減到只要能區分漢人和維吾爾人就好，」穆恩斯特赫耶姆這樣告

訴我。

　　基德表示在合作結束後，他有請中國公安部不要再使用他提供的基因樣本。

　　「沒有人回覆我，」他坦承。

　　2020年6月，風波平息後，我打開耶魯大學的線上基因資料庫，想看有爭議的維吾爾族特徵表型資料是否已刪除。基德確實是有將中國公安部提供給他的樣本移除，但耶魯的資料庫中，仍有許多維吾爾DNA樣本，並不是由基德所取得。

　　「此維吾爾族人樣本是取自新疆維吾爾自治區，」其中一條資料這麼寫道，「所有自願參加者在新疆維吾爾自治區都有超過三代的家族歷史，參加研究前皆有收到知會，且簽署過同意書。本研究係由中國新疆醫科大學研究倫理委員會批准[19]。」

　　「此樣本是取自新疆維吾爾自治區阿克蘇市（Aksu）地區庫車縣（Kuqa）的維吾爾族人，」另一條資料則這麼寫，「取樣前，參與者皆有收到知會，且簽署過同意書[20]。」

　　梅森和其他數十名維吾爾人告訴我，如果收到通知要取樣後拒簽同意書，就會被政府騷擾或逮捕，他們並沒有拒絕的餘地。

　　「DNA資料庫已經建立，傷害已經造成了，」阿不都外力這麼說。他曾被抓到集中營，採集了DNA、指紋和足紋。梅森也這麼認為：「大家毫無警覺，實在太可怕了。中國會用這些資料做什麼，誰都不知道。」

　　偏偏有些科學家仍默默去到中國，還積極參加遺傳學會議。

2015年，基德和北德州大學（University of North Texas）的基因學家布魯斯·布鐸（Bruce Budowle），曾在中國的一場遺傳學會議上發表演講。據《紐約時報》報導，贊助該次會議的，就是製造DNA定序設備並賣到新疆的美國公司賽默飛世爾科技[21]。

賽默飛世爾由熱電公司（Thermo Electron）和飛世爾科技（Fisher Scientific）合併而成，是全球科技界的一大企業勢力，截至2018年為止共有七萬名員工，淨營收高達240億美元，淨利潤則有30億美元[22]。

而且該公司長期與中方合作，中國在2017年貢獻他們10%的營收[23]。

中國公安部在專利申請文件中，曾提到政府使用賽默飛世爾的設備，繪製人民的遺傳圖譜，《紐約時報》也報導過該公司直接將儀器賣給新疆當局的消息。採購文件顯示，至少有部分設備是專供警察機關使用的[24]。

2017年6月和8月，人權觀察致信該公司，請他們針對上述發現提供說明。賽默飛世爾全球企業溝通部門的主管凱倫·柯克鄔（Karen A. Kirkwood）如此回應：

「賽默飛世爾並不分享客戶資訊或他們的購買細節。有鑑於本公司業務遍及全球，我們不可能監控所有自家出廠商品的使用或應用方式[25]。」

但從中國官媒引述賽默飛世爾高層發言的內容看來，該公司似乎很殷切地想做中國的生意。

「我們聽完習近平主席的演說後深受鼓舞⋯⋯很感謝中國政府支持全球貿易自由化與開放，」2018年11月，《中國

日報》曾引述中國賽默飛世爾科技總裁東尼·艾禮德（Tony Acciarito）這麼說，「也很高興得知主席對中國經濟發展非常樂觀[26]。」

穆恩斯特赫耶姆再回頭看這整件事時，感到厭惡又惱怒。「他（基德）看起來就很不對勁，」他告訴我，「偏偏已經退休，又這麼有影響力，我覺得根本沒人動得了他。」

中國對維吾爾族進行這種惡毒陰險的社會實驗，美國卻漠不關心，梅森和許多維吾爾人都感到十分震驚。

第十二章

無所不見的天眼

事實已經證明，黨在新疆的新時代治理戰略完全正確。 "

——習近平

　　梅森說她被帶去採樣DNA的幾天後，葛小姐又來了。

　　「地方警局發現可疑活動，」她宣布。

　　「哪裡『可疑』了？」梅森馬上回嘴，「我就只是個學生，你明明也知道的。」

　　「我也只知道這樣，反正你得去地方派出所報到就對了。」

　　警察也沒幫上忙。梅森坐在桌前，看著一位安檢官瀏覽文件，並在電腦螢幕上檢視她的醫療和個人資料。

　　「你出過國，」警官這麼說，「在那邊念書。你說你是讀什麼的？」

　　「社會學。」

　　他拿出一張表要梅森填。

　　「上面有問我的宗教信仰、去過哪裡、是在何時用什麼方式取得護照，還有是否去過那26個敏感國家，」基本上，就是「一種侵略性的普查[1]。」

　　安檢官說梅森得去「上公民課程，一週兩次，如果缺席，我們也不得不盯著你；但只要你認真學習，就不會有事，之後就可以回土耳其去讀研究所了。」

　　「我都已經在讀碩士了，」梅森回嘴，「為什麼還要上這

終極警察國度

種無謂的政治宣傳課？」

但她再次別無選擇。每到週五，梅森都得去附近的政府大樓報到上公民課。每間教室都有四台攝影機，分別裝在四個角落。

「我們要愛黨！習近平主席是我們偉大的領導！」她被迫將這句話一遍又一遍地寫在筆記本上。

「新疆的三大邪惡勢力是什麼？」老師會這麼問。

「恐怖主義、分裂主義和宗教極端主義！」學生則會齊聲回答。

每星期一，警方會針對意識形態對她進行長達三小時的盤問。

「你為什麼選擇去中東？」其中一人這麼問。訊問室裡通常會坐三名警察，分別負責提問、把她的答案輸入電腦等等。

「我去讀碩士，」她解釋道，「是為了我的教育。」

「教育啊，」訊問者說，「那你追求的是怎樣的教育呢？」

「就只是社會學而已。」

「你讀完社會學要做什麼？是不是想煽動國家分裂？」

這時另一名訊問者插嘴：「認識你的人都說你愛看書，你從小就是書迷。像你這種女孩子，為什麼要讀那麼多書呢？」

一週又一週過去，訊問和課程都持續進行。警官一遍又一遍地重複相同的問題，只是問法不同，用這種心理遊戲把梅森搞得筋疲力盡。

「我說過了，我是學生。」

「你在中東接觸過哪些極端分子？」

「我沒有！」

後來梅森才知道，警方其實是想從訊問和課堂中儘可能蒐集資料，好預測她未來的行為。她和其他數十名維吾爾人都說他們有這樣的經歷。

「健檢、訊問，還有葛小姐一直上門，都是因為當局想盡辦法要蒐集資料，餵給 AI 系統，這樣軟體就能預測誰可能會犯罪，但誰知道是不是真的準呢，」梅森說。

中國發動名為「一體化聯合作戰平台」（Integrated Joint Operations Platform，IJOP）的新計畫，執行預測性的警務作業。2016 年 8 月起，IJOP 就開始出現在新疆公安局發布的公開採購通知書中。

這些公開的線上採購通知書和人權觀察取得的資料顯示：

IJOP 會從許多來源（也就是所謂的機器「感測器」）收集資訊，
其中一個來源是閉路電視攝影機，
某些還具備臉部辨識或紅外線功能（即使在夜間也能拍）。
攝影機經常架設在警方認為敏感的地方，
譬如娛樂場所、超市、學校和宗教人士的住家；
另一個來源則是「無線網路偵測器」，
用於收集電腦、智慧型手機和其他連網裝置的不重複識別位址；
此外，IJOP 還能取得車牌號碼和國民身分證字號等資訊，
資料來源就是當地不計其數的檢查站、
門禁社區的「訪客管理系統」等等⋯⋯
車輛檢查站將資訊傳送到 IJOP 後，
「會即時接收到該平台推送的預測性警告」，
方便警方「辨識目標⋯⋯進行檢查和管制[2]」。

根據官方報告，IJOP還會利用現有資訊，例如車輛擁有權、健康狀況、家庭規劃、銀行資料和法律記錄等。警方和當地官員在查訪住戶、巡邏時，如果發覺認為「不尋常」或「有涉治安穩定」的事件，也必須向IJOP稟報資訊。有位受訪者告訴人權觀察，假設沒有合理解釋（譬如是老師），卻擁有很多書，那就會被通報給IJOP。

　　IJOP使用AI技術，開始把嫌犯或未來可能犯罪的人「推送」給警方和政府進一步調查，而警方收到警告後，必須立即採取行動，有時是當天就得親自登門造訪、下令嫌疑人不得出門、限制活動範圍，也有時是直接拘留或逮捕。

　　譬如其中有個系統是監控肥料購買情況，因為可能被拿去製造炸彈。

　　「如果有人平常只買5公斤的化肥，但突然（把量）增加到15公斤，我們就會派前線人員去拜訪（這個人），確認肥料的用途，」一名警方研究員告訴中國媒體[3]。

　　梅森2016年夏天之所以被叫去上公民課，就是因為這樣──根據系統預測，她可能在土耳其變得「極端化」了。

　　「但問題是，我什麼都無法確定，」她說，「我怎麼知道警方對我是不是真的瞭若指掌？要是系統不像他們說的那麼好，那該怎麼辦？」

　　「政府的行為非常隱晦，讓我很不知所措，在感到不確定的情況下，當然就會害怕，這是一體兩面；又因為怕政府在看，所以最好安分守己、好好表現。」

　　這就是圓形監獄的功效。

我訪問了梅森和其他數十名維吾爾人後，明顯可以看出IJOP並不只是要通報恐怖事件，讓警方採取行動、執法反恐而已，這個系統的最終目的，是要布下天羅地網，將目標一網打盡。後來，由於阿不都外力在別的地方也有認識一些人，所以我取得了幾十份中文的共產黨機密文件，因而得以一窺中方政府的內部運作，當中的資料是外界前所未見的。這些文件分成兩批流出後，在新聞界和外交圈流傳開來，記者稱之為「新疆文件」（Xinjiang Papers）和「中國電文」（China Cables）。

　　「某天突然有人用WhatsApp把那些文件（中國電文）傳給我，」幫忙將文件流出的維吾爾族女子哈斯葉‧阿卜杜拉赫布（Asiye Abdulaheb）從荷蘭的家中告訴我。她2009年離開新疆後，就成了荷蘭公民。「我在社群媒體上積極為維吾爾族發聲，因為很活躍，所以有人（把這些文件）發給我，希望藉由我傳遞出去。」曾在新疆政府工作的阿卜杜拉赫布說她不怕自己的名字曝光，因為她在媒體界很有名，不怕被報復。

　　「我知道這些文件非常重要，所以貼到推特，但卻沒人關注，讓我很驚訝。」

　　但那只是暫時的。

　　她開始聯絡研究人員和記者，把文件分享給他們。中國政府利用網路工具壓迫人民，現在，她也反過來用相同的途徑來揭穿中共惡行[4]。

新疆文件外洩後，如炸彈般造成了爆裂性的影響。掌握當中的內容後，外界得以揭開中方政府的權力面紗，瞭解中國領導者對於新疆事務的想法與決策過程；此外，這些文件的出現，也代表政府體制內存在異議人士，否則怎麼會有官員把資料洩露給阿卜杜拉赫布，再由她冒著在中國被關、甚至被處決的風險，交給國外媒體呢？

　　中國情報人員很快就開始對阿卜杜拉赫布和她的家人圖謀不軌。

　　「我前夫接到新疆一個老朋友的電話，對方說服他到杜拜見面。」

　　起初，阿卜杜拉赫布和她前夫都認為最好哪裡都不要去，但這位朋友很堅持，還說要幫忙付機票和飯店的費用。

　　最後他同意了。

　　「他到杜拜後，發現在飯店等他的是中國國安官員。」

　　根據阿卜杜拉赫布的描述，其中有個情報人員這麼說：「我們知道你是誰，而且中國在荷蘭派了很多人，要抓到你不是問題。在這片沙漠裡，屍體被埋葬後，可能就再也找不到囉。」

　　威脅他以後，對方還試圖利用他駭入阿卜杜拉赫布的電腦。

　　「他們給了他一個USB隨身碟，『這個隨身碟裡有些照片和影片，是你在中國的家人，插進電腦，就能看到你母親囉』。」

　　他覺得隨身碟裡應該有惡意軟體，讓情報機關可以藉機駭入他前妻的電腦。

「他回到荷蘭後轉述了這整件事。我們打電話報警，也把隨身碟交給了荷蘭國安局。」政府移除隨身碟裡的惡意軟體後，就還給他們了。

與此同時，阿卜杜拉赫布和她前夫的家人，都在網路上收到了死亡威脅。

外洩的新疆文件中，涵蓋2013到2017年的炸彈級資訊，我也因而得以一探IJOP系統究竟有多可怕。文件內容多半很單調，像是IJOP通報了多少可疑人物、他們所在的位置等等。舉例來說，我拿到的一份「中國電文」就提到「24,412名可疑人物，喀什16,354人、和田3,282人、柯州2,596人、阿克蘇2,380人。」這些清單看似無聊，背後其實隱藏複雜的意義。

我取得的一份機密文件指出：「遇到意識形態有問題或情緒異常的學生時，務必評估並根據情況處理。」

「學生」是中共對集中營囚犯的稱呼。「建立並培養祕密勢力，根據情報行動，避免學生群聚、惹事生非。」

所謂的「祕密勢力」，意思似乎是要營區警衛說服囚犯互相監視。

「監控技術必須完全覆蓋宿舍和教室區域，絕不能有任何盲點。」

另外，還有「淨化學生意識形態」的說明。

「有效解決意識形態矛盾，處理惡性情緒，」一份文件如此描述，「幫助學生理解他們過去的行為為何違法、屬於犯罪，並針對其他危險活動進行解說。在矯正過程中，心理輔導扮演重要角色。」

文件中也有提到如何在營區外的城市（譬如梅森的家鄉喀什）監控人口。

「推行『整合』平台時，」文件如此建議，這個平台指的就是 IJOP 系統，「要利用科技密切掌控各個家庭，以及家戶中身分不明的人物，同樣也要運用科技手段進行盤查、研調，徹底整理出問題。」

文件呼籲警方針對新疆社會信用體系列為「不誠信」的人民，加強收集額外資料，然後輸入系統，由系統決定是否要拘留這些人並送往集中營，理由就是「預備犯罪[5]」。

預備犯罪又是怎麼判別的呢？答案就是中國官方所說的「預測性警務」，意思是由 AI 演算法猜測誰未來可能犯罪。國家系統 IJOP 發現預備犯時會發出通知，敦促警察進一步調查或直接拘留。有親戚在國外、敬拜、禁食或從事宗教活動，都是預備犯罪的徵兆。維吾爾難民把這比做《關鍵報告》（*Minority Report*），這部電影是菲利普・狄克（Philip K. Dick）1956 年的小說改編，描述未來犯罪部門的幹員調查可能會在一週內殺人的男子。

那麼中共的監控有多深入呢？我研究到這個問題時，謎團中又有一塊拼圖浮出水面。荷蘭電腦駭客維克多・吉佛斯（Victor Gevers）找到相關資料集，裡頭全都是被監控、追蹤的對象，奇怪的是，這些資料竟然可以公開存取，換言之，被

監視的人民根本毫無隱私可言。

這個毫無安全措施的資料庫是由深網視界建立，該公司專門開發臉部辨識技術，名列中國兩大人臉辨識公司的商湯科技握有其49%的股份，但差不多在資料外洩事件曝光時，就出售所有權退場了。資料庫中有250萬人的資訊，多半是新疆居民，包括他們的姓名、性別、種族、身分證字號、出生日期和雇主；更令人震驚的是，資料庫還公開過去24小時內670萬人經過的追蹤器位置，暴露了這些居民的行蹤。所謂的「追蹤器」是指攝影機、配有攝影機的手持設備（警方使用），以及身分證掃描器，在清真寺、旅館、網咖和警察局裡到處都有[6]。

吉佛斯表示，「在以人臉辨識、群眾分析和個人驗證為手段的AI安全網絡中，這些追蹤器是構成要素之一[7]。」

深網視界宣稱他們和微軟是合作夥伴。

「微軟和深網視界並沒有合作關係，」吉佛斯發表研究後，微軟發言人卻這麼告訴CNBC。「我們知道深網視界未經許可就在網站上使用微軟標誌，也已要求他們移除[8]。」

後來，吉佛斯又發現另一個毫無安全防護的線上資料庫，這次是中國數百萬人的社群網站個人資料和對應的微信使用者名稱，以及女性是否有生育能力的預測資訊[9]。

政府監控的範圍如此深廣，使梅森十分錯愕，但自己經歷過一切後，她並不意外。

相關資料提供了大量證據，證明中國政府就是透過伊爾凡和其他維吾爾族科技工作者告訴我的計畫，對行動App用戶進行監控。

2016年7月起，中國政府就一直在追蹤Zapya的使用者。

終極警察國度

這款行動App是由北京的一間新創公司開發，鼓勵用戶下載《可蘭經》，並與親友分享教義[10]。

一份政府文件呼籲有以下情況的人，全都趕快自首投降：「擁有少量分裂主義、暴力及恐怖主義、宗教極端主義（相關內容），『希吉拉』（伊斯蘭先知帶領信眾離開麥加的事件）音檔或影片，或是其他非法宣傳素材，但只（將這些素材）傳給家人觀看或閱讀，並未造成其他嚴重後果[11]。」

梅森告訴我：「警察每次攔下我們，都會檢查手機，Zapya就是他們要找的App之一，如果被找到，就會被標成可疑人物，還可能會被送去再教育。」

中國政府在外洩的文件中提到，使用Zapya的維吾爾人超過180萬，其中包括4,000名「未經授權的伊瑪目[12]」。

另一個令人擔憂的現象，則是警方檢查手機上有沒有禁用的內容後，開始會要求或逼迫民眾下載一款名為「淨網衛士」的新型手機App，顧名思義就是要淨化網路。非營利組織「開放技術基金會」（Open Technology Fund，OTF）的研究團隊分析了淨網衛士，發現這個App會擷取手機的基本資訊，包括行動裝置國際識別碼（IMEI）和製造商，使手機變得很容易追蹤、監控。

「這款App會掃描裝置的外部儲存空間，尋找政府視為『危險』的檔案，」OTF寫道，「如果找到，就會提示使用者把檔案刪除[13]。」

BuzzFeed News也在2018年4月引述中國官媒的消息，指出警方開始在一般民眾的手機上安裝「公民安全」App。智慧型手機使用者只要看到可疑現象，就能透過App立即通知警

方，像是留鬍子的男人或規模過大的敬拜儀式，都包含在內。

「烏魯木齊警察局鼓勵所有人下載並安裝『公民安全』，」一份官方中文報導寫道，「這樣一來，人人都可以成為吹哨者，形成反恐運動的強大支援系統。」中國政府宣稱這個App在2017年啟用後的三個月內，收到了超過3萬則舉報[14]。

梅森每週在課堂上背誦政治宣傳內容，變得越來越神經質，因為監視她的不是人，而是一些沒有情感，只會計算的機器。這些時時刻刻監控著她的電腦系統，究竟有多聰明、多全知全能？有沒有在偷看她的社群帳戶、手機使用情況和簡訊內容？

「訊息被阻擋、真相被斷絕時，你會陷入一種隨時都在猜測的狀態，做什麼都覺得危險，」梅森告訴我，「而且真的不知道有誰在看、在聽，又有誰能信任。朋友、甚至是家人，都可能會害你。」

第十三章

落入集中營

> **❝** 喀什地區是反恐和維護社會穩定的前線。 **❞**
>
> ——習近平

　　2016年8月，眾人已議論紛紛，謠言如烽火般在喀什蔓延。前一天或許是還只是警力增加，隔天就是兩三台裝甲車輛停在街角，還有士兵守在車外，看著行人往來。在喀什，街頭巷尾冒出越來越多的「便民警務站」，在首府烏魯木齊也有，而且數量很快就超過950個。梅森飛去安卡拉時，偶爾會在烏魯木齊轉機[1]。

　　「政府要大改革了，」大家互通著這樣的消息。謠傳共產黨想用更強硬的手段統治新疆。

　　梅森走在喀什路上，看見朋友住的老舊社區突然圍起柵欄，被分區隔離，進出時必須出示身分證。「營建工人無預警地出現，完全沒有事先通知，一夜之間在社區周圍架滿柵欄，大家起床後，都很疑惑發生了什麼事，」梅森說[2]。

　　買廚具和雜貨等簡單的家庭用品都變得很麻煩，最後，賣刀具的店家還被迫投資好幾千美元購入機器，將消費者的身分證照片、種族和地址等資料全都加入QR碼（用智慧型手機一掃即可取得個人資訊），然後雷射刻到賣出的所有刀具上[3]。這樣一來，購買人的資料和身分全部都會刻上他們買的刀子，目的就是要防範恐怖分子持刀攻擊。

　　「但應該也就是這樣了吧，還能糟到哪去？」大家這麼告訴梅森。畢竟政府已用盡所有監控工具，還能如何限制人民自

由呢？

沒想到，在梅森枯燥乏味的教條課上，老師宣布新疆有新官上任。

「陳全國領袖會來治理我們的地區，」老師說，「他是很受敬重的指揮官，將帶領我們打擊恐怖主義、分裂主義和宗教極端主義這三大邪惡勢力。」

梅森的母親也有聽說。「有個新長官要來了，」那晚她這麼說。

「他是之前在西藏工作的同志，」她父親回應，「負責那裡的安全事務。」

西藏主信佛教，位在以穆斯林為主的新疆南邊，因壯麗的喜瑪拉雅山而獲譽為「世界之巔」。在先前的五年，那兒發生許多駭人的嚴厲打壓，300萬居民自1951年起一直被中共統治，生活很不容易。當年，中國入侵、併吞了西藏，導致擁有廣大信眾的精神領袖達賴喇嘛被迫流亡。

陳全國當時60歲出頭，西藏的便民警務站就是他開創的。

他曾在軍中擔任炮兵，後來到汽車廠工作，年輕時就投身政治，並在1990年代快速竄起，每年都往上爬，在中國殘酷的政治競技場上，是很厲害的壯舉[4]。一個曾在國安會議上見過他的維吾爾人告訴我，他給人一種精準、算計的感覺，不容許任何錯誤。

他習慣每天下午游泳，但除此之外，關於他的事很少有人知道。陳全國相當神祕，公開資料很少，即使是以中國黑箱政治的標準來看也是如此。

「陳全國頭髮烏黑，五官細緻，在公開活動中常發表冗長的演說，言談間也會不時說些難懂的政黨術語，很符合黨幹形象……他的政治生涯長達四十年，但如果去搜尋他的官方演說，卻會發現完全找不到任何有野心的口號、笑話或個人的趣聞軼事，」香港的《南華早報》如此報導。

他在2016年8月29日派駐到地區首府烏魯木齊，當時，他在新疆已經很出名了。

他的策略之一是親自走遍烏魯木齊，視察當地狀況，並打電話給警察，說有緊急事件，然後看著手錶倒數，看對方多久會抵達。他要警方在執法時更快、反應更靈敏、力道也更強[5]。

「有一天，街道管理局打給我，」梅森回憶。那是2016年9月，陳全國接管新疆的大約一個星期後。

「請過來一下，我們今天有重要的事要討論，」官員這麼說。

「通常我都是跟我媽一起去街道管理局，」梅森告訴我，「但那天她生病，所以我一個人去。」

她抵達當地政府大樓時，幾乎她認識的所有維吾爾族學生，只要是在國外留學或生活過的，都在那兒等著報到。梅森跟著排隊，最後來到櫃檯的男人面前。

「從外國回來的人都得去再教育中心報到，」那名警官

告訴她，「你必須參加一場重要會議，並在那裡上一個月的課。」所謂「那裡」是個怎樣的地方，警官沒有解釋。

「一個月？！」梅森驚喊，「我還得回學校上課欸！」她原本計畫兩週後就要回土耳其，完成她碩士學業的最後一年，「結果你現在卻叫我放下真正的學位，去上那些無謂的政治宣傳課？」

那位警官道了歉，說他也只知道這麼多，無法幫她及時回到土耳其繼續碩士學業。

負責守望街坊的葛小姐也出現在政府大樓，觀察著每一個人進出。

她把梅森拉到一旁。梅森不確定她究竟是想幫忙，還是語帶威脅。葛小姐總是很有禮貌，但不能信任。

「太好了，你還在中國，我們還在想你是不是離開了呢。之後情況會有很大的變化，你要記得這並不是由我決定，而是陳全國的作為——據說他正在策劃一些重大行動。我不知道接下來會變成怎樣，但你接受再教育之前，我希望先讓你知道。」

梅森聽令上車後，就被載往再教育中心，連回家拿一個月換洗衣物的機會都沒有。

車子經過梅森從前讀的高中，然後是她住的社區。她看見祖母以前的房子和附近的公園，也看見泥磚砌成的傳統建築和圍繞喀什古城的城牆。然後，她開始意識到自己犯了一個嚴重大錯：太快放棄，太快聽從命令了。她根本不曉得自己會被帶到哪裡。

一小時的車程後，目的地逐漸映入眼簾。她的心瘋狂猛跳。

「那裡有許多穿迷彩裝的士兵，手裡拿槍；我還看到穿黑色特種部隊制服的警察，很多人手上都有突擊步槍和很粗的棍子。」後來，她看出那些是有尖刺的電擊警棍。

「我下了車。那棟建築原本是高中，但很顯然已經改建了。警察押送我進去，用金屬掃描器檢查我全身上下後，帶我走向兩扇黑色鐵門。」

門上標示著一行字：

「國家防禦是每一個公民的責任[6]。」

梅森走了進去，門在她背後砰的一聲關上。

「我是公民，我熱愛國家，要使我的國家偉大，」牆上的標語這麼寫著。

「後來我才知道，這個地方的目的，是要對『落後』的人灌輸現代生活方式，避免像我這樣的人變成恐怖分子。」

走廊的盡頭還有另一扇門。這時門突然打開，一個警察跳了出來。

「過來、過來，」他用命令式的口吻說。

梅森走進一個陰森的大廳，每個角落都裝了攝影機，有個接待員坐在那裡。

「社區管理委員會為何送我來這裡？」她問，「你們要我做什麼？」

「不准問問題，坐在這裡等，」接待員厲聲回答。

十分鐘後，警衛護送了另一批人進來，是幾十個衣著得體的年長男女。

終極警察國度

208

「現在是怎樣？！」一名佩戴華麗珠寶的年長女子大喊，「你知道我是誰嗎？！我丈夫在副省長那裡工作欸！」

大廳前方站著約十名身穿黑色特種部隊制服的警官，其中一人宣布「政治再教育課程」開始。這是再教育中心的強制洗腦課程，每天六小時。大家都憤怒不已。

又一名警官大吼，要大家保持安靜。

「我們有個問題，」他對眾人解釋，「這裡越來越髒了，得打掃一下，誰要自願？」

好幾個年輕女性自願擦桌子、刷地板，希望跟警官打好關係。

「你！」一個警察邊說邊把梅森從大約五十人之中拉出來，「你似乎是這裡最年輕的！你可以負責洗窗戶。」

「因為這樣，我又捲入了另一個問題，」梅森說，「我是最年輕的，所以每次都被分配多餘的工作。先前那個政府機關的警察說我們是要去上政治課程，沒說要擦窗戶，我有這樣告訴警衛。」

但他們似乎毫不為所動。「我們會帶你去見主管，」其中一人告訴她。

梅森被帶到附近的辦公室坐下，再教育中心的督導很直接地問：「你有什麼重要的親戚嗎？」

「我家世很好，」梅森說。

「但已經安排你洗窗戶了耶，」警官不以為然地說，「我們只是想幫你而已。」

梅森仍不願意，於是督導從辦公桌拿出一疊表格並打了電話。

「我們這裡有個年輕女孩子不想洗窗戶，你要不要教一下？」

就這樣，梅森被警官押送著穿越長廊、走到戶外。被帶走時，有其他囚犯替她向警衛求情。

「不需要這樣逼她吧，」有個女人說，「她只是個年輕女孩子而已。」

但外頭已經有一輛警車抵達。

「帶她去拘禁中心，」督導命令司機。梅森聽過警察在講「拘禁中心」這個詞，以為是要去上某種宣傳課程，就跟她暑假時上的一樣。她並不知道現在的「拘禁」遠遠不止以前那樣。「我看她在那裡會不會比較舒服。」

「大概是早上十一點吧，」梅森回憶道，「我當時已經很生氣了，接下來則時而挫折、時而悲傷。我坐在車子後座，看著窗外的家鄉，突然就哭了出來，完全無法控制。」

經過一小段車程後，梅森來到第二個營區，警衛稱之為「拘禁中心」，占地更廣，大型鐵門更厚重，還有更多特種部隊警官在周遭巡邏[7]。她穿過一條令人不寒而慄的走廊，其中一側的牆上畫了戴頭紗的悲傷婦女，另一側則是穿裙子和高跟鞋的女性，一副很快樂的樣子。她走進大廳，完成電腦系統登記程序，然後警衛就把她推到地上，逼她坐上庭院裡的虎椅，接著就離開了。

他們回來後鬆開綁帶，命令梅森站起來。「雙手舉直站好不准動，給我再站幾小時，」其中一人說。

梅森遵照指示站在庭院絲毫不動，一名警察手持警棍，站在她後方。

「要是敢亂動，後果會怎樣，你自己很清楚，」他對她說。

　　梅森被送到第二個營區幾小時後，家中就有人來訪。她母親應門後，發現是一群警察。他們說她女兒人在「再教育中心」，目的是要「清除她心中的意識形態病毒」，並拿出政府文件，證明她被拘留的原因。

　　梅森的母親馬上開始思考她有沒有認識誰或哪個朋友能幫忙，不管是把梅森放出來或為她爭取比較好的待遇都行。她打電話給政府的老朋友，請他們伸出援手，也承諾未來一定會想辦法回報。

　　她在副市長那兒有人脈，於是怒氣沖沖地去了他辦公的那棟建築，把梅森被拘禁的警方文件給櫃檯看。「她又沒被指控犯罪或什麼的，竟然這樣就關人！」她暴怒地說。

　　櫃檯的中年接待人員看著她，好像這不是什麼大不了的事，但最後還是同意讓她去見副市長的助理。助理似乎也覺得這沒什麼，更沒提供任何協助。

　　「拘禁中心有5,000名女性需要我們照顧欸。這是上頭給的命令，又不是我們部門決定的，」助理說，「而且你女兒為什麼就比別人特別？我們知道很多人被送到拘禁中心，也遇過許多擔心的父母，但這也不是我們能控制的啊。」

　　可是梅森的母親不肯放棄。

兩小時後，守衛告訴梅森不用再站了，接著就押她到一個大約30平方公尺的牢房，差不多是一個客廳的大小。牢房裡還有其他大約二十個女人，由兩台攝影機監視[8]。

那些女人看起來很空洞，無神地或坐或站，茫然地盯著什麼。「我們彼此沒有說話，大家都不相信別人。」

梅森的直覺沒錯。

「警方通常會在囚犯中指派一個帶頭的，負責管理牢房、監視獄囚，並在有人違規時通報警衛，譬如跟其他囚犯打架，或是不認真研讀政治宣傳內容等等。我當時還不太瞭解牢房生態，所以都獨來獨往[9]。」

那天晚上，梅森無法入睡。她的雙層床鋪旁有個桶子，整晚有許多女囚在那兒大小便，味道很可怕。

希望我很快就可以走了，她心想，**希望媽會來救我。**

早上六點的鬧鈴響起時，梅森仍醒著。牢房內亮起刺眼的日光燈，女囚們乒乒砰砰地下床。

迅速沖澡後，她們收到的第一道命令是在庭院排好隊，做體操和伸展運動，同時有個女性的聲音透過大聲公喊著雜七雜八的指示和宣傳口號。

「向右伸展！向左！停住不動！」

「跟著我念！愛我們的習近平主席！愛共產黨！清除心中的病毒！」

囚犯乖乖跟著喊，廣播員也繼續念：

「讓我們淨化心靈，清除意識形態的病毒！我們必須成為愛國的好公民！」

接下來是另一項晨間例行公事。囚犯必須站在線後，雙腿蹲低，準備衝刺。有個女警站在旁邊。

「跑！」她大聲喊出口令。

獄囚有一分鐘的時間，能在庭院裡狂奔尋找獎品：放在地上盤子裡的發霉麵包片。梅森不是多會運動，但仍很用力地跑，深怕跑太慢會被處罰。

「停！」

大家停下來喘氣。

「現在公布優勝者！」警衛挑出十多位他們認為跑得最快、最努力的囚犯，梅森也是其中之一。

「領獎時間到。」

警衛把所有人帶到食堂，讓她們吃早餐：熱水配她們之前奮力狂奔爭搶的發霉麵包片。其他人則沒早餐吃，當做跑太慢的懲罰。

「我不肯吃那麵包，」梅森告訴我，「怕吃了會生病，而且水的顏色也很奇怪，好像罩了一層白霧，我擔心獄警有下毒。」

接下來是當天兩堂教條課中的第一堂。梅森走進教室，立刻發現每個角落都有攝影機對準學生，能照到他們的表情和

在筆記本上寫的內容。

早上九點，老師走進教室，站在前方，和學生中間隔著金屬欄杆，一旁還守著兩名站在牆邊的警衛。所有學生同時打開筆記本，彷彿有人下口令似的。

「你們在成長過程中，」老師向一群男同學發問，「有看過手機嗎？」

學生們一致地做出手勢，表示沒有。一名男子站起身來。

「我們沒有食物，沒有水電，也沒有科技，甚至不知道電視是什麼，」他用平鋪直敘、如機器人般的語氣說道。

「我們感謝黨和政府。」

他說完坐下。

「看看中國人民有多成功，」老師發出讚嘆，「看看我們之間的差別！偉大的國家為你們建設了城鎮、學校、道路和醫院；看看我們所有的科技！你們原本一無所有，即使眼前有機會，也沒有採取任何行動來自我提升，是偉大的中國人把你們帶入現代世界！」

「好，接下來上法律課。」

梅森環望教室四周，同學個個表情空洞，似乎被訓練得不敢發表自己的意見。

老師說：「中國的法律體系保障所有少數民族的平等權利。」

「蘇聯有很多少數民族，」她繼續說，「但卻沒有制定優良政策好好保護，所以最後才會解體。但中國依然強大，會保護你們、照顧你們。」

「我父母都有七八個兄弟姊妹，家裡很窮，幸好政府推行

一胎化政策，帶領我們走上了正確的道路，」她提到中國長期限制家庭生育人數的政策。

「現在的我很富有，兩個孩子想要什麼，我都能給他們，這都得感謝政府。」

「你們都很聰明，比那些仍在街頭遊蕩的人都聰明；你們到過海外，所以偉大的國家才把各位集結在這裡。我很榮幸每天都能見到大家，因為我感受得到你們的智慧。」

「現在來做個練習吧。」

老師把兩個水瓶放在桌上，其中一個是空的，另一個是滿的。

「我說啊，這兩個瓶子裡都裝滿了水，你們說呢？」

有位學生舉手站起來。

「兩瓶都是滿的！」

「很好！」

梅森看著這些詭異的心理遊戲，在心中忖度。

她似乎是想洗腦大家，讓我們覺得這地獄般的監獄很棒，她心想。**她說一切正常，就代表一切都很好──她希望我們懷疑自己的現實**[10]。

她望向周遭的同學，大家都一言不發，面無表情。

我得想辦法維持敏銳思考，找出體制的缺陷。

一開始，想在體制裡找出漏洞看似不可能的任務。那兒的規矩、準則和「測試」十分隨機、相互矛盾又缺乏邏輯，彷彿就是為了要嚇唬被拘禁者，使他們在措手不及的情況下，被迫簽下認罪書或告發同房的囚犯──如果不這麼做，就等著被其他獄囚舉報。

某次，獄方擺出兩張桌子，上頭放滿模型。左邊的桌上是縮小版的房子和庭院，擺得很亂，毫無秩序可言；右邊則是AK-47突擊步槍和手榴彈的模型，同樣是隨意擺，沒什麼順序。獄囚一個個地輪流坐到桌前。

　　「我們得把樹和草叢排成院子，把房子的模型擺好，就像真實生活中那樣，」和梅森關在同一個集中營的某個維吾爾人告訴我，「然後測試人員會叫你用正確的方式把AK-47和手榴彈排好，但什麼叫做『正確的方式』呢？」

　　「我後來才知道，只要碰了假槍和假手榴彈，甚至只是稍微移動一下，就代表你不怕觸碰武器，也就代表你是恐怖分子，沒通過測試。幸好我沒有碰，因為我根本不知道該怎麼排。」

　　沒通過的懲罰是單獨隔離一天，甚至好幾天，然後還得再測一次[11]。

　　這類的晨間活動進行兩小時後，老師要大家開始寫每天的作文。

　　「課上完了，現在你們得做例行作業，寫下對今日課程的心得，要寫七頁，」老師宣布。當時已經是早上十一點了，他們只有一個鐘頭。

　　所有學生都安靜地開始寫，字句傾瀉而出，全都只是為了奉承老師和政治領袖。梅森偷瞄其他學生的筆記本時看到的。

　　「我愛政府……愛我的國家……愛傑出的老師……我是犯了錯的壞人……很高興能從傑出的老師身上學習正確的思想。」

每個學生似乎都同時寫了差不多的內容。老師環望教室，發現梅森沒有筆記本。

「你的筆記本呢？」她問。

「沒有人給我。」

梅森發現，這就是體制的弱點。政府官員為了監視、記錄並控制一切，建立了一個官僚到很荒唐的警察帝國，在匆忙之中把高中校園和其他建築改建成集中營，營內人滿為患、混亂不堪，偏偏官僚體制無法應付突然激增的囚犯，他們還需要更多時間，才能發展出正常運作的營區系統[12]。也就是說，有時某些人會被再教育體系漏掉，連筆記本這種簡單的東西都沒拿到。

「那個警察隨隨便便就把我送到拘禁中心，就只是因為我跟他抱怨洗窗戶的事，」她解釋道。

但他並沒有按照官僚體制的正確程序，將梅森登記成高階集中營的囚犯。梅森只名列在較初階的再教育中心，每天應該只要上六小時的共產黨治理課程才對。也因為梅森沒依照正規程序納入系統，當局並沒有準備筆記本、制服或囚犯的成套裝備給她，大家也不知道該拿她怎麼辦。

「這給了我一絲希望，讓我覺得或許有辦法可以突破體制逃出去。」

老師發覺事情有異，便請警衛送她去見營區的「政治官」。梅森走進辦公室，裡頭的男子個兒很高，神情疲憊。

「我皺著眉頭，對那堂毫無意義的課感到很生氣，憤怒全寫在臉上。」

他並沒有給梅森筆記本和鉛筆，反而馬上開始對她講道理。

「我從你的檔案得知你學歷很高，是碩士生，曾在北京讀大學，考試成績優秀，也在海外很多年，會講好幾種語言，鄰居也說你總是在看書。」

梅森沒有回應。

「我知道你覺得幫你上課的人只有小學老師等級，覺得這一切都配不上你，但你必須聽她的，也得聽我的，記住，這就是你被送來這裡的原因。」

梅森翻白眼。

政治官狠狠把手砸在一疊文件上，「我不想再看到你臉上出現那種表情。」

「我的情緒與你無關，」梅森馬上回嘴。

「你好好看看大家，」政治官說，「這裡的人都沒有感覺，不會表露仇恨，也不表達熱情，被警衛打也不會哭。你好好看看在寫筆記的學生，他們沒有任何差異，所有人的思維都完全一致，他們的心中的病毒已經徹底消除了。」

「抱歉沒能送你去上新生訓練，因為這裡沒有你的註冊記錄。我們已經打給你的社區行政處，正在處理這個問題了。你現在才剛來，待久了以後，你就會慢慢懂了，但只要你人在這裡，我就不想看到你臉上出現任何情緒。你可以走了。」

警衛帶她回到教室。在剩下的時間內，沒筆記本的她只能凝視牆上的宣傳口號。鐘聲響起，大家闔上筆記本去吃午餐，一桌四人，跟誰坐是營區提前分好的；此外，還必須先起立唱完中國國歌《義勇軍進行曲》才能吃，至於餐點內容，就

是一小碗水煮蔬菜和白飯。一小時的休息時間結束，學生們四人一組，在警衛的陪同下回到牢房，走路姿勢幾乎完全同步。回房後可以小睡三十分鐘，但必須遵守嚴格規定。

「床鋪必須維持得很整潔，才有資格睡覺，而且即使是在**睡覺的時候**，床也不能弄亂，」梅森說，「如果沒睡著、動來動去或小聲說話，就會被警衛處罰，可能會被打或隔天不能吃午餐。為了不把床弄亂，我們只能坐著睡。」

梅森非常疲憊，而且坐得直挺挺的，根本無法入眠。

半小時後，警衛回來了。

「那個女孩子為什麼沒在睡覺？」其中一個警衛指著梅森，質問其他囚犯，「你們應該要教她遵守我們的規訂才對，所以現在所有人都得受罰。」

警衛下令梅森以外的所有囚犯站好不准動，要站三十分鐘。只要有誰動了一下，所有人就都得重新開始。

「你看你把他們害成這樣！」警衛對梅森大吼，「這都是你的錯！」

處罰結束、警衛離開後，梅森向其他囚犯道歉。

「別在意，」其中一個人說，「他們總會找不同的理由懲罰我們，今天怪你，明天可能會拿地板上的一根頭髮來當理由。」

下午兩點到四點，男女囚犯一起上了一連串的課程，包括「伊斯蘭教」、「憲法」、「國家團結」和「習近平的生活與思想」，梅森說。

這次，是一個自稱宗教領袖的男子走進教室[13]。梅森已做好心理準備，知道這個人大概也會胡言亂語地講些洗腦內容。

「你們都不瞭解宗教真正的意義，不懂伊斯蘭的真諦，」他對大家說，「敬拜和禁食這些做法，都不符合我們這個偉大國家的現代生活。」

「我們是外科醫生，為你們的思想和意識形態動手術。你們的心靈受到毒害，現在，我們會提供藥物，所有人都必須感謝偉大的國家給藥。」

梅森又想翻白眼，但想起了攝影機和政治官早上的警告：**不要表露情緒。**

還是不要有表情比較好，她心想，**不然牢友又要因為我而受罰了。**

「看看這個典型的穆斯林村莊，」自稱「宗教領袖」的男子繼續說，「丈夫是個窮工人，妻子沒有工作，孩子也無法上學，都是因為受到宗教和貧窮的束縛。」

「會被送到這裡，完全是各位自己的錯。好好替家人想一下吧。你們意識形態的毒，影響了他們的生活，所以你們必須來營區自我淨化。現在，家人可能因為你們離去而受苦，可能找不到工作，孩子可能被迫中斷學業。這都是你們的錯，全都是你們的錯。」

「你們不瞭解宗教真正的涵義，你們不懂，完全不懂，真的不懂。」

這堂喋喋不休的講座結束後，同學們打開筆記本，冷靜地寫下七頁的心得摘要。「宗教領袖」叫某個學生上台分享。

「我為我錯誤的人生感到後悔，」那位同學這麼說，「感謝黨——黨給了我一切，就像我的雙親，猶如我父母合一；黨是太陽、是月亮、是高山。我不信天堂和地獄，黨才是我唯一

的天堂。我只會跟從黨，請永遠引領我，帶我找尋正道。」

當晚，梅森很難入睡。不遠處的男性牢房傳來囚犯和警衛爭吵的聲音。

「你香菸裡捲了什麼東西？！小偷！」

好像說是偷渡了什麼東西進營區，梅森聽不太清楚，總之獄警衝進牢房，將那名男子痛毆了一頓。

隔天早上，有個警衛來到牢房，叫梅森的名字。

「跟我們來。」梅森很擔心自己會像前晚那名男子一樣受罰。

警衛將她帶到前門附近一個看似大廳的空間。她走進去的瞬間，馬上被喜悅淹沒。等在那兒的，是她母親。

第十四章

大規模監禁

　　梅森的母親設法找到了營區，並說服駐紮在那兒的政治官讓她和梅森見上一面。

　　「她戴金戒指，穿得很俐落，還有化妝，」梅森回憶道，「就是希望營區官員認為她是重要人物，必須認真對待。」

　　母親帶了一套換洗衣物給她。梅森沒註冊，所以沒有正式制服。

　　「穿這個吧，」母親說。

　　「你是怎麼找到我的？」梅森問。

　　「我們時間不多，」她說，「我會盡快解釋[1]。」

　　梅森的母親在社區的政府辦公室外等了一整夜，又花了幾小時求管理人員讓她見市長一面。她不甘願被市長的助手打發，想親自請託。

　　「只要能見我女兒一面就好，我只是想知道她在哪裡，」梅森說她母親如此哀求。

　　「這是國家機密，」管理人員嚴厲地回答，「我們必須保護國家安全。」

　　「她對國家安全沒有威脅！」

　　「再教育中心有很多女孩子需要處理，我們無法幫你。」

　　那是個風很大的秋夜，梅森的母親在外頭守了一整晚，就是為了攔截隔天早上第一批上班的人。

她打算睡在戶外的長椅上。當天傍晚辦公室關門後，一名管理員走到她身旁。

　　「請回家吧，」她說，「都這麼晚了，我們也不能怎樣。」

　　但梅森的母親仍選擇留下。隔天天亮後，在辦公大樓工作的一名男子朝她走來，說裡頭的政府人員早上都在對她議論紛紛。

　　「你整個晚上都待在這？」

　　「我得去見我女兒。」

　　「我不知道你女兒是怎樣的人，」他說，「說不定她很危險，畢竟在土耳其讀過書。你也知道的，土耳其是中東國家，她的思想可能已經被污染了。如果是這樣的話，她就得在營區待上一到兩年，才能治好。相信我，她出來時會變成更好的人，『現況』就是這樣，希望你能理解[2]。」

　　到了這個時期，「現況」已經成了中性的雙關詞，維吾爾人往往用來暗指逐漸形成的警察帝國，以免惹禍上身，因為他們不能明說「大規模拘禁」、「暴行」或「政府壓迫」。我坐在梅森身旁，不禁想起在新疆和土耳其旅行時，當地居民和維吾爾難民常稱他們的困境為「現況」。「現況不是很好，」某個商人曾在2017年告訴我，「但我支持政府改善現況的措施[3]。」

　　梅森的母親並不確定那名政府人員是不是真的相信自己所說的話，他是真的被洗腦了嗎？

　　眼見無法說服當地官僚，梅森的母親趕忙回家。她丈夫原本在山上度假，聽說梅森被拘禁的消息後也回來了。

　　「他一直哭，停不下來，」母親告訴梅森，「也許你感受不到他對你的愛，但他是真的很愛你。」

梅森的父親是共產黨官僚。他在家裡來回踱步，然後打了電話給一個老朋友。

「這就是現況，你必須理解。這些培訓中心的事我無法插手，」朋友這麼回覆，「不然公安部門會想辦法凍結我的薪水，或把**我**也送去拘禁。」

梅森的父母深思熟慮後，認為唯一的辦法就是隔天再次到政府機關求情，而且這次要帶上文件當做證據。

「我爸媽帶著他們所有的舊身分證、護照、結婚證書、畢業證書和家譜到（當地政府機關的）櫃檯，家中所有人的文件都帶上了，」梅森告訴我。「他們想證明我來自優良世家，對國家安全沒有威脅。他們知道要證明我的清白有多困難，畢竟當局已經先認定我有罪了。」

「還有很多人的女兒也是這樣，不只你女兒而已」，一個低階黨官傲然回應，並不是前一天的那個官員。

梅森的母親決定打悲情牌，試圖激發黨官對梅森的同理心。

「我知道你女兒在讀寄宿學校，」她說，「她們離你很遠吧？你一定很希望女兒接受優良的教育，好好努力，但是她們在那麼遠的地方，大概也很容易被欺負，她們身處怎樣的情況，又會有哪些遭遇，你很難控制。要是有一天，她們下課後就被帶走，還被冠上恐怖分子的罪名，偏偏你又遠在天邊，離她們十萬八千里，那你會做何感想呢？」

原來那名黨官有學術背景，和梅森的母親一樣，在社區很受尊敬。梅森認為，他身為學者，又努力教育子女，所以在她母親身上看見了自己的影子，因為母親也把教育的價值和對

終極警察國度

226

文學的熱愛，傳承給了女兒。

「媽說他看了她一眼，然後打了幾通電話，不確定是打給誰，但反正她竟然就因此能去集中營見我了。」

兩人一起坐在營區時，母親安慰她。

「不要怕，」她對女兒說，「不要因為別人說了些什麼，就覺得你做錯。人生有時候就是會遇到困境，但你會因此變得更堅強。」

到了必須離開時，她收好東西，並在臨別前簡短地告訴梅森一句：「這段歷練是一個禮物，我非常以你為榮。」

鄭國恩（Adrian Zenz）是新疆研究領域的重要學者，他研究了中國政府、警方和承包商以中文發布的公開招標文件，發現從2016到2017年，新疆在安全方面的支出增加了92.8%，許多學校、警察局和運動中心都改建成拘禁中心[4]。到了2017年底，「根據相關報導，某些少數民族城鎮被拘禁的人數，已達到總人口的10%，單單是維吾爾族為主的喀什地區，就有12萬人被關[5]，」鄭國恩寫道。

「據我估計，這些營區拘禁的人數從10萬到超過100萬都有可能，」他告訴我，幾乎是新疆1,100萬維吾爾族人口的十分之一。

那還是比較早期的估計。當時鄭國恩才剛開始研究，資料來源是2016到2018年發布在網路上的公開招標文件；後來

他修改了數字，表示自2017年春天以來，可能有多達180萬人被關入拘禁中心[6]。

至於幸運逃脫的囚犯和營區工作人員，則在逃離中國後站出來，揭露他們的經歷和營區的環境。

「從2018年初開始，我就在中國所謂的『政治營區』工作，但其實就是山上的一座監獄，」薩依拉古麗・薩吾提拜（Sayragul Sauytbay）受審時這麼說——那場在哈薩克舉行的審判轟動各界[7]。她是哈薩克族，生長在中國，2017年11月受聘到新疆北部的一個集中營當老師，後來越過邊界逃到哈薩克。2018年7月，薩吾提拜尋求哈薩克的庇護，拜託該國政府不要把她遣返回中國，否則她可能會遭受酷刑。

薩吾提拜說：「我覺得我會被殺，因為我說出集中營的事，很怕被中國判死刑。」

「我那個山上的營區關了大概2,500個（人），用非常高科技的AI設備監控牢房，房間的四個角落各有一台攝影機，中間還有一台，總共五台，走廊上也滿滿都是。」

「在牢房裡，每個人大概有1平方公尺的空間。一間牢房大約是16到17平方公尺，會關16到17人，有時甚至會塞20個人。」

「每個人都24小時被監控[8]。」

「攝影機能聽到一切，而且警衛說地上有感應器，能偵測我們的動作。如果有人發出聲音，」曾被關在另一座集中營的哈薩克公民歐米爾・貝加里（Omir Bekali）說，「他們就會用帶刺的（橡膠）警棍打人。」他給我看了背上的傷疤，說是遭受酷刑和毆打後留下來的。

歐米爾是出生在中國的哈薩克公民，2017年3月到中國出差。他說：「我去看中國的家人，然後當局就出現在我家，把我帶走，說我危及國家安全。」

「我在警方羈押處被關了八個月，甚至連受審的機會都沒有。（2017年）11月時，警察要我簽認罪書，說簽了就能出去，結果我簽完後，卻被送去集中營又關了一個月。他們逼我坐虎椅，還用鍊子把我銬在地板上……一間牢房會塞幾十個男人，而且有攝影機監視，大家都坐得很不舒服；所有人都被地板上的鍊條綁死，被迫維持同樣的姿勢好幾小時，甚至好幾天都不能動。」

「我們所做、所說的一切都會被看見、聽見，共產黨對我們的所有細節瞭若指掌。」

歐米爾跟抓他的人說他不是中國公民，也不該被關到營區，自從2008年起，他就是哈薩克公民了——結果卻完全沒用。警衛說當局懷疑他是恐怖分子，必須淨化他腦中的思想病毒。光是他在中國出生這件事，就已經是很充足的證據，足以把他關起來。哈薩克政府在2017年11月24日抗議後，中國政府才放了他[9]。

梅森如果一直不接受淨化，其實是有可能被判處強制勞動——政府會推行這項計畫，表面上是為了教導犯人紀律與忠誠，套一句警衛對梅森說的就是「思想被污染」的那些囚犯。

中國富裕的沿海省分曾有許多工廠，負責製造Nike運動鞋和iPhone，但隨著中國經濟成長、人口老化，越來越多人離開工廠生產線的工作，晉升白領階級[10]。面臨勞動力短缺的中國[11]，又該何去何從呢？

事實上，維吾爾族囚犯就是中國恢復勞動力、促進經濟的解方，還能順便把犯人變得有紀律，就像警衛告訴梅森的那樣。2017年，政府擴大實施「對口援疆」計畫，開始把維吾爾族囚犯送往中國各地的工廠，聲稱是為了促進「種族融合」並「減貧」。

澳洲戰略政策研究所（Australian Strategic Policy Institute，ASPI）指出，共有83家公司獲益於烏魯木齊地區因勞動計畫被轉送的勞工，包括亞馬遜、愛迪達（Adidas）、Calvin Klein、Gap、Tommy Hilfiger等知名品牌。在2017到2019之間的那兩年，新疆共有超過8萬名維吾爾人被送到其他地方勞動，「有些人甚至是直接從集中營被送去工作，」ASPI指出，並表示這還只是很保守的人數估計。

亞馬遜在2020年7月被美國政府列入制裁名單後，聲明公司不再使用某「實體」的資源，但並未透露該實體的名稱[12]；愛迪達表示，已建議供應商在紗線製造商華孚時尚仍待調查期間，暫停向該公司採購紗線；Calvin Klein和Tommy Hilfiger的母公司承諾，會更仔細地監督原物料來源；Gap則承認有兩間合作供應商使用來自新疆工廠的紗線，已開始釐清並重新審查相關合作關係[13]。

另外還有一家美國公司從中獲益，那就是蘋果——在其供應鏈中，至少有三家工廠雇用從集中營被強制轉送的維吾爾

勞工。

　　ASPI發現在2017年4月28日到5月1日，有700名維吾爾人被送到南昌市的一間工廠工作，管理該廠區的歐菲光科技正是iPhone 8和iPhone X相機的製造商。2017年12月，蘋果的CEO庫克（Tim Cook）參訪了歐菲光科技的另一間工廠，根據蘋果新聞稿，庫克訪問時，稱讚歐菲光「對員工的待遇人道」，還表示勞工們似乎「能在公司有所成長，過得很快樂。」

　　中國當地的政府文件指出，蘋果的製造商在2019年9月擴大使用維吾爾勞動力，共有560名維吾爾族勞工被調派到製造全球半數iPhone的富士康工廠。富士康是蘋果的主要合作夥伴之一，曾參與援疆計畫[14]。

　　蘋果表示已對歐菲光展開調查，並由發言人在某次聲明中表示：「蘋果致力確保供應鏈中的所有勞工都能受到尊重、擁有尊嚴。我們並未找到蘋果生產線中存在強迫勞動的任何證據，往後也會持續監控。」據說在2020年底或2021年初，蘋果因為歐菲光涉嫌強迫勞動，已不再向該公司購買零組件[15]。

　　同樣自稱是蘋果供應商製造零件的翰博高新材料，則與地方政府簽訂了協議，承諾每年僱用1,000名維吾爾族勞工，連續三年[16]。翰博製造平板顯示器的零組件，其他客戶包括惠普、賓士、戴爾、LG、Volkswagen等企業[17]。

　　消息一出，媒體對此追問，但惠普並未回應，戴爾和LG表示未曾發現供應鏈中存在強迫勞動的證據，但會調查[18]；在烏魯木齊營運工廠的Volkswagen則聲明公司對所有業務領域都擁有「直接治理權」，且「尊重少數民族、員工代表及社

會、勞動標準[19]。」

ASPI認為Nike也有從維吾爾勞動計畫中獲利，其研究顯示在2020年1月，有600名多半是女性的維吾爾囚犯被送到小鎮萊西的泰光鞋廠，被迫製造Nike運動鞋。這些囚犯被禁止回家過節，還遭受「心理淨化辦公室」的思想監控。工廠內還貼著一張標語，寫著：「在萊西工作的人都是有福的[20]！」

「我們一直盡責地對中國供應商進行調查與評估，判斷中國其他地區是否存在與維吾爾族或其他新疆維吾爾自治區少數民族相關的強迫勞動，」Nike如此聲明，「並根據持續取得的新資訊加強監管協定，研判與勞工移轉計畫相關聯的潛在風險是否上升。我們始終盡責查證，但並未在供應鏈其他部分發現維吾爾族或其他新疆維吾爾自治區少數民族的勞動證據[21]。」

以用於服飾和鞋類的棉花來說，新疆的供應量占全球的20%。2018年，新疆有三個地區強制遷移了至少57萬人，逼迫他們辛苦地為兵團（新疆的類軍事組織）手工摘採棉花[22]。事情在2020年12月公諸於世後，美國指控這是濫用「奴工」，因而全面禁止進口兵團棉花[23]。

「在當今的全球供應鏈中，被爆出來的情況無論是在規模、範圍和複雜性方面，都遠甚以往，」勞動力轉移的細節曝光後，重要服飾品牌組成的貿易遊說團體「美國零售業領袖協會」（Retail Industry Leaders Association）與其他產業團體發表聯合聲明，「我們不能就這樣接受現況[24]。」

2017 年 12 月，中共開始實施「結對認親週」計畫，派出 100 萬名黨幹進駐維吾爾家庭，宣稱這麼做能促進「家人團聚」，但實質上是政府把魔爪伸入維吾爾族家中的手段，這樣一來，黨信賴的官僚就有門路能和維吾爾人同住共食，同時監控他們。

　　「結對認親週」起初是實驗，後來逐漸發展成完整的寄宿計畫。黨幹每兩個月會和寄宿家庭同住五天，如果當地人家拒絕參與，就會被視為恐怖分子，送往集中營[25]。

　　在人權慘案的報導逐漸流向全球之際，中國為了洗白自家形象，企圖轉移各界對新疆的關注。

　　「新疆充分尊重及保護公民生命財產安全，切實維護公正審判權，促進公民自由表達，確保公民權利依法得到充分尊重和有效保障，」中方政府在 2017 年 6 月 1 日發布的白皮書《新疆人權事業的發展與進步》中做此聲明。

　　「人民的生命財產權都得到尊重與保護。自 1990 年代以來，暴力恐怖分子、國家分裂分子、宗教極端分子策劃執行了一系列暴力恐怖犯罪活動，嚴重危害各族人民的生命財產安全[26]。」

　　「許多人衷心地說：『世界上最快樂的穆斯林就住在新疆』，」2017 年 8 月，一個政府官員在官營的《新疆日報》寫道[27]。

最後，中國政府還開始邀請海外記者、聯合國官員和他國政府官員參訪集中營。美國曾反對聯合國反恐部門的長官訪問新疆，擔心這會使中國僭越人權的行為正當化。

「中方一再將其迫害維吾爾族和其他穆斯林的行動塑造成正當的反恐措施，但事實根本不是如此，」聯合國官員 2019 年參訪時，一位美國高階外交官這樣評論[28]。

「中國的問題在於，政府會在全國各地審查關於新疆的所有外國新聞，所以多數的中國人民都不瞭解真相，誤以為我們是恐怖分子，」梅森這麼說，「而且政府還想透過政治宣傳誤導聯合國，企圖影響全球論述，因為聯合國並不會過濾那些宣傳內容。我在集中營時，根本不曉得外頭到底有沒有人知道營區內的狀況，這真的很讓人難過。」

「我們就像是地圖上的一片空白。」

2019 年 11 月，梅森在被拘禁的三年後於安卡拉接受我訪問，當時她拿起了一本《1984》。

「這個人太聰明了，70 年前的一個英國人，怎麼能寫出這樣的一本書，預言我的經歷呢？『戰爭即和平，自由即奴役，無知即力量』，」她唸道，這是書中虛構國家「大洋國」（Oceania）的口號。

「這些話實在很有智慧。歐威爾看見了未來，看見了我們的世界，看見維吾爾人的世界，還寫到新語策略。」

「許多專制政權都用過新語當手段，」我說，「維吾爾人的處境有哪裡不同？」

「科技。自從《1984》（在1949年6月）出版以來，出現過許多威權政府，」梅森解釋，「蘇聯、毛澤東統治下的中國、北韓、鐵幕國家等等。但現在的情況之所以不同，是因為科技終於進步到宛如科幻小說，可以實現以前作家預測的手段了。」

「一旦把科技和傳統的專制手段結合在一起，歐威爾談到的一切——包括新語、播放黨派宣傳的大螢幕、嚴厲的懲罰和集中營、對人民的持續監控等等——全部都會瞬間放大。」

「從前的領導者透過武裝和暴力鎮壓人民。如今有了科技，他們不再需要施暴，就能控制所有人口、洗腦人民，剝奪大家的人性、奴役所有人。」

「類似圓形監獄那樣嗎？」我想起其他維吾爾人和專家對中方政權的形容，於是這麼問。

「一點也沒錯，」她說，「但以前的圓形監獄需要人類看守，人會打瞌睡、犯錯，也或許會有些同情心，這樣的機制是有破綻的。」

「在現代的這個AI新世界，風險變得非常高。機器究竟是如何得出對人民的結論，我們並不一定瞭解。你可能只是某天上課遲到，被監視器拍到，然後AI模型就根據從全國搜集到的資料，得出你之後會去搶劫的結論。再接下來，警察就會以預備執法為由，趕來逮捕你了。」

「但我後來發現，警方有時根本沒去思考自己在做些什麼。他們的工作就是聽命行事。人類一旦放棄批判性思考，情

況可就麻煩了。」

　　梅森自己被監禁的那段日子裡，對集中營的監控體制也越來越有所認識。有時候，負責管理營區的驕傲黨幹喜歡向囚犯炫耀自己有多行，可能是為了嚇唬人，但梅森覺得，也有可能是為了得到大家的欽佩，只是方法很扭曲。

　　「這裡的一切，我們都看得到、聽得見，」一名警衛告訴梅森，「地上有感應器，有人在走路時，我們會知道，也聽得到大家小便。攝影機無所不在，我們對所有人的行動瞭若指掌，每個細節都逃不過我們的眼睛，你寫了什麼也不例外。」

　　然後還有AI系統。在中國廣大的天網監控體系中，AI只是組成元素之一。有時，警衛也會解釋AI的威力有多強大。

　　「系統可以抓出教室裡分心的學生，」一名警衛說，「也看得出誰很專心，所以才能幫助我們決定如何處置每個囚犯。」

　　女廁和淋浴間也有裝攝影機。梅森說男警衛會在監控室看機器傳回的畫面，所有聲音也都聽得見。她之所以知道，是因為有一次監控室門沒關，她偷瞄到裡頭的螢幕，看見營區攝影機傳回的畫面。

　　梅森對其他囚犯保持戒備，只在必要時和他們交談；她不相信任何人。無論是在牢房、庭院、食堂或教室，每個空間彷彿都被電腦運算的灰雲籠罩。人類猶如機器，機器反倒還比

較像人，能透過臉部辨識技術感知周遭的世界——至少在梅森看來是這樣。

「營區裡的人沒個性，沒靈魂，也沒存在感，」梅森告訴我，「我開始意識到，其實機器還比人類更像人。基本上，政府就是要大家知道他們握有關鍵技術，能掌控我們的安危。他們瞭解大腦、瞭解一切，還掌控科技，所以我們必須服從。」

財務方面，這樣的監控體系為中國的AI企業帶來許多利益。2016年12月，微軟亞洲研究院校友協助創立的人臉辨識公司「曠視科技」，從投資方募得了一億美元[29]；2016年初，開發微信的騰訊市值衝破1,800億美元，開始到處大量投資，對各類型的新創投入超過210億美元，產業從網路遊戲、共乘服務到基因定序都有[30]。

最後，中國的各式新創越來越有錢，影響力也越來越大。這些公司有潛力打造出結合大數據、臉部辨識和AI的全國生態體系。

在中國備受喜愛的圍棋，帶動了中國AI技術的發展。

多年來，AI工程師一直認為圍棋太過複雜，無望破解，畢竟有361個棋子，要寫出能打贏人類的軟體程式，似乎不可能。棋子在棋盤上的排列組合方式，比已知宇宙的原子數量還多，所以AI程式會需要超強的運算和圖形辨識能力[31]。

谷歌自 1998 年成立以來，一直都有投資 AI 領域[32]，也在 2014 年初收購了 DeepMind。新創的 DeepMind 是由三位傑出的技術專家創立，其中一位還是西洋棋神童。他們推出了名為 AlphaGo 的 AI 軟體[33]。

設計 AlphaGo 的工程師想看看，這款程式能否在沒有真人指導的情況下，自行學會極度複雜的圍棋，所以開發出完全不需資料輸入的新版 AlphaGo——軟體會自己學習圍棋的下法，然後和世界冠軍對戰。

結果令人震驚的事發生了。新版 AlphaGo 在和自己對弈僅僅 70 小時後，就達到了能打敗頂尖真人棋士的等級；重新啟動後，只花 40 天就摸透人類對圍棋的所有知識，而且與之前最成熟的 AlphaGo 版本對戰時，勝率高達九成。

開發人員也很困惑。連他們都不知道，新版 AlphaGo 怎麼能在這麼短的時間內，變得如此聰明。

這些進展可能帶來很深遠的影響。這種等級的 AI 如果應用於其他領域，可能會徹底改變我們工作、生活、開車、購物、飲食的方式，甚至是外交和戰爭手法，畢竟 AlphaGo 的 AI 系統密切模仿戰爭背後的思維，所以也能運用在戰場上。AlphaGo 開始和圍棋大師比拚後，中國才比較有人關注這項技術，因為這些圍棋高手多半都在東亞。

「結果證明，人類反而會拖累系統。其實最成功的部分，是在於建構出擁有全新思考方式、能自己做決定的系統，」科技預測專家艾美・韋伯（Amy Webb）寫道，「這項突破非常出人意料，也顯示未來的 AI 系統或許能判讀癌症篩檢結果、評估氣候資料、用人類辦不到的方式分析貧窮問題等等，還有

可能帶來研究人員無法自行實現的突破[34]。」

我看到 AlphaGo 戰勝 18 次獲得國際賽冠軍的韓國棋王李世乭時，這項技術已朝「通用 AI」邁進，也就是不受制於單一用途，除了比賽之外，還能運用在其他許多地方。

2016 年 3 月，我在首爾的四季酒店看比賽時，逐漸明白當下的那一刻有多重要。「AI 的能力非常驚人，」一位圍棋選手在觀賽時告訴我，並評論每一步棋，「這個 AI 程式明顯已經比人類聰明了。」

在五場比賽中的前三場，李世乭都先認輸，第四場則是 AlphaGo 投降，聽得到觀眾紛紛鬆了一口氣。在第五場比賽中，李世乭坐在那兒，看起來很迷惘，手扶著頭，似乎想不出怎麼下才能贏。他表示認輸時，觀眾吃驚地倒抽了一口氣[35]。

「一切都改變了，」在場觀賽的一位 AI 工程師告訴我，「真的是徹底改變。」

我很快就發現，美國公司開發的機器，竟然能在和中國文化淵源深遠的圍棋競賽中獲勝，讓中方政府既佩服又十分驚駭——台灣 AI 投資人李開復稱之為中國的「史普尼克事件」。之所以這麼說，是因為蘇聯在 1957 年 10 月發射了全球第一顆人造衛星「史普尼克」（Sputnik），使美國擔心國際競爭對手已取得很大的領先優勢，於是發動後續的太空競賽，最後成就阿波羅登月任務。

同理，中國發現眼前有個科技進步的世界強權等著他們追趕。習近平親自挑選了政策制定團隊，企圖實施遠大策略，追上美方技術。現在，這個團隊還多出了一個新的目標：他們必須打敗美國，把中國推上全球領導舞台[36]。

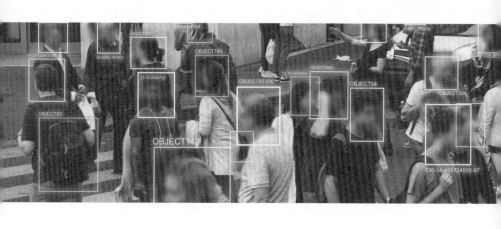

第十五章

AI 神腦

互聯網絡時代將促進人類生活發展，提高生產力和效率。

——習近平 2014 年 12 月 7 日訪問騰訊時的演講

「回想在營區的那段日子，我總覺得中共體制下的生活充滿諷刺，」梅森說道，「為了生存，每個人都得變得像機器人一樣，毫無情感可言。」不過她很快就發現，並不是每個人都被洗腦，有些人只是假裝而已。

梅森常觀察同間教室的囚犯貝拉姆先生。貝拉姆看起來大概 60 多歲，唱完愛國宣傳歌曲後，偶爾會站起來唱首傻氣的兒歌，打破嚴肅的氣氛。警衛會衝進來用警棍打他，但他毫不畏縮，還會一直唱到被拖出去。某次他隔天再次進教室時，身上青一塊紫一塊，手臂還上了石膏，但卻再次唱起兒歌，結果當然又是被毆打拖走。

有天，梅森正在牢房為下堂課做準備時，附近一間牢房傳出男人的哭聲，嚇了她一跳。

「閉嘴，是不是男人啊，不准哭！」警衛一邊大吼，一邊揍人。

接著梅森牢房的門打開，警衛送來一個看起來 70 多歲的老婦，她剛被拘禁，正要開始在集中營的「職業培訓」。

「這什麼野蠻人的地方！衰弱的老婦對警衛大喊，跟毛澤東時代一樣！沒有法治，只有白痴警察！」

她氣呼呼地坐到床上，看著牢房的門自動關上。情緒比

較平復後，她小聲地說起自己的故事。

　　「在另一間牢房哭的那些人是我兒子，」她解釋道，「警察今天上門時，我和我的三個兒子在一起，他們的孩子也在家裡，偏偏來例行安全檢查的警察敲門後，往門內偷瞄了一眼，看見裡頭有那麼多孩子，於是就發現了我兒子違反生育政策的事。」

　　「警察硬闖進來，要我們拿出資料，然後用他們的手機掃描。」

　　警方顯然打算將她的孫子帶走，送到政府經營的孤兒院，逼他們接受政治洗腦教育。

　　「我都已經退休了，只是個老太婆，你們為什麼要這樣騷擾小孩？」老婦抗議。

　　「太太，這是為了人口控制，」一名警官回答，態度平靜到令人發毛。

　　但她仍叫警察「滾出我家！」結果就被上了手銬，三個兒子也是。

　　「我們以公安局賦予的權力，按『預備性執法』程序將你逮捕，」一名警官這麼解釋，指控她是預備犯。梅森繼續回憶那位老婦的故事，「我們會送你去拘禁所，調和你的思想。」

　　「我生病了，身體不好，」她告訴梅森和其他囚犯。梅森看得出她走路困難，也聽不太清楚周圍的人講話。那間牢房關了20名囚犯，當時大多數人都在場。

　　大家能聽見附近那間牢房的警衛在講三個兒子的事，接著又打了他們一頓。

　　「你以為你是誰啊，憑什麼在這哭哭啼啼？」一名警官大

聲吼道。

「誰去叫他們不要再打了好不好，」婦人說。她開始喘不過氣，把手壓在胸口，然後就癱倒在床上。

「她心臟病發了！」梅森尖叫。牢房的門打開，警衛走了進來，絲毫不為所動。

「她是假裝的，」一名女警說，「我們常遇到這種狀況，不要幫她。」

警衛在囚犯面前亮出尖銳的橡膠警棍，免得他們忍不住去幫忙。

「敢去幫她的話，就不要怪我把你們的頭打爛。」

梅森走向倒在床上的老婦，卻再次被警衛粗暴地擋住。她躺在床上，呼吸困難，眼神空洞，似乎已失去知覺。

「我從沒看過任何人心臟病發，」梅森告訴我，「覺得好無助。」

警衛命令囚犯離開，去上洗腦課程。

「在那種情況下，我們能怎麼辦呢？實在是個無解的問題，」梅森說。

上完兩小時的政治宣傳課後，大家回到牢房，發現老婦已經不見，三個兒子則在院子罰站一小時，一動都不准動。

有個警衛站在他們身後，手裡拿著帶刺的橡膠警棍。

「後來就再也沒有那個婦人的消息了，希望他們有替她治療、送她回家，我也只能盡量保持樂觀，要想在那種地方生存下來，這是唯一的辦法，」梅森說。「那時，我才意識到自己或許無法活著離開集中營，意識到我必須努力，才能存活。」

隔天傍晚的洗腦課程結束後，梅森原以為那天就要結束

終極警察國度

了，但這時，警衛卻把她帶到一個空曠簡陋的房間。其他囚犯也被帶去過，出來時往往滿身是血和瘀青，受盡創傷。

「訊問桌旁坐著一個男的，」她回憶道，「看起來是在等我。」

梅森坐到他面前，四台攝影機對準她。

這名男子就是那名有學術背景的低階黨官，幾天前和梅森的母親談過的那一個。他顯然知道梅森的案子有些狀況，所以過來看看到底發生了什麼事。

「這裡就只有我跟你而已，」他對梅森說，還堅稱攝影機都關了。梅森當然不信。

「我只是想看看你是怎樣的人。」

「我是學生，」梅森回答，「這一切都搞錯了。」

他拿出一本筆記開始讀。

「你在中東有認識分裂主義者嗎？或是恐怖分子和極端分子？」

「當然沒有。」

「你對中國在那邊的策略有什麼看法？」

梅森一開始不知如何回答，因為每個問題都可能是陷阱，所以她開始試著用母親的方式思考，因為母親總是能在對的時候說出對的話。

「國家會想維護自身利益是很正常的，」梅森就她所學，給了一個模糊的答案，「哪個國家不想自我保護呢？」

「跟我說說東突厥斯坦獨立運動的歷史，」那名學者說。政府曾聲稱該團體在中國境內煽動恐怖攻擊。

梅森和這個團體毫無關聯，但她心想：**如果我假裝完全**

沒聽過，他們絕對不信，畢竟我都已經在營區了，她權衡著後果。**但我在中東讀書，要是顯得太瞭解，他們一定會指控我和恐怖分子有牽連。**

「我知道我們得和他們對抗，他們是恐怖組織。」

黨幹掏出一本可蘭經，伊斯蘭教的聖經。

「你相信上帝嗎？」

「信。」

他打開《可蘭經》。經書原文是阿拉伯語，他手上那本是中譯版。「無論何處，遇到即殺；他們從哪將你驅逐，你就從哪驅逐他們，因為迫害是比殺戮更嚴重的罪[1]。」

黨幹放下經書，抬頭看梅森。

「你也聽到了，這是一段關於戰爭的經文。你對聖戰有什麼看法？」他問。

「我每天都在聖戰，」梅森馬上回答，「那是一種靈性的戰役。我早上起床時如果很累，會在心中和自己打一場聖戰，督促自己去上課、學習；考試時，那也是我的聖戰。聖戰的重點是正義、公平，還有在陷入逆境時忠於自我。很多人以為聖戰就是暴力而已，但那其實是錯誤的觀念。每個人內心都有聖戰，即使是小孩也一樣[2]。」

「你又是怎麼知道這些的？」

「關於所有宗教的知識我母親都有教我，不只是伊斯蘭教而已。」

黨幹寫了筆記。

「你對雙語教育有什麼看法？」他是指政府對維吾爾學童進行普通話教育的政策。

「我認為每個人都應該要會講兩種語言。」

「你覺得土耳其和中國有什麼不同？人民和文化方面。」

「我當然是把中國看做我的家鄉。中國人勤奮又值得尊敬，土耳其那邊的人則非常懶散，而且環境骯髒。」梅森覺得別無選擇，只能侮辱土耳其，但心裡其實很渴望回到那裡，她的第二個家。

「你覺得這個拘禁所如何？」

「我想離開，這還需要問嗎？」

「你覺得自己能平白離開嗎？你都還沒證明自己的清白呢。」

梅森回答：「沒做的事還要證明，本來就很困難。」

「政府做每一件事都是有原因的。你覺得我們會無緣無故把你送來這嗎？」

黨幹站起身，穿上外套準備離開。最後留下了一句忠告。

「想想你為什麼會在這裡吧。」他離開房間，梅森被送回牢房。

2016年末，人臉辨識公司曠視科技的高階主管們，聚集在單層樓的北京辦公室，仔細讀著帳本。他們一直在投資、擴張，很積極地想方設法，希望建構出替未來世代打擊犯罪的系統，但公司利潤完全不夠，根本還無法達成目標，為需要人臉辨識的所有產業提供數位作業背後的技術，即使公開上市可以

賺錢，但也還找不到充分的理由這麼做。

「我們當時陷入低潮，」一名高層告訴我，「利潤不夠強勁，又有很多部門快速擴張，所以有債要還，而且公司走向一年會變好幾次，很多員工也會跟著換掉。那時候真的很困難，我們能存活下來，原因只有一個，那就是AlphaGo[3]。」

AlphaGo在打敗南韓李世乭的僅僅一年多後，就已準備好要迎戰中國的世界冠軍柯潔。柯潔同意和AlphaGo對弈五場。

苦戰三天後，柯潔在第三場比賽中投降。他三場全輸，宣告落敗[4]。

「世上沒有人類能表現得比柯潔更好，」AI專家兼投資人李開復寫道，「但今天，他遭遇了一位前所未見的圍棋高手[5]。」

這場比賽是一個重大轉捩點。

一個月後的2017年6月27日，中國立法機構胡亂通過一條詭譎的新法，名為「國家情報法」，許多和我有聯繫的維吾爾人都感到十分驚慌，因為這條新法律出爐後，任何公民都可能得在政府的命令下從事間諜工作。

誠如該法第七條所述：「任何組織和公民都應當依法支持、協助和配合國家情報工作，保守所知悉的國家情報工作祕密。」

「國家情報工作機構應當運用科學技術手段，提高對情報資訊的鑑別、篩選、綜合和研判分析水準，」第22條則如此規定[6]。

在四個月後的2017年10月18日，習近平站上備受矚目的第19屆全國代表大會。在這場集會上，共產黨的菁英代表

終極警察國度

齊聚一堂，共同規劃未來五年的國家戰略，並選出新的領導人。眼見AlphaGo近期的勝利，中共領導階層知道他們必須加速開發AI技術。

「加快建設製造強國，加快發展先進製造業，推動互聯網、大數據、人工智慧和實體經濟深度融合，在中高端消費、創新引領、綠色低碳、共享經濟、現代供應鏈、人力資本服務等領域培育新增長點、形成新動能[7]，」習近平宣布。

為了實現這個大夢，政府開始行動，成立了「國家人工智慧團隊」。科技部挑選出四家公司，包括暱稱BAT（Baidu、Alibaba、Tencent）的AI三巨頭百度、阿里巴巴和騰訊，還有專精語音辨識的科大訊飛；後來又加入了提供智慧視覺技術的商湯科技[8]。

其實在那之前的十多年間，中共就已為許多AI企業提供財務和政治方面的援助，政府不斷擴大支持AI技術，已達前所未見的程度，也帶動一場淘金熱。許多中國科技公司的高層告訴我，最好立即跟上這波熱潮，就算有什麼後果，也是留到之後再來擔心就好。如果不趕快行動，競爭者就會搶先他們一步。

曠視科技的許多高層也都認為，當下就是把握政府資助的大好時機，要不惜任何代價擴張，打贏競爭對手商湯。

「大家得要明白，新創公司是被歷史潮流往前沖的。歷史並不是由我們創寫，我們只是歷史的人質而已，」曠視科技的研發高層這麼告訴我。

「我們之所以能突破，是因為在AlphaGo之後得到了政府資金，」他說，「這為曠視注入了4,300萬美金，所以現在，我

們的規模已經擴展成五六倍，以前只有一層樓的辦公室也變大了很多。」

「公司最重要的任務是要生存下去，然後才有餘裕去思考如何樹立道德價值觀。我們不能從別的國家（美國）引入某個觀點，然後就當做所有人的標準，」他告訴我，「如果以這種一體適用的方法做事，企業是無法生存的，這並不是誰對誰錯的問題。」

商湯科技的高階主管也不約而同地表示希望擊敗曠視。

「關鍵是要盡量爭取市占率，這樣就能鞏固強勢地位，」商湯的一名員工告訴我。「如果沒有把握先機，之後才來追趕競爭對手，到時就很困難了，所以我們的策略就是不惜代價地爭取計畫，越多越好。」

至於技術被拿去怎麼使用，他們倒不是太在乎。

「只要跟政府友好，就能拿到更多政府計畫，提高市占率，所以跟政府維持密切合作是一定要的。」

記者向AI開發商詢問中國會不會用AI限制人權時，也得到類似的答案：「這不關我們的事。」

「身為創業投資方，我們並不投資這個領域，也沒有深入研究這個問題，」創新工場執行長李開復在電視節目《六十分鐘》受訪時這麼說[9]。

在政府的推波助瀾下，2017年時，中國的AI發展已幾近失控，停不下來了。商湯和曠視等營利企業無法再主導相關策略，決定要如何開發通訊應用程式、監控系統和網路購物等各領域的技術，然後在國家需要時賣給政府。現在，換做是由政府依據國家利益統合AI策略，企業只能跟進，否則就會被拋在後頭。

第十六章

官僚體系一再擴張，
滿足官僚體系擴張後
的需求

> **迫害的目的就是迫害，折磨的目的就是折磨，權力的目的就是權力。**

——喬治・歐威爾，《1984》

在營區度過一週後，梅森躺在床上難以入眠，思考著黨幹給她的功課：想出她為什麼被關。但她不確定該如何回答。警衛說黨幹隔天早上會再回來。

她睡睡醒醒，思緒飛快，不斷想著母親會怎麼說。她再次入眠後，在夢裡看見自己站在營區外，然後騎著腳踏車的母親出現在她面前。

「該走囉！」母親這麼說。

接著梅森就被警鈴驚醒，意識到剛剛那些全都是夢。牢房的門打開，梅森做了早上的例行運動並吃完早餐，九點時又被送去跟黨幹見面。

他開門見山地問：

「你覺得你為什麼在這？」

梅森說：「我太驕傲了。我是大家族中最受寵的孩子，總是能成為焦點，卻不懂得待人處事，一直覺得自己比別人高貴、重要。」

「我曾輕視警官，認為他們愚蠢又無知，後來才發現，其實沒教養的是我自己，因為我曾經對黨抱持輕蔑的態度。」

「你對同學有什麼看法？」

「我原本也覺得他們是沒受教育的粗人，對法律和社會風

俗毫不關心，在成長過程中不讀書，也沒受過嚴格的思想訓練。但現在他們每天上課五小時，將來一定能成為對國家有用的公民。」

「雖然你在這裡有進步，但我們還不能讓你離開。你還有更多功課得完成，」黨幹宣布。

梅森覺得瞬間被壓垮。她恍然大悟，發現自己或許根本不可能離開。

體制要我承認我思想謬誤、不正常，她心想，但一旦承認以後，卻又會因為謬誤、不正常而被關更久。

「我很怕我承認的一切都會被收錄到電腦系統，」她說，「怕機器會因為我談論自己的缺點，而得出我是恐怖分子的結論，怕我那樣回答根本是搬石頭砸腳。」

梅森十分焦慮，一顆心懸在那兒，後來被帶去上早上的政治宣傳課時，還被警衛嘲笑。

「這是你的筆和筆記本，」老師終於給了她上課需要的用品。

梅森頓時士氣大落。

「給我筆和筆記本，代表我正式成為囚犯，不再是體系之外的人，代表我沒戲唱了。我可能會被關好幾年，甚至死在那裡。」

她環顧教室四周，大家都盯著她——這個怪胎的希望和夢想，終於被粉碎殆盡了。

她戰戰兢兢地低頭看筆記本，眼前滿是線條的筆記紙使她陷入迷宮般的深淵——那是個不可能逃脫的地獄，充滿死背硬記的教條，會迫使梅森放棄她的思想，順從機器的指令，乖

乖讓機器重塑她的心智。

「愛黨愛國！」

梅森把鉛筆放在紙上，準備將老師盲目朗誦的口號抄寫下來，雖然知道一切可能只是徒勞，但還是希望能在幾個月或幾年後獲釋。

我對黨效忠，黨是我的父母，她心裡想著要這樣寫，**我曾驕傲自大，犯下錯誤。黨是我的父母，黨會保護我。我對黨效忠，把自己交給黨──我的庇護、我的救世主。黨是太陽、是月亮，是山脈和海洋。**

然後，梅森從這病態的思考中醒了過來，看著眼前空白的筆記。身旁的同學都在寫著和平時相同的七頁口號與自我批判，但她卻只渴望回到成長過程中那些寬闊的牧地和綠洲。可是現在，她必須壓抑那份追求個體性的本能了。

梅森手握鉛筆，投降似地開始寫字，但不久後，就有人把教室的門甩開。她抬起頭來，發現有一小群警衛盯著她，手上一如往常地拿著帶尖刺的橡膠警棍。梅森知道這是什麼意思：她要被抓了。她不知道什麼原因違抗了黨，得接受懲罰。

「你，跟我們走，」一名警衛說。

「車已經在等了。」

營區長官的表情並不友善。梅森仍坐著沒起身，思考著他這話是什麼意思。

「我說車在等了，你沒聽到是不是？」

梅森的腦袋瞬間麻木，一切似乎再也說不通了。外面有車在等她，代表司機肯定是收到命令，準備要帶她去更糟糕的地方。

「我們接到地方行政辦事處的電話，說之前弄錯，現在要送你去別的單位。」

營區長官看起來似乎被罵過，梅森回想起來時這麼說。

「我當時根本想不通他這話是什麼意思，」她告訴我，「就只能呆坐在那兒，不知道是不是什麼詭計。」

眼前的命令完全不合理，就像營區管理官叫囚犯做的每一件事一樣，感覺彷彿是故意要讓她更加懷疑自己的理智。

為什麼要給我筆記本和鉛筆，然後又命令我離開呢？

兩名警衛把梅森從座位上拉起來，推她往前走。

一開始她很抗拒，很擔心接下來會發生什麼事。她一邊走，攝影機也似乎一直跟著拍，然後她穿過了那條詭異的水泥長廊：一側的牆面上是戴頭紗的女性，一副被壓迫的樣子，似乎在對她呼喊；另一側牆上的女人則穿著高跟鞋、打扮時尚，四處逛街吃飯，看起來對梅森的存在漠不關心。這時，營區外的警衛打開了最後一道門，陽光照得她十分震撼。**然後呢**？她心想，**他們要把我帶走、折磨我嗎**？警衛把梅森押送上車。車子發動開走以後，她回頭看向營區，好奇獄友們何時會被釋放、是不是一輩子都出不來，也好奇他們是否已經放棄希望。

車子經過許多傳統土坯房，喀什的房子都是那樣蓋的。這時，梅森才意識到她已回到市區，她看見從前讀的的高中，也看到朋友的家。

「但事情還沒結束，還有一個步驟得完成，」梅森告訴我，「我得去再教育中心把洗腦課程上完，就是我被送去第二個集中營之前的那個地方……第二個營區是拘禁中心。」

255

就這樣，她被送回再教育中心，同學看到她回去都很開心，還放下鉛筆鼓掌歡迎。短暫的慶祝後，老師便要求全班安靜。梅森進入教室坐下，開始做學生該做的事。距離結業只剩下幾週了。

她希望有一天能回到土耳其，回到研究所上課，和男友重逢，回歸正常生活。

「但我感覺有點奇怪，無法思考，也感受不到任何情緒，」梅森告訴我，「內心好像完全封閉了。」

只要有批判性思維或短暫的恣意想像在腦海中浮現，她就會立刻壓抑。

危險，她心中會出現一個聲音，**停下來，不要再想了，乖乖聽話。**

接下來兩週的課程單調乏味，每天感覺都一樣，好像時間完全靜止似的。學生走路時看起來漫無目的，順服於每天的例行公事，上完一天六小時的課以後，就回家替家人準備晚餐，隔天又再重複。

老師每天都會播政治宣傳影片，片中有時是愛國學生整齊地列隊行進，也有時是在街上頌揚中國或站在國旗前方的路人。這些影片通常都很無聊，但某天，老師放了一部紀錄片，裡頭有張梅森認得的臉：「是我的教授伊力哈木·土赫提。」

「伊力哈木·土赫提是恐怖分子，也是極端主義者，被判終身監禁，」梅森記得紀錄片是這麼說的。畫面上的土赫提戴著手銬，站在法官面前接受判決。「伊力哈木·土赫提濫用教授身分，滲透我們的國家，還污染學生和人民的思想。黨堅決

終極警察國度

256

抵制伊力哈木‧土赫提這種如國家毒瘤的敵人。」

接下來則是一連串的訪談，受訪者是土赫提以前的學生。梅森很震驚，因為那些都是她之前到土赫提的課上旁聽時認識的學生。

「我上過伊力哈木‧土赫提的課，」一名身穿Polo衫的男同學說，「但我很快就發現土赫提教授是恐怖分子，會滲透我們的思想。現在我來到再教育中心，由黨替我淨化心中的伊力哈木‧土赫提病毒。」

另一位學生則宣稱：「恐怖主義、極端主義和分裂主義這三種病毒曾經存在我體內，而且因為伊力哈木‧土赫提教授而蔓延，但是黨治癒了我，引領我走上正確的道路。」

「愛黨愛國！打倒無恥的伊力哈木‧土赫提[1]！」

在紀錄片中，學生們紛紛譴責教授。

影片播完後，老師下令學生照例打開筆記本，針對伊力哈木‧土赫提的紀錄片寫下七頁反思。

「我對黨的教導已有所體悟，」梅森寫道，「之前的我錯了。黨很偉大，國家很偉大。反叛知識分子滲透我們的國家，企圖感染我的思想。黨是我的父母，黨改正了我。」

她累了，她只想回家。

「課程快要結束時，我也已經準備好要離開了。只要再三天我就可以結業，必須設法離開中國，才能獲得自由。」梅森上完了最後一天的課，成功離開再教育中心，但也有些人因被控其他罪行，而被迫繼續留下。

「『現況』惡化得很快，每天都會聽說有誰的兄弟、父母或朋友被抓去營區，從此消失，」梅森說，「警察就直接在半

夜上門，把人抓走。」

「我很幸運，在情況惡化到極點之前就上完了再教育課程。」

這天，梅森和母親來到喀什地區的主管政府機關，和一名有權批准梅森離開中國的地方官員會面，畢竟她已上完洗腦課程，淨化了心靈，也清除了邪惡的念頭。

官員給了梅森一大堆令人困惑的文件，必須送到許多不同單位，想得到的單位大概都包括在內：社區管理官辦公室、當地警察局、黨幹辦公室……諸如此類，沒完沒了[2]。

「必須請所有單位簽名蓋章，」他解釋道。

「我和我媽花了好幾個小時準備文件，包括我的出生證明、戶口證明、從國小到大學的出席記錄，甚至是祖父母的死亡證明。」

最後，梅森終於準備好所有資料，開始無止盡地拜訪官員，爭取他們的簽名。每一次，她都必須百無聊賴地排隊很久，然後詳細解釋她的情況，對方才會願意簽名。

「你為什麼需要離開中國？」不時會有官員問她，「你在中東有什麼事要處理？」

「我已經在中國完成政治訓練，證明我是忠誠的公民，」她會這麼回答，提醒對方她已上完再教育中心的課程並順利結業，以此做為她愛國、忠於國家的證據。「我必須完成在土耳其的研究所學業，我已經註冊了。」

每一次，官員都會仔細檢查資料，再三確認有沒有缺少哪些文件或簽名，偶爾還會打一兩通電話確認程序，確認讓年輕女子離開一座封鎖越來越嚴格的城市，是不是真的合法；有

時也會需要繳些「費用」，暗中賄賂。

梅森知道時間所剩不多，要逃離中國就一定要快。

「陳全國已經開始加強警力措施，」她說。每個星期過去，巡邏隊、便民警務站、監視器和消失的人都越來越多。「那些軟體……AI技術……感覺都越來越進步了。」

「你很幸運，」梅森的母親向她解釋，「但我們還是得想辦法讓你離開這裡，確保你安全。」

梅森的母親下定決心，一定要在10月1日前送女兒離開。那天是中國國慶，全國都會放假，慶祝共產黨在內戰後奪權成功。

文件程序跑完後，她立刻幫梅森買了烏魯木齊到安卡拉的機票，但她們住在喀什，得先抵達新疆地區的首府烏魯木齊，這可不容易。

「我們搭巴士吧，」母親說，「要搭一整天，24小時。」

巴士上很擠，旁人可以聽到她們的對話，所以兩人說話很小心，梅森在國外讀書的事更是完全不能提。

「你要記得，你回到世界上時，」母親故意說得很含糊，「會有很多東西可以展現給世人看，也可以成為一股聲音。我們在中國會好好的。」

「那爸呢？」梅森問。

她和父親的關係依舊不太順利，還有許多問題沒能解決。兩人的過去仍有一些未療癒的傷痛。

「記得他也愛你就是了。」

梅森的小圖書室就是被他燒掉的。她能原諒他嗎？當局要是發現那些書，會不會判她更嚴厲的懲罰，所以或許父親是救了她也說不定？梅森無法確定。

午夜時分，她和母親在烏魯木齊下車。梅森帶了一個裝滿文件的小包包，母親則只帶錢包，不想在警方檢查站引起注意，以免被人發現梅森準備離開中國。雖然她文件齊全，但警察仍可能會任意行事，再次將她扣留。

兩人走向航空公司的報到櫃檯。地勤人員檢查梅森的護照和文件時，臉上露出困惑的表情。

「你的票有點問題，」她說著拿起電話，按下號碼。

「這張票是在2016年6月買的，」地勤解釋，「你改了三次，但每次都沒有獲得必要的許可。」

梅森的母親一直覺得女兒總有一天能重獲自由，所以曾在梅森去上政治宣傳課程，又被扣留在兩個集中營時，三度更改機票的出發日期。沒想到改票時，梅森也必須要取得政府許可，偏偏她人在集中營裡，根本辦不到。

「你在開玩笑吧？」梅森問。

這又是中共的另一個招數，為的就是要控制像梅森這樣的公民。人在集中營時不可能完成機票授權程序，就算獲釋，沒有機票也無法離開中國，根本進退兩難。

梅森站在空蕩蕩的機場中央，感到筋疲力盡。她已經瀕臨放棄了。

「我做了那麼多，忍受了那麼多折磨，結果卻因為官僚對機票的蠢規定而逃不出來，」她說。

終極警察國度

「而且當時已經10月1日了，那個櫃檯人員說辦公室沒有任何航空公司的人可以幫忙，所以我們只能等，但再等下去，可能又會再被抓回去關更久也說不定。」

這個專為使用官僚手段壓迫人民而建立的體制，實在是再成功不過了，梅森心想。

她母親原本隔天要飛回喀什，但忘記帶機票，所以決定留在烏魯木齊陪梅森。

「我們好好想一想，一定能在一天內把事情解決，一定能找到別的辦法送你走。」

最後，他們終於找到一班從烏魯木齊出發的巴士，轉車幾次後會抵達印度北部，車程長達四天，中途必須經過險惡的塔克拉瑪干沙漠、她才剛離開的喀什、靠近西藏的小鎮和村莊，然後才會到印度。幸運的是，印度剛好對中國公民放寬簽證規定，梅森還能透過智慧型手機支付印度電子簽的費用[4]。

抵達印度後，梅森就可以訂土耳其的機票了。這個計畫自然有風險：中國邊境的警力如果認為她可疑，就會立刻把她攔下。

「我們可能會有很長一陣子不能見面了，」母親在梅森上車前對她說，「但你要記得你獲得的禮物——你經歷的一切都是贈禮。你會成長、會平安，而且世界會看到中國發生的事。」

兩人擁抱後分別，梅森轉頭看見母親漸漸走遠，消失在高樓大廈和破舊的建築物之間。不久後，窗外的風景就變成了黑暗廣闊、荒涼無人的沙漠，據說裡頭埋著古老的寶藏，還有許多冒險家與魂魄徘徊。

魔幻的喀什和廣袤的塔克拉瑪干沙漠，都曾豐富梅森的童年時光，但現在，一切都已逝去。以往每年出現在沙漠邊緣的歡慶人潮不再，大家也不再聚集到神殿和戰士、偉大殉難者的墳墓致敬；從前有農田、有綠洲的喀什，此刻已荒涼毫無生氣，猶如空殼；政府拆除了某些清真寺的尖塔，有些寺院甚至完全被夷平，改建成停車場、花園，甚至公廁，殊不知原本曾是清真寺，以及埋藏梅森好幾世紀先祖的墓地[5]；街上、泥土路上的人們猶如行屍走肉，似乎不確定自己是誰、從哪裡來，又要往哪裡去。

　　梅森知道她再也回不去了。

　　她閉上雙眼，彷彿看見古老的史詩，看見英雄與邪靈展開魔法和巫術大戰；她想起讀詩會和音樂會，想起家人週末出遊的時光，想起大家一起享用美味的烤肉，想起那些歡聲笑語的日子。然後，她向這一切道別。

第十七章

心靈的牢籠

他們心理狀態變得健康後，就能在社會上快樂地生活了。

——新疆的心理諮商師

2016年秋天，梅森的男友阿曼正要去教課時，接到一通陌生號碼打來的電話。第一次他沒接，結果同一個號碼又再打來了一次。

「喂？」他說。

「是我，我沒事。」

打給他的是梅森，她人在印度。這是四個月來，兩人第一次能交談，也是數個月以來，他們第一次可以合理相信通話內容沒被中國政府監聽。

「我還有好多事要告訴你，我很快就會回去了。」

幾天後，阿曼到機場入境大廳等她。梅森慢慢朝他走去，抱住他，一句話也沒說。

梅森離開營區後，整個人似乎都變了。她曾告訴阿曼，在那班開離中國的巴士上，有人問她是哪裡人。由於到處都是間諜和告密者，梅森心中充滿猜疑，不相信他們，也不想說話。要說話就必須思考，但思考又會帶來風險，所以要開口說

話，讓她覺得很疲憊。

「喀什，」她很簡短地回答。

「那裡不是封鎖了嗎？」一名男子說，「你是怎麼來到這的？」

「真是個幸運的年輕女孩啊！」一位老婦則這麼說。

梅森飛離印度、抵達土耳其後，必須通過海關，由移民官在護照上蓋章，但她也完全不想跟眼前的男子說話。

「你是哪裡人？」他問。

梅森眼神呆滯地盯著他，心裡猶豫不決，不太想在權威人士面前說話，因為換作是在中國，這樣的人可是大權在握，她的家人和職涯未來會怎麼樣，都掌控在他們手上。

「為什麼來土耳其？」

她仍不回答。

移民官看了梅森的中國護照。她有學生簽證，也已註冊於某大學著名的碩士學程，一切看起來沒什麼問題。

「我是學生，」梅森終於開口，「我剛放完暑假回來。」移民官在護照上蓋了章，讓她離開。她上了計程車，回到公寓。

到家後，「我就穿著髒兮兮的鬆垮運動褲，在公寓裡蹣跚地走來走去，也沒洗澡。」

隔天早上她不想起床，也沒去上課。

梅森並沒有把事發經過詳細地告訴阿曼，但他仍漸漸開始意識到，她能逃離中國是多麼幸運。2016年10月19日起，也就是她逃離新疆的僅僅幾週後，政府開始要求數百萬名維吾爾人到當地警察局報到，還逼迫他們交出護照。警察部門在網

路上發布公告，宣布將不再發放新的護照。那些維吾爾人就這樣被困在中國，或許一輩子都無法離開。

但梅森並不覺得自己幸運，反而有種像在泥濘雪地上死命奔爬的感覺。

「2016年底到2017，我幾乎整年都在睡覺，」她告訴我，「無論看向哪裡，都只看到權威；有人問我問題，我就覺得他們是在盤問我，覺得必須隱瞞什麼；拿起手機或打開電腦時，也總覺得有機器在監視、評判著我，計算我的資料。」

「聊深入的話題有什麼意義？讀完東西後跟別人討論，又有什麼意義？擁有複雜的思想和人性，都是很危險的。」

梅森為了生存，變得很會假裝對情感和批判性思考感到不屑，結果自己也近乎喪失了感受力和思考能力。

她是這樣形容的：「我覺得自己就像電腦，必須根據程式設計，擷取周遭環境的特性，然後產生出運算公式，確保自己能生存下去。」

就這樣，梅森無精打采地住在亂七八糟、灰塵越積越多的公寓裡，無聊時也偶爾會拿起書來看。有一次，她隨手打開從前很喜歡的《時空旅人之妻》（*The Time Traveler's Wife*），但卻馬上放下，跑去檢查家裡有沒有被裝攝影機和監視裝置。

每次她望向窗外，看到閃燈的警車，或是當地員警在巡邏，都會害怕地躲回床上。

偶爾會有朋友、教授或好心想幫忙的人想把她拉出低潮，但她一律拒絕，還會告訴他們：「我沒時間，我要睡覺，你們找別人吧。」

一開始，梅森的朋友生氣又難過，覺得她不想再跟他們當朋友了。

「我真的很受傷，」有個朋友曾對她說[1]。

最後，阿曼終於說服她參加一個小聚會，和朋友一起吃晚餐、喝茶。

「我穿了一件髒兮兮又打結的洋裝去，」她說，「已經穿好幾天了，整個人看起來像乞丐似的。」

她進門時，感覺到朋友們紛紛不自在地看她，疑惑她到底發生了什麼事。

後來，她逐漸向阿曼和其他同學敞開心房。

「我有把集中營的事告訴他們，但奇怪的是，我會用第三人稱來描述自己的故事，就好像是在講我認識的人一樣。」

朋友們很困惑，也因此有更多問題想問。他們似乎聽不懂她在說什麼。

「你會這麼難過，是因為你朋友在中國經歷了這一切嗎？」

某天晚上，梅森滿頭大汗、氣喘吁吁地驚醒，手不自覺地摸向胸口。**我要死了嗎**？她心想。「我們確實屬於阿拉，確實要回歸真主[2]，」她低聲默念。穆斯林認為自己將死時，就會念這段伊斯蘭禱詞。

她的心好痛，痛到她無法承受。

完成一連串的檢查後，醫生告訴梅森：「你身體沒問題。最近感覺如何？家裡都還好嗎？」

梅森沒回答。醫生察覺她可能有心理狀況，所以建議她去諮商。

但梅森還是不想找任何人談。幸運的是，母親剛好傳訊息給她，在她努力恢復正常生活之際，帶來了一點安慰。

「我們今天晚上吃了美味的羊肉大餐，酒喝得太多囉！」母親開玩笑地說，並傳來一張客人微醺的照片。即使處境越來越糟，大家仍努力在生活中找樂子。母親大約一個月只傳一次訊息，而且不太會講細節，只有這樣才能躲避當局監察，因為當時，政府已經開始拘留傳訊息給海外家人的公民了。

「我好想你，」梅森幾乎每次都這麼回覆。

有一次她傳完後，母親沒再回訊息。一個月後，梅森的手機發出震動。

「不要再傳訊息給我們了，這樣不安全，」母親說，「打電話也太危險，絕對不能再打給我們了。」

梅森沒有回覆，然後又收到另一則訊息。

「我們可能很久都不能聯絡了，但如果有一天你能回到我們身邊，記得打這支電話。」母親傳了一個親戚的號碼給她，認為這樣相對安全[3]。

後來梅森就再也沒她的消息了。

究竟發生了什麼事，梅森根本無從得知。

「就在那一瞬間，我才突然發覺，我真的是孤身一人了。」

母親犧牲了自己，換取梅森的安全和自由。她其實也有機會脫逃，但仍選擇留在家人身邊，即使身陷危險也在所不惜。

　　這下子，梅森終於意識到她別無選擇。她想起母親送乾淨衣物到集中營時說的話：

　　「這段歷練是一個禮物，我非常以你為榮。」

　　「我都已經走了這麼遠，怎麼可以放棄？」梅森對我說，「怎麼可以讓中國的警察體制贏？我明明遠在千里之外，享有徹底的自由，他們卻還是有辦法把我摧毀。」

　　梅森指向她的太陽穴說：「腦袋瓜裡，我仍是囚犯。」

　　該是時候把生活拉回正軌了。深陷黑暗的梅森開始想起她生命中那些發光的人，那些能用一絲熱情、喜悅和幽默抵抗暴政的人。她想起年邁的貝拉姆先生，想起他即使被警衛毆打仍高唱兒歌，也想起他曾叛逆地在教室如此宣告：

　　「任何事都可以開玩笑，就只有死亡不行，因為諷刺是生命的一部分，人死以後，就算想開玩笑也沒辦法了。」這原本是維吾爾諺語，貝拉姆先生用自己的話向大家解釋。

　　於是，梅森釐清了她的目標：雖然說起來很諷刺，但警察帝國確實給了她一些「禮物」，她必須好好利用──現在的她變得更堅強，能夠吃苦、克服困難，還有機會把新疆發生的事告訴全世界。

　　她去諮商，把過往的遭遇告訴了心理學家。在說出經歷、釋放情緒的當下，梅森覺得她終於成了自己的主宰，能掌控心中那種失去、被壓迫的感受。她不再是政府脅迫之下的受害者，不再只能被動地接收指令、做出反應。

「我終於又開始感覺到自己活著了。現在我才知道，人生為什麼要有故事，因為讓人與人產生連結的，就是這些故事，還有訴說、理解故事的能力。」

　　梅森開始重建過往經歷，並與那些遭遇和解之際，也開始意識到家人和朋友是多麼不可或缺——這些人不吝幫助她、在她身陷困境時關心她，即使她充滿憤怒、對他們很惡劣都不例外。另一方面，她也發覺國家有多重要。

　　「我害家人陷入危險與不快樂，」她說，「大家想盡辦法幫我脫逃，我卻離開他們，後果就是永遠無法擺脫愧疚與自責，這種心靈上的折磨會把你困住，比肉體上的酷刑更痛苦，這就是警察帝國的目的。」

　　在她的想像中，有一個遠比現實美好的世界。

　　「真希望我們都能生活在快樂、自足的國家，都能參與民主，也都被賦予自由思考、為自己做決定的能力。人民對社群的深深眷戀，會驅使他們為國家和子孫後代犧牲自己；會勇敢面對任何困難，捍衛國家和社群免受威脅；也會創作藝術和文學，帶來科學發現……所有這些都來自一個人們感到安全、自由和有能力的社會。他們擁有思想自由和言論自由。」

　　「所以強大的共和國才那麼重要，因為這樣的國家能保護人民不受暴君迫害。」

　　但她並不認為維吾爾人能活在這樣的世界。

「我一直希望這整件事能有好的結局，但現在，我覺得老大哥會控制一切。人民的生活都會由政府安排、主宰，最後大家會忘記愛，也忘記神的存在。」

暫停學業一整年後，梅森慢慢開始接受她的新生活。每天早上她會起床洗澡，也買了新衣服，丟掉她原本會連續穿好幾天的舊洋裝和運動褲。

2017年秋天，在逃離中國一年後，她重回學校。教授立即認出了她，大家都記得那位在課堂上表現優異、談吐出眾的女孩。

接著，她嫁給了男友阿曼。某天他們一起到戶外出遊，結束後回到家中享用燭光晚餐，這時阿曼求婚了。他們在土耳其辦了一場小型婚禮。

梅森的生活又回歸正軌了，但她還是想知道遠在新疆的母親過得如何，於是某天，她用手機打開微信，點進母親的社群個人資料。

她的個人檔案照片旁，有一則動態更新。

「今天很開心，大家都過得很好。」

梅森嚇了一跳。她知道沒有任何人能從中國直接傳微信給她，因為政府會攔截訊息，立即逮捕和海外維吾爾族有聯繫的人，如果聯絡對象是梅森這種國家公敵，這種曾被關進集中營的人，那就更不用說了。

不過，她仍發自本能地在微信更新，希望能用這種方式和母親說話。

「我剛結婚！」她在動態更新中寫道。

幾小時後，母親也發布了動態。

「以我女兒為榮！」

梅森上傳了新的個人檔案照，照片中是她和阿曼。

「我長大囉！」

「我愛共產黨和家人！」母親寫道。

「共產黨最偉大了，」梅森嘲諷地寫下這句。她知道中國政府不太擅於察覺諷刺。

「爸爸一切安好，相信未來的日子會很棒的，」母親這麼回應。梅森瞭解母親的說話方式和語調，所以確信那是她本人，而不是中國政府入侵她的微信帳戶。

兩人就這樣聯繫了大約八週，梅森早上醒來時，會看到母親的動態和個人照片更新。照片中的背景包括梅森以前住的社區、她讀的高中、當地的雜貨店，以及她在家鄉熟悉的許多地方。

但後來，母親的動態更新無預警地停了，就跟她們開始聯繫時一樣突然。梅森貼出新的動態，想看看母親會不會回覆。

「歷史課真有趣耶，」她公開發文，但幾天、幾週、幾個月過去了，母親都沒有再回應[4]。

我又是一個人了，梅森心想。

某天午餐後，梅森的手機發出震動。她拿起來一看，是一名自稱艾爾菲婭的陌生女子。她在微信訊息中聲稱梅森的家人「被關心」，說梅森應該要「回家」。

「你家社區近來都很不錯，」她這麼寫，並附上一張梅森住家街角的照片，「大家都很喜歡你，親朋好友都希望你回來。」

梅森的心情一落千丈。她知道這個「艾爾菲婭」是政府間諜，終極警察帝國還是想辦法聯絡到她了，大概是看到了她在微信的個人動態更新吧。梅森不禁在想，她和母親暗中透過動態更新聯絡的事，不曉得已經被監控了多久。

　　「那時我就知道，」梅森說，「我家人一定已經被送去集中營了。」

　　艾爾菲婭仍一再勸說，她在微信訊息裡總是很有禮貌、口吻含蓄。

　　「這是我家，」艾爾菲婭寫道，附上廚房和客廳的照片，似乎想讓梅森敞開心房。

　　然後她又傳了一張陽台的照片。

　　「看到了吧？這裡一切都很好啊。」

　　「謝謝。你為什麼要傳照片給我呢？」梅森回應。

　　「因為大家都關心你呀，我們可是很團結的社區。」

　　梅森意識到她不能忽略這場奇怪的對話，更不能變得尖酸刻薄，用激烈或責難的語氣回應，畢竟全家人的命運可能都取決於她的表現，她必須維持理性，裝出對中國的好感才行。因此，她必須時時保持自制，偏偏艾爾菲婭又越來越會問她關於私人生活的問題，態度好奇到很不自然，所以梅森又得更加克制自己。

「你現在住在哪呀？是在土耳其安卡拉嗎？」艾爾菲婭這麼問。顯然是家中有人說出她的居住地，不然就是從母親的手機或社群媒體資料查到的。

　　「我在讀書，」梅森含糊地回應。

　　但艾爾菲婭仍不斷進攻，「今天去了當地的市場，逛得很開心呢！」

　　她還問梅森認不認識住在安卡拉的其他維吾爾居民或難民，要梅森傳他們的照片。

　　梅森避開了那個問題，完全不予理會[5]。

第十八章

新冷戰？

> **國家不會永遠富強，也不會長久貧弱，執行法令堅決，國家就會富強；執行法令軟弱，國家就會貧弱。**
>
> ——習近平引述中國哲學家韓非子名言

2019年10月29日，我和梅森、她的一位女性友人以及阿曼，一起搭車去參觀土耳其國父凱末爾的陵寢（Anitkabir，字面意義就是「紀念之墓」）。墓地位在小丘山頂，裡頭葬著建立土耳其共和國的獨立領袖穆斯塔法・凱末爾（Mustafa Kemal）。有突厥背景的人也稱他為「阿塔圖克」（Ataturk），這個字是「土耳其之父」的意思。

我們穿過長長的獅子大道（Lion's Road，兩側都有石獅雕像的大路），看儀隊衛兵整齊地踢正步，然後進入陵墓，站在阿塔圖克的靈柩前，看衛兵獻上花圈[1]。

一開始，我以為我們只是去觀光，參觀土耳其的歷史遺產和古蹟，後來才意識到，這個地方對梅森和她同行的維吾爾朋友而言，具有重要的象徵意義。

「擁有自己的國家就是這樣嗎？」我們參觀那兒展示的歷史文物時，梅森這麼說。「阿塔圖克希望土耳其國力穩固堅強，希望打造現代化的共和國，實施政教分離，並消除迷信，而且政府要建設學校、道路和醫院，確保人民的教育與健康。」

「軍事方面，鄂圖曼帝國式微後，」梅森說的是十五到十九世紀稱霸中東的帝國，「英國在一戰時入侵，想把這裡變成

終極警察國度

衛星國，藉此控制石油供應，但阿塔圖克不答應。他相信自己的人民，也讓人民知道他們可以爭取自己的權益。」

「土耳其並不是民主國家，」我指出，「阿塔圖克時期是獨裁統治。」

「那不是重點，」梅森的朋友插話，「我們的確想要民主，但阿塔圖克之所以重要，重點在於他讓人民理解『擁有自己的國家』代表什麼意義。國家會保護你，也會賦予你身為公民的權利和責任。」

梅森用欽佩的表情凝視阿塔圖克的雕像，這麼說道：「民族應該要團結，要擁有共同的目標，對於族群的身分、起源和在世上的期望，應該要有共同的願景，但這一切，我們維吾爾人卻全都沒有。」

「我們支離破碎，被政府挑撥離間，因而彼此對立，即使離開中國，也無法彼此信任，不願合作反擊。」

「至於美國也有喬治・華盛頓、亞伯拉罕・林肯和馬丁・路德・金，這些人為什麼能有所建樹呢？因為他們以自由和平等的願景為號召，團結了許許多多的美國人；法國的夏爾・戴高樂、南非的納爾遜・曼德拉和印度的甘地不也都一樣嗎？」

當下，我瞭解到梅森是如何看待維吾爾人的世界：他們沒有偉大的故事，也沒有可追求的目標。他們的世界，是失落的境地。

「維吾爾人沒有領袖、沒有英雄，他們都被關在監獄裡，所以我們才如此分裂。」

「那你希望誰來領導維吾爾人？」我問。

梅森和她朋友幾乎馬上同時回答：「伊力哈木・土赫提。」

梅森談起正在獄中服無期徒刑的教授時說：「他很有領袖風範，一站上講台就能滔滔不絕、展現十足的魅力。任何人都無法使他放棄理想，我相信為了自己的信念，就算要他犧牲生命，他也會願意。」

「可惜現在這個時代，世界各地都有人在破壞民主、違抗領袖與國家，所以許多領導人會利用恐懼與憤恨的情緒，把這當做治理人民的手段。他們不尊重法律和言論，還會刻意在民眾心中激起怒火，所以我不確定究竟有沒有領導人真的能像我們老師那樣。」

我們站在山頂俯瞰城市——那裡曾是獨立運動重鎮，現在已成了土耳其的首都。夜幕降臨，日落時的紫橘色陽光從陵墓反射，一片璀璨閃爍，我一度被照得都看不見了。

「該走囉，」梅森的朋友說，「快關門了。」

世界各地有許多維吾爾人在受訪時都告訴我，他們密切關注中國的狀況，希望同胞能突破「現況」。

梅森也不例外。2018年7月起，在一年多的時間內，華為、曠視科技、商湯科技和海康威視——也就是建構監控體系，幫助國家禁錮她的那些公司——都成了美國和其他十多個國家政府的標靶。

但中國科技公司仍堅信自身實力，還承諾會打造更美好的未來。至少對大眾是這麼宣稱的。

終極警察國度

「我們如今的成就，（曾經）只存在於電影之中，」商湯科技的產品開發負責人楊帆2018年接受《富比士》訪問時這麼說。他對公司早期的成果十分自豪：商湯科技當時正在建立大型資料庫，內含的圖像和影片數量上看百億，許多是從網路上所收集，目的就是要辨識人臉。在四處都是陰暗巷弄的重慶市，商湯的技術在40天內就找出69名嫌疑人，協助警方逮捕了16名逃犯[2]。

至於另一間中國企業華為，則不僅販賣雲端運算服務，支援新疆的監控作業[3]，還研發人臉辨識軟體，一認出維吾爾人就會通報警方[4]。據傳華為將與AT&T簽約，首度與電信業者合作推出智慧型手機。華為原本是世界第三大手機廠牌，位居蘋果和三星之後，這場合作如果成功，他們就有機會在美國晉升為既有威望、又有影響力的大牌。

沒想到，華為登陸美國的計畫卻適得其反。整件事始於2018年1月9日，當天華為執行長余承東在拉斯維加斯的消費性電子大展（Consumer Electronics Show，CES）演講，準備揭曉華為和AT&T將在萬眾矚目的合作案中，推出全新手機Mate 10 Pro[5]。

「我們到CES現場時，AT&T表示他們已正式決定退出，而且非常明確地告訴我們是因為受到美國政府的壓力，」幫忙籌辦那場活動的前華為公關部門副總裁泰瑞・戴利這麼告訴我。

「（執行長）余承東按照計畫走上舞台，發表新產品，但講到銷售通路那張投影片時，卻沒有AT&T，現場可以聽到美國的科技媒體記者倒抽一口氣。」

「AT&T取消了合約，決定不用華為的手機，對我們來說是很大的損失，對各家電信業者也一樣，但損失更大的是消費者，因為他們用不到最好的產品，」余承東讀完提詞機上寫好的講稿後，無預警地脫稿演出，「可是，我們明明已贏得中國電信業者的信任，新興市場的信任……也贏得了歐洲和日本等各國電信公司的信任[6]。」

華為追上蘋果和三星的夢就此破滅。「華為可說是美中貿易戰的代表案例，」戴利說，「美國政府早在2012年，甚至更早以前就已開始布局，所以手法很俐落。」

美國政府也對華為提出刑事告訴，一年後案件記錄公開，各界才知道起因是一名華為員工在公司總部的指示與支持下，於2013年5月潛入華盛頓的T-Mobile實驗室，執行一項滑稽到有點荒謬的間諜任務——偷走機器人「Tappy」的手臂。Tappy的工作是快速點按新手機的螢幕，在產品上市前確保品質正常。

Tappy測試產品的效率很高，快又精準，在手機業界備受稱羨。T-Mobile對Tappy保護到家，只有合作夥伴公司的特定員工能進入實驗室。

該名華為員工把機械手臂帶回飯店後，當晚就測量拍照。T-Mobile當然發現了機械手臂不見的事，但他一開始還否認，說東西不在他那兒，隔天卻又向T-Mobile表示在自己的背包裡「發現」手臂[7]。這樁醜聞爆出後，華為表示已解僱兩名相關員工，但隨後仍被訴訟和刑事程序纏身[8]。2017年，民事法庭判決華為賠償T-Mobile 480萬美元的損失[9]。

終極警察國度

「從這次起訴中，明顯可以看出華為明目張膽，無視法律，」西雅圖的助理檢察官安妮特・海耶斯（Annette L. Hayes）表示。她在 2019 年 1 月幫忙對華為提出刑案，也就是上述民事判決出爐的兩年後[10]。據該案檢察官所說，從華為的內部電子郵件來看，該公司的中國辦公室已正式啟動竊密政策，只要竊取其他企業的機密資訊，就能獲得獎金[11]。

竊取 Tappy 手臂的陰謀曝光後，各界對華為涉嫌商業間諜活動的憤恨和不滿，全面爆發成美中之間的貿易大戰。中國的這些科技巨頭協助中共建構出監控網絡，與此密不可分，現在又要進軍國際市場，使得西方國家紛紛表示反對，美國就是代表西方陣營立場。

2018 年 5 月 2 日，也就是華為發表新產品的四個月後，美國國防部宣布，在世界各地的美國軍事基地，都禁止華為和另一間中國公司「中興通訊」販售任何設備[12]；三個月後，澳洲也宣布禁止華為部署原本規劃的 5G 網路。由於 5G 新網路能帶動 AI 和大數據等領域的發展，澳洲擔心中國藉此進行監控與間諜活動[13]。

但華為仍不斷成長，並宣稱 2018 上半年就已在全球賣出一億台手機[14]；當年 8 月 1 日還取代蘋果，成了全世界第二大的手機廠牌[15]。

在中國科技散播到世界各地之際，中國政府在國內也積極開始推動「社會信用」體系的整合。此系統會評估「誠信度」，影響公民生活的各個層面，包括貸款、就業、買房，甚至是度假時的優惠等等。政府蒐集了中國民營企業的資料，並結合法院官方文件及逮捕記錄，因而得以實行整合作業。

2018 年初，中國銀行（中方的官銀）開始從前四年幫忙開發社會信用評分系統的八間民營公司手上，收回對社會信用資料的控制[16]。

政府更鐵腕地掌控評分系統後，很快就獲得了高效成果。那年，民眾因為社會信用評分太低而被禁止購買機票的次數高達 1,750 萬次，買火車票時則有 550 萬次被禁[17]；此外，還有 29 萬人次因而無法擔任企業律師或從事高階管理工作[18]。

這個體制很受中國民眾歡迎，至少剛推出時是如此。柏林自由大學的研究人員於 2018 年 3 月至 8 月間，在北京和上海進行了網路調查，共有 2,200 人參與。他們發現，年長者以及「社會地位較優越的公民」（也就是有錢、受過教育的都市居民）最支持社會信用評分。事實上，收入越高，支持度就越高。這些人認為，在社會信用體系之下，每個人都會受到監管、評分，所以能促進誠實正當的商業交易[19]。

在美中貿易戰打得不可開交之際，兩國元首川普和習近平在 2018 年 12 月 1 日於阿根廷首都布宜諾斯艾利斯共進晚

餐，達成90天停戰協議。川普表示，中國同意調整要求外商交出商業機密和智慧財產權的規定，還聲稱中方同意購買價值1.25兆美元的美國產品，但中國則從未證實那場非正式晚宴上的協議內容[20]。

在超過1萬公里之外的加拿大太平洋岸，從香港飛來的華為財務長孟晚舟（也就是華為創辦人任正非的女兒）在溫哥華國際機場降落，正要轉機前往墨西哥時，加拿大皇家騎警將她扣押，針對她的行程和華為在伊朗的企業Skycom進行盤問[21]。美國政府認為Skycom是華為的「非官方子公司」，孟晚舟就是藉由此公司取得被禁的美國技術，用於華為在伊朗的業務，並從伊朗將資金轉出[22]。

「你們說我在美國犯了詐欺罪？」法院記錄顯示孟晚舟這麼回答。

警方檢查她的行李並盤問三小時後，以美國要求引渡為由將她逮捕[23]。美國司法部指控孟晚舟違反對伊朗的制裁措施，還詐騙英國匯豐銀行，在某次會議上談到Skycom在伊朗的活動時，刻意誤導匯豐[24]。

習近平和川普吃完晚餐後，得知了這件事。孟晚舟打了電話給華為的法務長，消息就這樣傳到中國政府那兒[25]。中方十分憤怒，召見加拿大和美國大使，要他們解釋。

這起逮捕在中國引起轟動，許多人認為這是美加聯手，攻擊已然成為中國科技實力象徵的華為。中國副外交部長樂玉成表示，孟晚舟被捕事件「嚴重侵犯中國公民的合法和合理權益，簡直無法無天、無理取鬧、冷酷無情，」還警告如果不釋放孟晚舟，將會造成「嚴重後果」[26]。

時任中國外交部常務副部長樂玉成發出譴責三天後，加拿大前外交官康明凱（Michael Kovrig）在北京被捕，罪名是「危害國家安全」[27]，後來當局又依2015年的國家安全法對他起訴[28]——讓政府得以擴張權力、建構新疆監控體系的，就是這條法律。

康明凱被捕幾小時後，我打開推特看到新聞，發現我認識許久的邁克爾・斯帕弗（Michael Spavor）也在他居住的東北城鎮被捕，罪名同樣是危害中國國家安全。斯帕弗也在加拿大出生，我是到北韓採訪時認識他的。

移居中國的斯帕弗很活躍而且交遊廣闊，經營一個專門促進文化和體育交流的組織，交流的對象就是北韓——他很關心北韓人民，也想幫助他們，因此經常安排北韓運動員和西方選手比賽[29]。

斯帕弗是少數見過北韓獨裁者金正恩的西方人之一，名聲不是太好的NBA選手丹尼斯・羅德曼（Dennis Rodman，暱稱「小蟲」）有兩次訪問北韓，就是他幫忙安排的。羅德曼和金正恩狂歡嗨翻，還幫他唱生日快樂歌，舉杯敬他：「元帥，你爸和你爺爺做了一些很混蛋的事，但你有一顆想改變的心，你很努力，所以我愛死你啦[30]！」

（結果改變卻一直沒發生。）

還有一次，斯帕弗安排了一場專業摔角，邀請已退休的WWE摔角手安東尼奧・豬木（Antonio Inoki）到北韓比賽。當時已在母國日本當上政治家的豬木，是個耐人尋味的有趣人物，曾與伊拉克成功協商，讓日本人質獲釋。他最出名的儀式，就是用力賞粉絲巴掌，他認為這麼一來，就能把自己的鬥

士魂傳遞給被呼耳光的人[31]。

結果現在，總是歡欣鼓舞的斯帕弗卻被抓了。

「在我們看來，這兩次逮捕的目的就是要攻擊我們，」一位有參與斯帕弗和康明凱解救行動的加拿大外交官嚴正地告訴我。「康明凱一直到最近都還是外交官哪，可見中國是故意要藉此警告我們。」

中國抓這兩名人質，就是為了報復孟晚舟被捕的事件，對此，中方政府毫不掩飾。

中國駐加國大使盧沙野在《環球郵報》（*The Globe and Mail*）的社論中寫道：「那些指責中國以拘留手段報復孟晚舟被捕的人，應該要先反思一下加拿大的行為[32]。」

「他們需要抓個加拿大公民，來指控人家違反國際制裁，而且要抓得有點道理，斯帕弗是加拿大人，又和北韓這種被嚴重制裁的國家有交易，當然就是最完美的人選囉，」任教於南韓國民大學的安德烈・蘭科夫（Andrei Lankov）這麼告訴我。他是備受敬重的北韓專家，也認識斯帕弗。他表示：「制裁這件事很重要，因為美國就是以這個理由指控孟晚舟。中國的態度就是：『你抓我們的人，我們也要抓你的兩個（公民）當人質！』」

斯帕弗和康明凱被關在監獄，遭受全天候監視，每天被質問六到八小時，睡覺時燈也開得很亮，說穿了就是一種心理騷擾手段[33]。加拿大領事官員取得許可，去跟兩人見面時，兩人的狀態都十分茫然、困惑，知悉探監情形的加拿大外交官這麼告訴我[34]。

我驚愕地看著整件事發展，朋友圈也不時傳來新消息——被捕的斯帕弗從前也在那個圈子裡。同時，還有一些外交官、投資人和企業家向我透露，他們對於在中國經營一事，已經不抱以往那樣的信心了。許多人都覺得，自己某天也會被中共劫持也說不定。

「中國政府的立場非常奇怪又矛盾，」一名避險基金投資人告訴我，「他們聲稱（華為這類的）中國公司是民營企業，在其他地方受到哪些法律約束，在中國也會比照辦理，結果實際上的態度根本就是『如果不向這些民營企業低頭，我們一律報復。』」中國這樣的對外政策，似乎等於承認華為是中方國家利益的爪牙，享有國家的保護。

這一番話，讓我想起我在南北韓當駐外記者時的一個事件。2017年，南韓零售巨頭樂天表示願意在國內提供土地，供美國建置新式的戰區高空防禦系統（THAAD），但中國長期以來一直抗議THAAD一事，希望能阻止美方部署。

樂天表示要提供土地後，中方就以違反消防規定為由，勒令中國境內的樂天商店關門，還展開漫長的稅務收支調查，沒收至少一處房地產，更一再拖延許可批准程序[35]，結果中國的許多樂天商店都遭到破壞、抵制。中國是個很有價值的零售市場，樂天也已經為了擴張而投入96億美元[36]，結果那一年，樂天的百貨業務Lotte Mart反倒損失了17.8億美元[37]。

數十名在中國經營業務的商人，也表示他們有這種戰戰兢兢的恐懼感。另一位避險基金投資人告訴我：「我們進行全面的內部評估後，認為在過去三四年內，中國科技公司經歷了令人難以置信的改變，已變成國家工具，不再只是技術開發商

終極警察國度

而已。」

在當今這個全球連動程度比以往都更高的時代，中國也四處逞威、企圖展現國力。在過去，從來沒有這麼多的國家和民族，因為AI、數據網絡和大規模資料收集等新興技術而緊密相連，但同時又分屬世界兩大強權的對立陣營。中國出招後，川普政府也著手報復，再次顯示全球的兩極分化。

孟晚舟在加拿大被捕的一個多月後，川普政府考慮起草一項行政命令，禁止美國企業使用華為和中興通訊這兩家中國公司生產的電信設備[38]。參議員馬克・華納（Mark Warner）和馬可・魯比奧（Marco Rubio）提出法案，建議增設名為「關鍵科技與安全辦公室」（Office of Critical Technologies and Security）的政府機構，因應中國、俄國和其他國家的技術威脅[39]。

在各方猜測下，川普總統終於在2019年5月15日，公布「保護資訊通訊技術及服務供應鏈安全」的行政命令（Executive Order on Securing the Information and Communications Technology and Services Supply Chain）。該命令指出「外國的敵對勢力越發針對資訊及通訊技術與服務，製造並剝削相關漏洞。這些技術和服務儲存並傳輸大量機密資訊，可促進數位經濟，支撐核心基礎設施和重要緊急服務。前述行為的目的，是利用網路採取惡意行動，包括對美國及其人民進行經濟與工業間諜活動[40]。」

該行政命令，禁止美國公司與被認為正在為試圖破壞美國國家安全和技術之外國政府工作的外國公司，進行商業往來。

命令執行後，華為、商湯、曠視等許多公司都相繼被控危害國家安全、涉嫌侵犯人權，所以受到美國政府制裁。微軟和谷歌等美國企業仍可以把軟體賣給中國公司，讓中方在硬體裝置上使用美方開發的作業系統，像是Windows和Android；但如果是要出售給華為，就得申請政府許可了[41]。這些制裁很快就對華為業務造成重擊：谷歌不再允許華為手機搭載Android作業系統，迫使華為必須自行開發大有缺陷、問題連連名為鴻蒙OS的作業系統[42]。

　　華為的前公關部門副總裁戴利告訴我：「對華為來說……被美國政府列入（制裁）名單，是最沉重的打擊。」

　　美方擔心中方政府在華為等中國公司的設備中，植入「後門」一類的安全漏洞，進行間諜活動與駭客攻擊，把這些企業變成情治組織[43]。

　　同時，美國司法部也公布資料，在其起訴的案件中，產業間諜和專利侵權事件多得不成比例，而且過去十年間持續增加。

　　「過去七年內，司法部辦理的經濟間諜案中有超過九成涉及中國，」副司法部長羅德‧羅森斯坦（Rod J. Rosenstein）宣布對三名中國駭客提出告訴時表示，「本部超過三分之二的商業機密竊取案都跟中國有關[44]。」

　　轟動的醜聞、審判和刑事指控不斷累積湧現，波蘭也以間諜罪名，逮捕了一名華為員工[45]；2019年1月，美國則指控華為涉嫌詐欺及竊取商業機密，提出了23項告訴[46]。

我持續追蹤這場針鋒相對的貿易戰，對中國的回應感到很震驚。中方政府開始名目張膽地威脅不願與華為合作的國家，同時卻又宣稱該華為是私人企業，必須自行處理公司事務。

　　「如果加拿大政府真的禁止華為參與5G網路建置，後果會如何，我無法確定，但我相信這一定會造成某些後果，」駐加拿大的中國大使盧沙野在記者會上表示，還說加拿大政府應該「就這個問題做出明智的決策[47]。」

第十九章

大決裂

中國將永遠是世界和平的建設者，全球發展的貢獻者，國際秩序的維護者。

——習近平

美中之間的「科技冷戰」和美國與蘇聯的冷戰截然不同，這場逐漸升溫的貿易戰比之前更加錯綜複雜，畢竟現在已經沒有鐵幕，也沒有柏林圍牆隔開共產主義和資本主義的世界；市場十分開放，貿易蓬勃發展、不受國界限制，共產黨的菁英幹部也常送子女去常春藤聯盟大學念書。矽谷和中國並不是各自存在於獨立泡泡之中，雙方彼此依賴，必須交換零件、軟硬體，甚至還得互通人才——中國有非常多的軟體工程師，都是史丹佛和麻省理工學院訓練出來的。

美中是如此形影不離、難以切割，卻又似乎陷入一場漫長的科技與經濟惡鬥。

在 2019 年 5 月的美國國會聽證會上，民主黨國會議員亞當・希夫（Adam Schiff）表示，「創新與威權主義的結合非常令人擔憂，而且已蔓延到中國境外……這些技術出口到別的地方以後，他國政府也會擁有必要的科技工具，得以模仿中國的社會與政治管控模式。」

該場聽證會上，共和黨國會議員德文‧努內斯（Devin Nunes）也警告眾人必須注意「中國採用侵入式的監控手段，並把技術輸出到國外。這些手法的目的就是要把政治管控擴張到極限[1]。」

然而，川普政府對維吾爾人悲慘的處境卻不在乎。

2019年6月，也就是國會聽證的一個月後，川普和習近平都出席G20高峰會的開幕晚宴，現場集結全球政府和央行代表。川普當時的國家安全顧問約翰‧波頓（John Bolton）後來在他的著作《一切從那個房間開始》（*The Room Where It Happened*）中回憶道，習近平在會上有向川普解釋「他為何要在新疆興建集中營。」

「據我們的口譯員所述，川普說習近平應該要繼續建設那些營區，他認為這麼做一點也沒錯。」

當時只有口譯員在場，所以這消息是到波頓寫了之後才傳出來。

波頓和其他政府官員──包括副總統麥克‧彭斯（Mike Pence）和國務卿麥克‧龐培歐（Mike Pompeo）──都很擔心川普無視中國對維吾爾族的壓迫，不因此制裁中國，偏偏川普政府就是很少考慮促進民主和人權的重要性[2]。

這場貿易戰逐漸形成一場越發失控的現實政治鬥爭，雙方都想在全球的經濟和科技大餅中，爭搶比較大的那一塊。

2020年秋天時，維吾爾難民的證詞、衛星照片和其他公開資料全都已拼湊在一起，證明中國確實成了終極警察帝國。

但貿易戰改變了一切。隨著美國政府與私人研究中心公開各自的調查細節，大量文件也突然一湧而出，顯示許多中國科技公司縱容默許，政府才得以在新疆建制出如此駭人的體制。儘管這些企業一再否認，但他們顯然有涉入其中，而且對涉入的情事心知肚明，這是毫無疑問的事實。

華為一直聲稱沒有涉入新疆壓迫行動。「我們是與第三方簽約，並沒有直接參與，」2019年6月的國會聽證會上，英國議員詢問華為有沒有在新疆營運時，該公司的一名高層如此回應[3]。

但事實上，華為和其他中國科技公司根本涉入甚深。

據中國媒體報導，政府網站上刊登了華為一名高階主管的這段話：「華為將與公安局攜手，開啟智慧警務新時代，協助建設一個更安全、更智慧的社會，」該篇內容就是在宣布華為與政府簽署新協議，將在新疆合作。2018年，政府又再與華為簽下另一樁生意，委託該公司在烏魯木齊建置「情報安全產業」實驗室[4]。這個單位負責為新疆警方提供技術支援，也會推廣「成功案例」，譬如在古鎮阿克蘇的資料中心[5]。

這一切，全都發生在美國和其他國家對中國科技公司擴大制裁之際。

「華為在新疆進行的工作十分廣泛，也直接在當地與中國政府的公安局和警力合作，」ASPI研究人員下此結論[6]，美國政府對華為實施制裁時，也發表了類似聲明：

「具體而言，中國對維吾爾族、哈薩克族和新疆維吾爾自

治區其他穆斯林少數民族進行鎮壓、大規模任意拘禁和高科技監控的過程中，這些企業也涉入侵犯人權及虐待情事。」美國商務部在一份檔案中這麼寫道，並於2019年10月在制裁名單中新增28間公司[7]。

曠視科技和商湯科技，兩家估值在全球數一數二的人臉辨識新創，也受到制裁[8]。商湯有高通和富達挹注資金，2017年在新疆成立負責智慧警務的合資型企業「立昂技術」（Leon Technology），然後又在2019年售出持股。立昂宣稱烏魯木齊有一半的平安城市計畫是由他們負責，另外「新疆的邊境線有5,600多公里，立昂大概參與了3,000多公里邊防線的維護跟建設[9]。《紐約時報》2019年4月的報導指出，政府用來追蹤維吾爾人的演算法，就是由商湯和曠視科技打造。

商湯科技表示，「相關團隊」並不知道他們研發的技術被用於種族歸納（Racial profiling）；由李開復創辦、有投資曠視科技的創新工場，則向《紐約時報》表示已放棄在曠視董事會的席位，也出售部分持股[10]。

有公安部背書的中國保安協會在2016年發表了一篇文章，指出曠視的SkyEye人臉辨識軟體正在部署到全國各地，包括新疆地區，為的就是抓出犯罪嫌疑人[11]。

其實數年來，某些中文新聞網已隱晦地刊登過相關線索，但英語世界則是在制裁議題逐漸浮上檯面之際，才開始關注。曠視科技和商湯一樣否認這些報導，對於被美國列入制裁名單一事，也強烈抗議。「據公司瞭解，2018年來自新疆計畫的收入僅占總收益的大約1%，（且）在截至2019年6月30日的六個月內，也完全沒有來自新疆的收益，」曠視在某次聲明

中表示[12]。

但美國政府和非營利私人研究機構仍持續揭露確鑿證據，似乎能直接指證某些中國科技公司確實有在新疆營運。

海康威視是全球最大的監控攝影機製造商。專門報導影像監控產業消息的網站 IPVM 指出，海康威視曾搶下市值5,300萬美元的合約，負責在新疆某郡建立人臉辨識系統，也用於那裡的集中營[13]。在當地清真寺，海康威視會透過視訊會議系統播放國家批准的政治宣傳，並使用攝影機監控寺院[14]。法新社曾取得2017年的一份招標文件，證實海康威視提供35,000台攝影機，用於監視學校、辦公室、街道和清真寺，並確保伊瑪目宣教時確實遵守政府預先批准的說詞。同樣在2017年，海康威視又多次贏得類似的招標案[15]。

在這之前的十年間，中國的科技生態系蓬勃發展，但幫忙打造出這番榮景的公司，卻幾乎全都進了美國的制裁名單。當然，每間被點名的企業都有抗議，但這也只是科技戰中一定得演的戲碼罷了。

到了2018年，美中分歧已十分明顯：雙方都陷入尷尬局面，因為自家的技術生態體系可能就此分裂成兩派。

其中一派是想獲取中國技術和基礎設施的國家，包括俄羅斯和委內瑞拉等專制國，以及衣索比亞等窮國。由於中國針對「平安城市」和「一帶一路」計畫提供優先權和較低價

格，這些國家希望能藉由參與計畫取得資源。

另一陣線則是富裕的西方國家，即「五眼聯盟」（澳洲、紐西蘭、加拿大、英國、美國），再加上歐盟和日本。這些國家有諾基亞（Nokia）、愛立信（Ericsson）、亞馬遜和谷歌等企業。

2018那年，幾十個國家都漸漸發現，他們面臨很困難的抉擇，必須在兩個強權之間擇一靠攏，許多國家都選了中國。對多數國家而言，決策核心在於希望哪間公司幫忙建置國內新一代的資料網路：政府可以僱用華為打造5G網路，也可以聘請芬蘭的諾基亞或瑞典的科技大廠愛立信。5G網路能提高網速，資料傳輸飛快，可以支援AI、智慧型製造業、智慧城市和其他許多新技術。二十一世紀的5G，就等同於從前的鐵路和航空建設，能為經濟帶來龐大效益，是國家經濟進步的驅動引擎與象徵。

「廣泛的5G連線將消除資訊孤島，促進數位共享經濟繁榮，改革現有的生產和生活方式，最終改善民眾的生活品質，」華為在一份白皮書中寫道[16]。

2018年中時，對於將5G建置作業承包給華為一事，美國及其盟友持保留態度。美方向歐盟盟友及澳洲施壓，避免這些國家和華為簽署5G協議[17]，自己後來則與愛立信及諾基亞合作，希望能建設出更安全可靠的替代網路[18]。

美國國防部長馬克・艾斯培（Mark Esper）表示：「和中國供應商合作，雖然表面上看起來會有好處，但這些公司接受政府許多補助，聽命於政黨領導階層，所以相較之下，自行開發安全的5G網路絕對更重要[19]。」

2018年8月，澳洲實施禁令，對華為在當地的業務造成重大打擊。2019年，華為澳洲分公司獲利下降78%，僅剩下420萬美元[20]，並將責任完全歸咎於澳洲政府。這項禁令激怒了中國政府，中方大使稱之為「敏感議題，也是棘手問題」[21]。

同時，中國也施加政治壓力，希望避免英國禁止華為產品。「這不僅是針對華為，對其他中國企業也會是很負面的消息，」中國駐英國大使劉曉明告訴BBC，還說如果封鎖華為，「可能不只會妨礙貿易，對投資也會產生惡性影響[22]。」

維持中立變得越來越難，英國也只能努力尋找出路，允許華為建置5G網路中非核心的部分，但不得接觸敏感技術與設施，以降低安全風險。可是這個決定仍惹惱了英國最大的盟友美國[23]。美方政府因而展開調查，探究華為網路的存在會對英國美軍基地和設備安全造成哪些影響，並考慮撤回偵察機，不繼續在英國部署某些隱形戰機[24]。

相較之下，窮國則認為直接與中國合作有利可圖，也拒絕了美方援助。

這些國家認為，在打擊犯罪和改善生活品質方面，5G、平安城市和AI畢竟都能發揮莫大功效，不是只能用來壓迫、監視人民、把新疆變成反烏托邦而已。許多窮國政府的結論都是：與安全隱憂相比，智慧化的交通管制、執法方式和公共教育來得更重要。

美國華盛頓特區的重要智庫「戰略與國際研究中心」（Center for Strategic and International Studies）在一份報告中指出：採用華為「平安城市」技術的國家有三個共同特徵：多半是非民主或民主程度低的國家、位於亞洲和非洲，且「收入中

等」——意思就是不窮，但也不有錢。巴基斯坦、孟加拉、肯亞和馬來西亞都全力支持華為的平安城市計畫[25]。中國專家陳喜娜（Sheena Chestnut Greitens）是華盛頓特區布魯金斯學會（Brookings Institution）的客座資深研究員，她針對全球各地採用的中國監控及公共安全平台彙整出相關數據集，並如此結論：「對PRC（中華人民共和國）具有戰略重要性的國家比較會採用這些平台，犯罪率高的國家也是。」

陳喜娜認為，美國可能低估了中國「平安城市計畫」的擴散速度和範圍。「我們不確定華為已經在多少國家推行多少次的平安城市計畫，」她寫道。華為的報告指出，已經有100個國家和地區的700個城市在推行。

「西方智庫在2019年的估計是52個國家，華為在報告中則宣稱共有100個，但可能只是誇大的行銷手法。實際值應該介於這兩個數字之間，」陳喜娜表示[26]。

但無論實際數字到底是多少，可以確定的是，許多獨裁領導人很快就已開始利用華為的系統壓迫對手。

烏茲別克政府在2019年5月的國安會議上宣布已和華為簽訂合約，將開發名為「平安城市」的系統，在烏國首都部署883台攝影機，「以數位方式管理政務」——這完全就是歐威爾式的措辭[27]。《華爾街日報》2019年8月的報導指出，華為技術人員在烏干達協助當地政府對付批評總統的反對派部落客，入侵他們的臉書網頁和手機[28]。

華為一如往常地否認指控，但承認公司把技術賣給威權政府時，在倫理和公民權益方面持放任態度。

「華為是技術開發商,並不負責制定公共政策——那是政策制定者和立法部門的工作,」華為南非分部的主任這麼說[29]。這句話說得迂迴,但其實意思就是:「我們只是製造槍枝出售,又沒有親手扣下扳機。」

此外,也有許多貧困和收入中等的國家加入中國的一帶一路計畫,希望能藉此擺脫美國干預,結果卻面臨另一個問題:中國貸款的債務陷阱。

自2010年來,中國的經濟擴張明顯減緩,拿不出大量資金來處理國內的大型基礎建設,也無法為有意取得中方技術或建設的國家提供廉價激勵措施,因此開始訴諸各界後來稱做「債務陷阱外交」(Debt-trap diplomacy)的手法,而這似乎也成了「一帶一路」計畫的新特徵。

「中國透過價值上兆的『一帶一路』計畫,在戰略地位重要的開發中國家支持當地基礎建設,但操作方式經常都是為這些國家的政府提供鉅額貸款,導致多國陷入債務陷阱,也因而必須受制於中國,」印度知名地緣政治策略專家布拉馬·謝蘭尼(Brahma Chellaney)寫道,「債務陷阱外交」這個詞就是他發明的。他認為「一帶一路」的目的並不是提升各國經濟,而是為了確保中國能取得天然資源,或是為中國公司「低成本的劣質出口商品」打通市場。

「在許多案例中,中國甚至派出本國營建工人,導致計畫在當地創造的工作數量變少[30]。」

厄瓜多跟中國貸款190億美元,來建設橋梁、高速公路、灌溉設施、學校,以及最重要的「科卡科多辛克雷」(Coca Codo Sinclair)大壩——據說可望解決能源短缺問題,並讓該

國擺脫貧窮。厄瓜多答應以石油支付許多合約的費用,而不是用現金還錢,結果出口的石油有80%都流向中國,中方以折扣價購得這些石油後,則可以再轉賣並從中牟利。

沒想到後來卻爆出一起國家級醜聞。《紐約時報》2018年12月的報導指出,大壩在啟用兩年後,「出現數千處裂縫,導致壩內機具碎裂,蓄水池內也積滿泥沙和樹枝。工程師試過要把設備加速到最快,但只操作過幾次,每次水壩都劇烈震動,導致全國電網短路。」同時,厄瓜多還必須盡快鑽出足夠的石油,來還欠中國的債。為此,該國不僅深入已經深受森林砍伐之苦的亞馬遜雨林探鑽,還必須削減社福支出,甚至關閉政府機構。

「中國的策略很明確,」厄瓜多的能源部長告訴《紐約時報》,「他們就是要掌控各國經濟[31]。」

在其他地方,中國也對受益於「一帶一路」的國家提出政治要求,如果對方不願低頭,就以陰險的手段施加壓力。

哈薩克石油豐富,而且戰略位置重要,位於中國新疆的西北邊界,有1,800萬人口,當地人民對於中國的勢力普遍感到不滿。

2015年11月,哈薩克通過一項所謂「土地改革」的法案,把允許外國公民租用國內土地的時限,從先前的10年延長到25年。在許多國家,這樣的法律變更可能不是什麼大不了的事,甚至可能讓市場變得自由,但哈薩克與中國接壤,所以當地農民十分焦慮,深怕中國投資人會一湧而入,用25年的合約租下他們的土地,然後再請政府用命令延長,實質上根本是把土地買下,導致他們變成中國契約奴。

根據BBC報導，2016年4月，在哈薩克的每個主要城市，都有大約一兩千人走上街頭抗議，在一個企圖全面封鎖反對意見的國家，這是相當大的數字[32]。

哈薩克之所以陷入困境，是因為國內油氣公司的控股權已落入中國官營企業手中[33]，而且哈薩克又是「上海五國」的創始成員，所以沒本錢和中共在外交上正面衝突，畢竟這個橫跨歐亞大陸的組織1996年成立時，就是為了提升區域安全並打擊恐怖主義[34]。

但中國不僅僅是對政府施壓而已，對批評中共的個人也一樣不放過。賽爾克堅・比拉什（Serikzhan Bilash）住在哈薩克前首都阿拉木圖（Almaty），從2016年起領導一個名為「阿塔珠爾特」的非營利活動組織（Atajurt，字面意思是父祖之國）。阿塔珠爾特和曾在中國集中營工作的哈薩克人薩依拉古麗・薩吾提拜（第十四章提過）合作，幫忙宣傳她的故事和想法。2018年7月，也就是反中抗議的兩年後，薩依拉古麗出庭受審，面臨可能被遣返回中國的窘境。她被控非法越過中國邊境，進入哈薩克，然後洩露關於集中營及營區技術的中國國家級機密。那場審判在哈薩克相當轟動。

「我嚇壞了，」她告訴我，「還覺得自己可能會在中國被判死刑。」

2018年8月，法官判薩依拉古麗六個月緩刑，她也得到瑞典的庇護。

審判結束後，薩依拉古麗和盟友十分害怕，覺得自己的人身安全受到威脅。某天晚上，有人潛入她律師家的花園，殺了律師的狗；2018年3月9日，則有四名神祕男子出現在賽爾

克堅‧比拉什的阿塔珠爾特辦公室，拒絕透露是受誰派遣，還命令現場員工不准記錄他們去過，然後便唐突地走了，但離開時，仍被員工拍了下來。

當晚，比拉什很擔心自己的安危，因此到旅館去住，希望能喘息一下，但隔天早上卻沒進辦公室，電話也都沒接，於是同事到旅館找人，結果發現他不見了。旅館的工作人員不願透露發生什麼事，同事擔心他可能是被綁架。

不久後，他妻子接到不明來電，結果就是比拉什打來的。他說他前一晚被當局強行從旅館帶走，搭機前往約1,000公里遠的阿斯塔納（Astana），但押走他的政府官員一直沒有說明他們的身分。

「我太太很擔心，」比拉什告訴我，「她一直打給我，畢竟我突然消失，讓她非常驚慌。」

後來，警方以「煽動種族不和」的罪名，對比拉什提出指控。他們所謂的證據是一段影片，片中的比拉什模糊地提到「聖戰」字眼，呼籲大眾以「資訊聖戰」對抗中國政策，但並沒有惡意。雖然如此，他仍可能得坐七年的牢。

比拉什說在2019年8月，「我接受了認罪協議，同意結束我的抗議行動，但我是被迫簽字的[35]。」

就這樣，比拉什搬到了土耳其，在那兒繼續社會運動。

不過，也並不是所有人都害怕中國，某些國家對於中方勢力倒是很歡迎。

在冷戰期間，巴基斯坦一直是美國忠實的盟友，但反恐戰爭開打後，美國批評巴基斯坦不可靠，因為巴國表面上支持美軍行動，實際上卻在阿富汗幫助塔利班民兵。

美國在阿富汗的軍事干預行動，使巴國數十年來亟欲擺脫的動盪局勢越演越烈，而且幾乎每天晚上，美軍都會在巴國境內發動無人機攻擊，突襲可能是恐怖分子的目標，所以巴基斯坦對美方也有埋怨。

「長期下來，我們已經知道美國人不太擅長遵守承諾了，」巴國政府的某位前任部長告訴《金融時報》[36]。

而中國似乎是可以取代美國的強大盟友，還能與美方抗衡。

巴基斯坦曾在第二大城拉合爾（Lahore）的五洲明珠大飯店（Pearl Continental Hotel）舉行會議，宣傳「中巴經濟走廊」這項新計畫，現場有一條橫幅寫著：「我們的友誼比喜馬拉雅山還高，比世上最深的海洋還深，而且比蜂蜜還甜。」習近平形容這條走廊是他的心頭好，也是「世紀工程」：投注於基礎建設的資金高達550億美元，包含要興建21座發電廠，解決長期缺電的問題[37]。

巴基斯坦不再找美國購買某些先進武器，開始向中國購入攻擊型潛艇，還與中國一同開發新型戰機[38]。

中國在中亞發起權力爭奪戰以後，也得到了該區出產的原物料，用於發展科技。

2016年，全世界的稀土元素如鏑、鋱和釔，有80%都是來自中國——製造電池和筆記型電腦，都需要用到這些元素。此外，中國在中亞的鄰居也蘊藏未來科技所需的稀土，以及可讓工業蓬勃發展的石油，所以還有更大潛力。

　　「未來學家和網路先驅總是在談論AI、地球大數據和機器學習的精彩世界，說這些技術將如何改變我們的生活、工作和思考方式，」任教於牛津大學的絲路歷史學家彼得・弗蘭科潘（Peter Frankopan）寫道，「但很少有人會問建構數位新世界的原料來自哪裡，如果供應短缺，或被幾乎壟斷全球供應的人當成商業或政治武器，又會發生什麼事[39]。」

第二十章

無處安身

❝ 各民族人民的滿足感、幸福感和安全感都持續提升。**❞**

——習近平

2019年4月，我人在伊斯坦堡時，開始聽到謠言：維吾爾人如果繼續待在土耳其，終究可能會有危險。土耳其是唯一公開譴責中國迫害維吾爾的穆斯林大國。

2019年2月，土耳其外交部發言人表示：「100多萬名維吾爾族突厥人被任意逮捕，在監禁營和監獄遭受折磨和政治洗腦，這已經不是祕密了。我們呼籲國際社會和聯合國祕書長採取有效措施，終結新疆的人道悲劇[1]。」

「這番宣言是很好，」阿不都外力予以肯定，「但我們不知道土耳其會堅持立場多久。別忘了，土耳其是專制國家，也獲益於中國的資金，或許會被錢收買也說不定。」

在冷戰期間，土耳其曾是美國忠心的盟友，在北大西洋公約組織的東南防線抵禦蘇聯勢力，但後來經濟衰弱，並在2018年陷入危機，導致貨幣崩盤，再加上貿易方面與美國對峙，所以局勢又更惡化。川普政府於2018年8月開始對土耳其實施制裁，並將鋼鐵關稅提高到50%。兩國關係之所以惡化，部分原因在於土耳其在敘利亞對美國支持的庫德人進行軍事行動，還逮捕一名在西岸開設宣道教會的美國牧師（後來有獲釋[2]）。

在面臨美國譴責和經濟困境之際，土耳其的做法和許多處境相似的國家一樣，那就是轉向中國求援，在2018年向中

終極警察國度

國貸款36億美元，用以刺激能源和運輸產業[3]，2019年10月又從中國央行獲得10億撥款[4]。但土耳其有沒有承諾什麼回報呢？

「我不信任這裡的政府，」阿不都外力告訴我，「很怕他們會被中國的錢收買，把所有維吾爾人遣送回去。」畢竟相同的事兩年前在埃及就發生過了。阿不都外力向我透露，他正在計畫申請寫作補助基金，然後搬到挪威，在那兒尋求庇護。

「挪威是堅強的現代民主國家，不會屈服於中國的錢和壓力，也能讓我自由地實踐我的信仰，在那裡我會覺得比較安全。民主是唯一的出路，人民必須珍惜、保護自己所擁有的一切。」

阿不都外力理當擔心自己的安全。他在社群中很有名，但知名的維吾爾人結局經常很悲慘——幾乎所有人都被當地新聞機構公開指控從事間諜活動，在中國政府的政治宣傳中被抹黑，或莫名地被遣送回中國。

某天早上，阿不都外力驚慌的WhatsApp訊息把我叫醒——噩耗降臨，他上了報紙頭條。某間土耳其國家主義報社指控他與美國中情局勾結[5]，接著，他便開始收到恐怖組織的恐嚇。

「我們身陷危險，」阿不都外力說，「中國已經伸出魔爪了。」

他必須立刻離開。於是，阿不都外力按照他的計畫撤退，在2019年4月抵達巴黎，同年7月到了挪威卑爾根（Bergen）並申請庇護。他猶如失根浮萍，但至少自由自在。

四個月後，阿不都外力對土耳其的擔憂成真了。2019 年 8 月，土耳其政府將一個維吾爾家庭驅逐出境，引渡到這家人擁有國籍的塔吉克，結果他們一降落在塔國機場，就立刻被移交給中國當局。社運人士告訴《金融時報》，在土耳其 3 萬人的維吾爾社群中，有 40 人喪失了居留權[6]。阿不都外力說社群中的許多人沒有效期內的護照。舊護照到期後，中國大使館拒絕在土耳其發放新護照給他們，他認為是想藉此逼這些人回鄉。

　　諷刺的是，中東的許多穆斯林國家是以伊斯蘭教法（Shariah law）專制統治，但眼見中國如此對待多半是穆斯林的維吾爾族，卻毫不吭聲、不願批評，反而選擇參加中國的一帶一路和平安城市計畫，取得中方監控技術，從中獲利，基本上就等同於加入中國的科技和地緣政治勢力圈，擺脫過去百餘年來被歐洲國家及美國主導的命運。面臨這樣的局勢演變，世界各地的維吾爾人都向我訴說了他們的恐懼與擔憂。

　　「有太多國家都犯下了這個大錯，」一名曾被拘禁的維吾爾人告訴我，「原本的殖民勢力看似被消除，但其實取而代之的，也只是另一股殖民勢力罷了。」

　　2019 年 7 月，聯合國人權理事會成員國發表了兩封關於新疆的公開信，其中一封反對中國對待維吾爾人的手段，另一封則支持，顯示親西方國家和親中陣線之間的分歧。

　　第一封信是這麼寫的：

我們呼籲中國遵守其國內法律及國際義務，

尊重新疆及全中國人民的人權和基本自由，

包括宗教或信仰自由；

同時也呼籲中國，請停止

對維吾爾族及新疆的其他穆斯林和少數民族進行任意拘禁，

亦不應限制其人身自由[7]。

　　加拿大、挪威、日本、英國和歐洲幾乎所有民主國家的代表，都簽署了這封信，美國則因一年多前剛退出人權理事會而沒簽。眼見中國對新疆實施監控手段，穩定繁榮的民主國家堅守自身價值，不惜出言批評。

　　另一封信則立場相反，內容截然不同，簽署的代表分別來自卡達、阿拉伯聯合大公國、科威特、埃及、沙烏地阿拉伯、敘利亞，以及南美、非洲和亞洲的許多獨裁政權：

中國面對恐怖主義和極端主義的嚴峻挑戰，

在新疆採取了一連串的反恐和去極端化措施，

設立職業教育培訓中心就是其中之一。

現在，新疆已歸復於安全穩定，

當地所有民族的基本人權也都受到妥善保護[8]。

到了2019年夏天，梅森已重新整頓好她的生活。她告訴我，說出自身故事的過程，就像一場心理治療，幫助她和過去的苦難和解。「但我也很擔心，」她向我透露，「在土耳其，我們可能不會永遠安全。」

她希望能到美國讀博士。

「這是我的夢想，」她說，「我想當學者。」

一直到那時，梅森都還是很擔心自己所剩時間不多，怕自己待在土耳其也可能會有麻煩。2019到2020年間的幾乎每一個月，我打開新聞，都會看到維吾爾人被監禁或遣送回中國，人數之多，讓我很驚恐，我訪問過的另一位維吾爾作家阿不都瑞木・伊明・巴拉奇（Abdurehim Imin Parach）就是其中之一。2020年3月某天，他在伊斯坦堡的一家維吾爾餐廳吃飯時，便衣刑警突然出現，把他抓去關，一句解釋也沒有。

「他們把我帶到幾百公里外的一棟冰冷建築，」他告訴我，「然後（三個月後）又沒來由地把我放走，叫我不准批評中國。」

未來又會怎麼樣呢？中國觀察家多半認為，共產黨在自家怎麼行事，到國外也會是同一個樣，最糟的狀況就是將新疆式的社會控制向外輸出，而且這絕非不可能。

終極警察國度

結語　終結圓形監獄

眼見極權主義、世界大戰和種族屠殺在二十世紀發生，十分有先見之明的幾位作家認為，如果我們不採取行動，世界終將變成反烏托邦。阿道斯・赫胥黎（Aldous Huxley）在他1932年的著作《美麗新世界》（*Brave New World*）中，描寫虛構的世界政府將嚴格的階級制度強加在兒童身上，並發放忘憂藥給人民，讓大家忘記活在二十六世紀的反烏托邦有多絕望[1]。17年後，歐威爾在1949年出版《1984》，書中的政府更加公然極權，透過猶如圓形監獄的監控體系來控制人民[2]。

其實，還有其他著作更精準地預示了當今的世界。1968年出版的《站在桑吉巴島》（*Stand on Zanzibar*）比較沒那麼有名，但美國科幻作家約翰・布魯納（John Brunner）在該書中的預測準到離奇：他認為到了2010年，全球會有70億人，呈現人口過剩狀態；民眾會讀短新聞，在社群網路上即時回應，就像推特那樣；中國會成為美國的主要競爭對手，而且非裔美籍的「歐巴馬總統」（President Obomi）會入主白宮[3]。

這些科幻作家提出假設性問題，希望藉由描繪失控的未來，刺激讀者仔細思考眼前的決策。做對決策可以帶來進步，但如果做錯，則會把社會推向反烏托邦。新疆就是他們想像中的那種反烏托邦。

我們面臨的，已經不是假設性的問題了。事情已經發生，現在該問的是：「要怎麼處理？」

科技無所不在地充斥現代生活，已經普遍到我們經常忘

了自己是如何被科技影響，但技術使用方面的規範卻遠跟不上。十年來，智慧型手機設計、社群媒體交流和電子商務技術都歷經長足進步，現在，全世界又即將邁入新一波的科技革命：在某些領域，AI可發展出超級智慧，逐漸超越人類。

但知名未來學家和技術專家都認為，AI短期內應該不太可能複製人類大腦的運作方式。儘管如此，我們還是不能太過樂觀，斷定AI一定辦不到，或認為新疆的監控手段不會擴散到全球各地。AI已經無所不在，時時監控我們的購買和點擊行為，學習如何在不知不覺中，悄悄影響我們的決定，但卻幾乎沒有任何規範，一般人對此技術也瞭解不多。AI能駕駛飛機、安全降落，能制定價值十億美金的投資決策，也能判讀心電圖、主導製造流程等等。

「如果世上所有智慧軟體都突然停止運作，現代文明也會停頓不前，」未來學家雷‧庫茲威爾（Ray Kurzweil）2005年曾如此預測，當時，AI還遠不如現在進步普及[4]。

所以眼前的問題，並不是AI監控會不會在不久後的將來滲透人類社會，而是政府和掌握珍貴智慧財產的企業有沒有能力規範AI、保護民主？企業會不會以股東要求為重，只在乎擴大利潤；會不會聽命於政府，更進一步地加強防範流行病、打擊犯罪的安全措施？

過去十年間，美國有數百個警察部門，其實都已開始使用與中國類似的AI和人臉辨識系統，只是手法沒那麼專制，但這些系統的使用方式一直都很不透明，也幾乎不曾接受審查。

在2018和2019年發布的許多研究中，美國政府的國家標

準暨技術研究院（National Institute of Standards and Technology）
和其他研究機構一致發現，AI系統對有色人種和女性有偏
見。2019年的一項政府研究顯示，亞裔和非裔美籍男性被錯
認的機率，是白人男性的100倍，女性機率也比男性高，至於
中年白人男性則幾乎不會被錯認[5]。

　　為什麼會這樣？AI不是執法部門的超智慧救星嗎？不是
應該要揪出人類偏見、終結歧視嗎？在美國，研究結果突顯了
領導者日漸瞭解到的事實：AI系統中，會帶有系統建置者的
影子。演算法是由人類打造並餵入資料，所以也會反映出開發
人員的缺陷。更糟的是，我們對警察機構收集資料的方式並不
完全理解，不曉得資料品質如何，也不知道警方是如何用未公
開的演算法處理這些資料，整套體系相當缺乏查核和平衡機
制。

　　新疆的「現況」也不能完全歸咎於科技進步，而是因為
決策者決定要以壓迫手段，不留餘地、毫無人性關懷地使用
科技，導致無辜的人被誤認、被冠上莫須有的罪名，或因為
「懷抱恐怖主義思想」的荒謬指控而消失。

　　但無論如何，西方已開始反對使用中國部署於新疆的技
術了。

　　首先是洛杉磯警局（LAPD）不再繼續PredPol，這是預測
性執法領域最早開始的計畫之一，當時的目標是要找出財產犯

罪率最高的社區。2019年7月，LAPD宣布終止此計畫，其他警局也紛紛比照辦理。

「PredPol並沒有幫助我們破案，」加州帕羅奧圖（Palo Alto）的警方發言人告訴《洛杉磯時報》。

但事情並不是這樣就結束。美國的18,000個警局中，仍有60個使用PredPol系統[6]。

反觀中國，即使用盡各種監控技術，也沒能及時揪出本世紀殺傷力最強的流行病：Covid-19。

2019年12月31日，中國向世界衛生組織（WHO）通報其中部城市武漢發生群聚感染肺炎的事件[7]。中方把該病症稱為「肺炎」，起初認為是源自海鮮批發市場。這種市場髒亂又不衛生，販賣胡亂切剁的生豬肉、牛肉和雞肉，但長時間放在室外沒有保鮮，也幾乎完全不受任何規範。後來我們才知道，那是一種新型的冠狀病毒，Covid-19[8]。全球各國因而封鎖，2020一整年的經濟活動也幾乎完全停擺。

Covid-19也蔓延到美國，導致市中心和海邊的度假村空無一人。這時，中國崛起激出的漣漪，直接波及了美國領土。中國不再只是影子裡的專制政權，不再只是朦朧、遙遠的警察帝國，西方世界也無法再忽略中方的文化與行為，認為這一切離我們很遠，不會有什麼直接影響。在貿易、旅遊與觀光交流之下，中國已經和全球緊密相連，似乎怎麼擋都不可能阻止Covid-19迅速席捲全球之勢。中國領導人的決策大錯特錯，不僅囚禁披露Covid-19的吹哨者[9]，買通大批網民壓下網路報導[10]，面對疫情散播，反應也不夠敏捷[11]，後果卻得由全世界一起直接承擔。

自稱「戰狼」的中國外交官不願和全球合作，嘗試緩解疫情，還針對要求調查中國是否有隱瞞之嫌的國家，發表憤怒又尖銳的聲明。中方官媒把澳洲貶低成「黏在中國鞋底的口香糖」，中國駐法大使館則胡亂指控法國安養院的職員「整晚離開工作崗位……害住在那兒的老人餓死、病死[12]。」

　　美國駐廣州（中國東南部的城市）領事館發出警告，指出中國政府歧視境內黑人，企圖捏造病毒來自非洲的假象，轉移注意力，讓各界忘記病毒實際的起源是中國。

　　那則警告寫道：「為達成此目的，警方命令酒吧和餐廳不得為看起來是非裔的客人提供服務；此外，當地官員還對曾有『非洲接觸史』的民眾強制執行Covid-19檢測，並強迫隔離，無論近期有沒有出國、先前是否已完成隔離，無一例外[13]。」

　　中國外交部發言人趙立堅曾在推特上與外國官員和記者激烈論戰，甚至發出一連串的推文，聲稱是美國士兵將Covid-19帶到中國。

　　「說不定是美軍把疫情帶到武漢，」他這麼寫道，還說：「不要躲躲藏藏！公布你們的資料！美國欠我們一個解釋！」Covid-19是由美軍帶到中國的陰謀論，迅速在中國境內散播開來[14]。

　　Covid-19之所以危險，原因不僅在於病毒本身的威脅，也是因為出現得太過突然，政府難以招架，只能趕忙加強社會控制，形成權力過度擴張的局面，偏偏法律又沒有規定政府在疫情後必須放棄這些權力。

　　某些政府機關已顯露出不願放棄這些新權力的跡象，還將防疫期間取得的資料用於執法或監控政治異議分子。緊急狀

態下授予的許多法律權力，並沒有明定一段時間後終止的退場條款，所以除非政府選擇撤銷，否則這些權力基本上會永久存續。2020年3月，英國國會迅速通過一項340頁的法律，准許政府首長無限期隔離及拘留人民，關閉機場和港口，禁止公眾集會和抗議活動，而且幾乎沒有監督機制；同年3月，以色列總理班傑明‧納坦雅胡（Benjamin Netanyahu）授權國家安全機構使用祕密手機資料追蹤公民，但其實這些資料本來是為了反恐而開發；匈牙利總理維克多‧歐爾班（Viktor Orban）宣布全國進入緊急狀態後，則因為一道新法通過，而獲得中止現行法規的大權[15]。

在這一切發生之際，美國公司卻仍積極入手中國科技。疫情肆虐期間，路透社2020年4月29日的報導指出，亞馬遜向大華科技購買1,500台紅外熱成像攝影機，價值近1千萬美元，要用來測量員工體溫。大華因為在新疆違反人權一事，被美國列入制裁名單，但亞馬遜並未被判違反美國制裁規定。雖然如此，美方工業安全局（Bureau of Industry and Security）仍警告：「以任何形式與制裁名單上的實體進行交易，都會引發『紅色警示』，建議美國公司處理此類交易時謹慎行事[16]。」

2020年5月的喬治‧佛洛伊德（George Floyd）之死，引發數百場譴責警察暴力的抗議，那年夏天，在明尼亞波利斯、芝加哥、波特蘭、華盛頓特區等地都有人走上街頭。當時，各

界已開始探討用科技防疫的議題，關於警方如何使用科技的爭議也迅速升溫。

　　美國科技巨頭面臨民眾的反彈和政府的擔憂。許多人認為這些技術容易歧視少數族群，而且用途不正當。AI新創公司Dataminr協助警方監控社群媒體，掌握社群平台抗議者的所在地和行動，而且很不尋常地有權使用推特的「Firehose」——有了這個功能，使用者只要按下「發送」，Dataminr就能撈到他們公開發布的每一則推文，讓抗議者十分不安[17]。

　　2020年6月，IBM執行長阿溫德・克里希納（Arvind Krishna）寫信給國會，宣布IBM將不再開發臉部辨識技術。

IBM不再提供通用性IBM人臉辨識或分析軟體，
並堅決反對且不容忍將任何技術
（包括其他供應商的人臉辨識技術）
用於大規模監控、種族歸納、侵犯基本人權與自由，
或任何不符合本公司價值觀及「信任與透明原則」
（Principles of Trust and Transparency）的用途。
我們認為現在應展開全國性對話，
探討國內執法機構應如何使用臉部辨識技術。

AI是很強大的工具，能幫助執法機構保障人民安全，
但AI供應商和使用者也應共同負責，
確保AI技術確實經過偏誤測試（尤其是要用於執法的技術），
而且要對此類測試進行審查與報告[18]。

兩天後，亞馬遜也宣布一年內禁止警察部門使用自家的臉部辨識技術[19]；微軟則表示，除非聯邦政府通過「以人權為基礎」的法律來規範人臉辨識，否則將不出售相關技術給警方[20]。美國的監控體系就此受限，但可能也只是暫時而已。

至於新疆的「現況」則持續惡化。2020年7月，中國當局宣布新疆進入「戰時」狀態，接著警方就逐戶上門。據《紐約時報》報導，他們警告所有居民待在家裡，還封鎖房屋建築，不許任何人進出。

醫療機構在新疆發現800名Covid-19確診病例，這是中國自七個月前在武漢爆發疫情以來最嚴重的一波感染。新疆有100多萬人擠在拘禁中心，每個牢房都至少塞了幾十名囚犯，自然成為病毒的完美溫床[21]。

當局開始強迫新疆的集中營囚犯和一般居民喝中藥，但其實根本沒有證據顯示這能有效對抗病毒。

某營區的警衛還叫囚犯脫光衣服、把臉遮住，然後用消毒液往所有人身上沖[22]。這種封鎖措施極度嚴厲，即始是以中國的標準來看也十分罕見，似乎只是為了強化終極警察國家的權力，並沒有什麼實質效益。

美中在以牙還牙的局面中越陷越深，情勢越來越危險，似乎完全無解。2020年5月，美國政府暫停供應半導體給華為。這種硬體零件是驅動AI革命的引擎，華為卻無處尋購，於是在中國南部那片綠意盎然的企業園區陷入緊急狀態，高階主管焦急地想找辦法解決，因為公司的晶片庫存只能撐到2021年[23]。

那年夏天，就連在美國大學讀書、持有合法學生簽證的中國學生，都在美國機場被質問、篩查，學生們說那是「騷擾」[24]。

美國發動這種「零和」對抗，猶如對自己的腳開槍，可能會導致國內亟需的中國AI人才離開。在技術方面，美國是領先全球一大截沒錯，但也是因為能夠吸引優秀人力，才能維持這樣的地位。

2020年6月，芝加哥保爾森基金會（Paulson Institute）專門進行中國相關研究的馬可波羅（MacroPolo）智庫發現，六成的「頂尖」AI研究人員都在美國大學與企業服務，而且任職於美國的頂尖研究人員中，超過三分之二的人都是在其他國家取得大學學位。

此外，全球有29%的頂尖AI研究人員是在中國取得大學學位，但56%的人選擇在美國工作、生活[25]。

但美中會陷入零和局面，中方也有錯：中共政府迫害維吾爾人，營造對習近平如邪教般的個人崇拜，透過新法賦予國家莫大的權力，威脅對華為技術提出合理關切的所有國家，還採取不透明的劣質治理手法，因而助長Covid-19散播；此外，中國外交官更奉行戰狼式的民族主義，只要他國政府不服從中國指令，就一律斥責、威脅──這一切的一切，都徹底摧毀國際社會對中國所剩無幾的信任。

　　在驚濤駭浪的2020年，世界各地發生許多動盪，而中國則傾盡全力，趁此時機完成國家復興計畫。在習近平的統治下，中國似乎慢慢找回過去歷史強國的地位，在新的威權統治體系下，國族的驕傲也重新升起。科技是這波復興的核心：在中國追尋國族的歷史血脈之際，新科技也讓中國得以躍升現代化的行列，帶來繁榮與進步。

　　繼新疆之後，香港也成了受害者。中共當局在當地部署人臉辨識技術，迅雷不及掩耳地打壓支持民主的抗議民眾。2020年6月，中國立法機構通過國家安全法規，正式把香港納入中國（香港原本是中國的特別行政區，因為1997年才由英國交還，所有享有民主特權）。該法律禁止以隱晦方式「反抗」中國，只要有任何異議，幾乎都可判處刑期。

　　中共當局實施該法後，進行長期打壓，逮捕提倡民主的示威者，首當其衝的就是八位民選議員和一名富裕的報社老闆。挺民主的反對黨議員因而全體請辭，就這樣，香港落入了中國的專制統治[26]。

　　在新式軍事科技的加持下，中國也得以加速國家願景中的領土擴張計畫。2020年6月，中國和印度軍隊在喜馬拉雅山

區發生衝突，造成60人死亡。印度政府擔心中國進行間諜及網路滲透行動，因此加入美國的行列，提議禁用中國開發的TikTok和WeChat等應用程式。

2020年10月，中國開始廣泛散播一段影片，內容模擬對台灣入侵，還實際派出戰機靠近台灣領土示威。自從1945年10月，反共勢力撤退到台灣並統治當地以後，中國就一直企圖「收回」該島；至於中國共產黨則是在1949年取得中國大陸的控制權[27]。2020那一整年，中國多次無視國際法規，聲稱大片南海都是中方國土，還騷擾美國、印度、越南和其他國家的海軍船隻[28]。

此外，中國也持續加強無所不在的審查機制，監禁一名企業大亨，以及批評習近平領導方式及中國疫情應對措施的兩位教授[29]；11月時，為了報復澳洲，還對該國的葡萄酒徵收高達212%的關稅，等同封鎖葡萄酒產業最大的出口市場。中國聲稱發現傾銷證據，澳洲則認為中共這麼做是為了懲罰他們要求調查疫情起源[30]。

數十年前，歐美領導人曾呼籲各界要接納中國崛起，但就當今的局面來看，和解的希望似乎已然破滅。

眼見中國崛起，梅森很是擔心。

數十名維吾爾人都告訴我，他們很怕家人和朋友永遠無法離開集中營，怕終極警察帝國永遠不會瓦解。

兩年多前，也就是2019年時，我訪問過中共的前間諜尤瑟夫・阿梅特。他在電視節目上揭露自己的身分，後來在土耳其成了暗殺目標，他認為殺手就是中國情報特工。2020年11月2日晚上十一點，尤瑟夫離開伊斯坦堡的一位朋友家時，肩膀被射中兩次，傷勢嚴重，送往醫院治療。土耳其警方展開調查，但截至2021年3月仍未找到兇手[31]。

2020年12月，梅森聽說了令人驚慌的消息：中國與土耳其簽署了引渡條款，如此一來，土國可能會被迫遣返有「恐怖主義」之嫌的維吾爾人。不過土耳其尚未正式批准條款，也並未表示打算何時批准[32]。

梅森越來越害怕被送回中國了。如果她在安卡拉被找到，可能會被冠上當局捏造的叛亂罪名，被遣送回國，然後再次關進集中營，因為她敢於發聲，公然反對中國政府。

「土耳其的狀況讓我很擔心，我很怕他們會為了中國的錢，而簽下那份協議，畢竟投資對他們來說，是很重要的事。」截至2021年2月23日，土耳其尚未批准條款。

隨著中國這個終極警察帝國的勢力擴散到全球，梅森開始意識到她要展開新生活是多麼困難，畢竟周遭發生了這麼多戲劇化的事件，她也難以置身事外。

「這就是二十一世紀的警察帝國，」她說，「我們身處在新的時代，現在的專制手段已經不一樣了。」

終極警察國度

梅森說維吾爾族的生育率急遽下降，她和許多研究人員都認為這是政府策略，目的就是悄悄地逐漸消滅整個民族——不必複製二十世紀惡名昭彰的殘暴手段，將民眾送入毒氣室，或埋進大型墳墓，也能達到相同目的。

新疆之所以會面臨這種情況，是因為當局長期實施相關政策，要求維吾爾和其他少數民族的婦女採取避孕措施、墮胎、絕育，或透過醫療程序植入子宮內避孕器（IUD）。

「研究顯示，隨著極端主義被消滅，新疆維吾爾婦女的心靈也獲得解放，社會提倡性別平等和生育健康，讓她們不必再當生孩子的機器，也因此變得更加自信、獨立，」2021年1月，中國駐美大使館以一貫的含糊說法如此宣稱[33]。

2021年1月19日，美國國務院以強制絕育為由，宣布新疆的「現況」等同於種族屠殺。「我相信這場種族屠殺仍在進行中，中國執政黨持續利用系統性機制，企圖滅絕整個維吾爾民族，」國務卿龐培歐在一份聲明中這麼說，還表示中國官員「進行強迫同化，最終目的就是要消滅宗教弱勢的少數族群[34]。」美國聲明新疆的遭遇等同「種族屠殺」後，可能促使各界祭出更嚴厲的制裁，並加深中國與西方的嫌隙。

兩週後，集中營大規模強姦的報導出現，梅森和阿不都外力聽說後都覺得很駭人，但並不是太訝異[35]。「那些故事我有聽過，」梅森說，但未曾親眼目睹。

強姦報導曝光的將近三週後，加拿大國會於2月22日投票透過一項非約束性決議，認定中國對待維吾爾人的手段等同種族屠殺。

對於這項指控，中國激烈否認。「新疆根本沒有什麼種

族屠殺，」中方駐加國大使叢培武如此回應[36]。無論各界對中國的行徑怎麼定義，無論是叫「種族屠殺」、「人權犯罪」或「人權暴行」，我訪問過的所有人幾乎都認為，新疆的「現況」是本世紀最大的人權慘劇，也預示人類如果不設法因應科技的快速進展，未來可能會面臨多可怕的局面。

阿不都外力的侄女米日阿依（Mihriay）一直打電話給他，打了好幾個月。數年前，她曾在他現已倒閉的新疆幼稚園教維吾爾語。「她非常聰明，兩個月內就能教會小朋友認字。」阿不都外力表示，他和米日阿依在人生的道路上，是志同道合的夥伴。

2014年12月，米日阿依拿獎學金前往日本東京大學，與叔叔阿不都外力一樣研讀語言。近四年後，隨著「現況」惡化，中國當局開始從新疆打電話騷擾她。他們不滿阿不都外力在土耳其發表反對政府的網路文章，要她轉告叔叔。「她一直要我停手，」阿不都外力說。

警方又語出威脅，說米日阿依要是不盡快回新疆，就要拘禁她仍在喀什的母親。米日阿依在2019年6月屈服，回到了喀什。

之後，米日阿依就被拘禁並送進集中營了，也不知道是什麼時候發生的事。2021年2月23日，阿不都外力接到一名中國友人的電話，說他年僅30歲的侄女不知為何被送進醫

院，結果不治身亡。阿不都外力認為，有鑑於當時的情況，米日阿依不太可能是自然死亡，當局應該有涉入，可能是為了報復阿不都外力在國外的行動。

「她想效法我、追隨我，」阿不都外力深感罪惡，「但我卻做了壞榜樣。如果我是個只想賺錢、享受生活的人，她現在可能還活著。我終於瞭解到，不管我們做什麼，都無法保護集中營裡的家人。」

悲傷哀慟之餘，阿不都外力想起他走過的路，並思考他現在的處境。

「我年輕時，曾在中國的一所大學演講，說科技會改變世界，說沒有人能遏止言論自由，說只要有心追求自由，就沒有任何人能阻擋。我這麼告訴學生和追隨我的那些人，承諾他們更美好的世界。」

「但我辜負了他們。科技並沒有使人自由，即使活在看似自由開放的世界，也仍舊是數位監獄的囚犯。我們曾經期待的美好未來，根本從未到來。」

至於梅森則在說出自身經歷的過程中，慢慢放下了過去。她不確定未來會怎樣，但想擺脫現下的憂慮，好好地繼續活下去。「我不想再回想以前的事了，」她告訴我，「我那麼努力地讓自己重新站起來，終於釐清了發生在我身上的事。現在也該往前走了。」

於是她暫時與我道別。「不論之後發生什麼事，我都會像之前一樣，持續思考說出故事的意義。故事自有其生命，」我們告別時她這麼說，「只要故事留存，我們也就能跟著繼續活下去。」

致謝

　　我能寫成這本書，完全得歸功於數十位難民、學者、外交官和外國通訊記者的勇氣和無私奉獻，我非常欣賞他們的研究與作為，曾深入研讀，也有幸聽到他們的分享與見證。其中許多人是冒著生命危險，或在可能因而丟掉工作的情況下，幫忙蒐集、編纂有關新疆監控體系的首批證據。在當今的世界，中國的財力和市場具有很大的影響力，無論是好萊塢、NBA或大學管理階層，都紛紛因而開始自我監管、查核員工。在這樣的時代，敢於投身新疆事務，是很不容易的。

　　舉例來說，2019年10月，休士頓火箭隊的經理達雷爾・莫雷（Daryl Morey）透過推特聲援香港的反送中抗爭。當時那場民主示威的主要訴求，是抗議中國大陸侵吞香港政府的權力，並譴責警察對抗議者使用暴力。對此，雷霸龍・詹姆斯（LeBron James）反而指稱莫雷「對情況不夠瞭解[1]」。2020年8月，NBA聯盟和球員明明曾達成共識，表示願意在美國投入「有意義的警察和刑事司法改革[2]」，所以雷霸龍這樣的立場令人十分不解。

　　2020年，中國成為全球最大的電影市場，有14億的潛在觀眾，對好萊塢來說相當有利可圖。龐德電影《007：空降危機》（*Skyfall*）中，有一句關於中國警方使用刑求手段的對白，刪掉後才得以在中國上映[3]；2020年8月，迪士尼真人版電影《花木蘭》的片尾字幕中提到新疆的八個政府機構（包括負責監管維吾爾、哈薩克等少數民族集中營的吐魯番市公安

終極警察國度

局），感謝這些單位合作，允許《花木蘭》在新疆拍攝[4]。

2020年6月，視訊會議軟體公司Zoom應中國政府要求，將三個帳戶停權。政府聲稱這些帳戶正在舉辦「非法」線上集會，紀念1989年6月的六四天安門民主運動。

這三個帳號甚至都不是設在中國大陸，雖然擁有者都是社運分子，但其中兩人在美國，另一人則在香港。Zoom承認這是「失誤」，並宣布：「Zoom往後將不允許中國政府的要求影響到中國大陸境外的任何用戶。」然而，該公司卻也表示，正在開發協助中國實行國家審查制度的技術。「接下來這些日子，Zoom將開發新技術，讓用戶可以根據地理位置，從參與者層級進行刪除或封鎖操作[5]。」

到了2020年12月，美國司法部指控Zoom在中國的一群員工，將中國境外用戶的姓名、電子郵件地址和IP位址提供給中國情報機構。其中一名嫌犯還被控偽造證據，刻意使人誤以為某些帳號散播恐怖主義與色情內容，但其實只是舉行天安門事件的線上紀念活動[6]。

我特別感謝維吾爾作家兼語言學家阿不都外・阿尤普。我們都住在土耳其伊斯坦堡時，他擔任這本書的翻譯和助理。他提倡語言人權，尤其是將維吾爾語及文化代代相傳的權利，卻因相關著述與作為而被中國抓到拘禁中心、施以酷刑。終於，他在2015年8月獲釋並離開中國，我就是在那時認

識他的。他在土耳其繼續撰寫民主相關文章，張貼在他的網站上，結果卻收到某個與敘利亞有涉的恐怖組織捎來死亡威脅，土耳其某家報紙還指控他是間諜。2019年4月，他逃離土耳其，現居挪威。

我在伊斯坦堡進行研究、寫這本書時，遇到了我想廝守終身的伴侶格茲德（Gözde）並娶她為妻。我交出手稿後不久，我們就在土耳其和希臘相爭的愛琴海海域出航，在船上訂婚；2020年7月，在位於土耳其心臟地帶（伊斯坦堡西側）的泰基爾達（Tekirdag）舉行風光明媚的婚禮。

我也很感謝維吾爾詩人兼電影製片人塔依爾‧哈穆特，在2018年對我的所有幫助。塔依爾聽說最好的朋友被抓去集中營以後，深怕家人也會成為「再教育」的目標（基本上就是洗腦，只是中國說得好聽），於是2017年8月火速帶著他們離開新疆，差一點就來不及。塔希依爾花了30多個小時接受我訪問，讓我瞭解他在終極警察帝國統治下的個人經歷。

邁赫米提江‧阿不杜蓋提（Mehmetjan Abudugayiti）是我在華府的維吾爾助理。他在2011年10月獨自逃離中國，至今已多年沒有親人的消息。

在自由亞洲電台（華盛頓的非營利廣播組織），有許多負責維吾爾語服務的記者十分鍥而不捨；此外，在2017年秋天，《BuzzFeed News》的前中國總編李香梅（Megha Rajagopalan）首開先河地大幅報導新疆新聞。相關消息猶如水庫洩洪，一湧而出，但她也被迫離開中國，放棄她在那兒建立的生活和職涯；另一方面，眼見自由亞洲電台的維吾爾記者交出精彩報導，中國則將他們在新疆的家人送進集中營，以示報復。

終極警察國度

曾住在新疆的斌吉恩（Gene Bunin）也被迫離開。吉爾吉斯的一家報紙指控他是外國間諜，他到了烏茲別克，卻又被拒絕入境，可能是因為他在這兩個國家與社運人士碰面，還秉持無私的精神，在他的網站shahit.biz上替維吾爾、哈薩克及其他突厥少數民族說出他們的故事。在維吾爾語中，shahit是「見證」的意思。

華盛頓特區喬治城大學的歷史教授米華健給我很大的鼓勵，並在寫這本書之初帶我認識新疆和中亞歷史的基本知識。

尚恩・羅伯茲（Sean Roberts）是我母校喬治華盛頓大學的人類學教授，他帶我走入新疆和「突厥世界」的文化與社會──那一整片的綠洲、大草原和山脈，始於中國西部，橫跨裏海和黑海之間的中亞地區，最後延伸至土耳其。

人權觀察組織的中國研究員王松蓮（Maya Wang）也發表許多很有價值的報告。我會訪問到王松蓮，是因為有一群維吾爾人企圖逃離埃及。當時埃及警方在中國特工的協助下追捕他們，於是我和她一起寫信給庇護法庭，為那群維吾爾人的故事背書，讓他們能在法國得到庇護。

「維吾爾人權計畫」的執行主任烏麥爾・卡納特（Omer Kanat）和該組織的專案經理妮可・莫格瑞特（Nicole Morgret）協助我蒐集證據，還介紹我認識維吾爾社群的重要人士。賽爾克堅・比拉什和他在哈薩克的社運團體「阿塔珠爾特」（字面意義為「父祖之國」）也提供證詞，並介紹我訪問重要的哈薩克證人。

住在明尼蘇達州的德國人類學家鄭國恩研究公開標案及官媒文件，收集了大量關於集中營營建工程的資料。

維多莉亞・羅威・霍爾布魯克（Victoria Rowe Holbrook）和穆賽希特・卡恰（Mücahit Kaçar）活躍於土耳其文學領域，是很著名的學者。他們慷慨地為這本書翻譯了十五世紀的詩歌。

在這本書的構思及產出方面，我要感謝以下各位：這本書是由PublicAffairs出版公司的編輯克里夫・普利德（Clive Priddle）負責出版。他在新疆的故事中看見重要的寓意，認為應該出版成書。都是因為有克里夫和他的助理埃努・羅伊・夏都里（Anu Roy-Chaudhury）幫忙，我的手稿才能化身為一本書。

埃倫・林茲勒（Alan Rinzler）是我這本書及先前作品的開發編輯，他也看見相似的潛力，於是幫忙整理、刪減我早先的筆記，歸納出結構和故事情節。接著。威爾・墨菲（Will Murphy）對本書再做了一次修訂，對行文有很大的幫助。

大衛・哈爾普恩（David Halpern）是我在紐約 The Robbins Office 出版公司的經紀人。他接受我的作品、為我背書，而且相信我的寫作能力。

來自台灣的李文儀是才華橫溢的科技記者，她替這本書進行了徹底的事實查核，並提供很難找到的研究資料。

謝謝喬許・庫爾蘭茲克（Joshua Kurlantzick）、羅姆科・布羅克（Remco Breuker）、戴文・斯圖爾特（Devin Stewart，願你安息）、潔寧芙・弗萊德（Genevieve Fried）和珍・阿托薩（Jaan Altosaar）不吝閱讀我的手稿，並給我建議。

感謝新聞調查基金（Fund for Investigative Journalism）慷慨贊助，讓我能支付行旅、調查和報導所需的費用。

終極警察國度

2021 年 2 月 23 日，寫於土耳其伊斯坦堡

備註

除非另有註明，否則梅森、阿不都外力、尤瑟夫、其他維吾爾族與哈薩克族難民、以及華為、曠視和商湯員工的直接引言，都是取自作者本人進行的訪問。

前言　現況

1. 作者在2017年12月到訪新疆時，第一次聽到「現況」這個詞，是維吾爾嚮導所說，指的是警察監控越來越嚴重的現象；擔任作者助理的維吾爾難民阿不都外力‧阿尤普，則是2016年1月從逃出中國、躲到土耳其的維吾爾難民口中首次聽到。

2. Radio Free Asia, "Chinese Authorities Jail Four Wealthiest Uyghurs in Xinjiang's Kashgar in New Purge," January 5, 2018, https://www.rfa.org/english/news/uyghur/wealthiest-01052018144327.html.

第一章　新的疆土

1. Paul Mozur, "Looking through the Eyes of China's Surveillance State," New York Times, July 16, 2018, https://www.nytimes.com/2018/07/16/technology/china-surveillance-state.html.

2. Joyce Liu and Wang Xiqing, "In Your Face: China's All-Seeing State," BBC News, December 10, 2017, https://www.bbc.com/news/av/world-asia-china-42248056.

3. Stephen Chen, "How Tensions with the West Are Putting the Future of China's Skynet Mass Surveillance System at Stake," South China Morning Post, September 23, 2018, https://www.scmp.com/news/china/science/article/2165372/how-tensions-west-are-putting-future-chinas-skynet-mass.

4. Human Rights Watch, "China: Big Data Fuels Crackdown in Minority Region," February 26, 2018, https://www.hrw.org/news/2018/02/26/china-big-data-fuels-crackdown-minority-region.

5. Albert von Le Coq, Buried Treasures of Chinese Turkestan: An Account of the Activities and Adventures of the Second and Third German Turfan Expeditions (London: G. Allen & Unwin, 1928), 37, https://archive.org/stream/in.ernet.dli.2015.279757 /2015.279757.Buried-Treasures_djvu.txt.

6. Peter Hopkirk, Foreign Devils on the Silk Road, paperback 2nd ed. (London: John Murray, 2016), 9–12.

7. Rian Thum, The Sacred Routes of Uyghur History (Cambridge, MA: Harvard University Press, 2014), 2–7, 196–97.

8. Marco Polo, The Travels of Marco Polo (New York: Penguin, 1958), 80–81.

9. Jane Perlez and Yufan Huang, "Behind China's $1 Trillion Plan to Shake Up the Economic Order," New York Times, May 13, 2017, https://www.nytimes.com/2017/05/13/business/china-railway-one-belt-one-road-1-trillion-plan.html.

10. BBC News, "China to Try Eight People over Deadly Tiananmen Attack," May 31, 2014, https://www.bbc.com/news/world-asia-china-27647842; Associated Press, "Urumqi Car and Bomb Attack Kills Dozens," May 22, 2014, https://www.theguardian.com/world/2014/may/22/china-urumqi-car-bomb-attack-xinjiang.

11. BBC News, "Four Charged over Kunming Mass Knife Attack," June 30, 2014, https://www.bbc.com/news/world-asia-china-28085994.

12. BBC News, "Imam of China's Largest Mosque Killed in Xinjiang," July 31, 2014, https://www.bbc.com/news/world-asia-china-28586426.

13. Clifford Coonan, "Suspected Hijackers Die Following On-Board Flight," Irish Times, July

3, 2012, https://www.irishtimes.com/news/suspected-hijackers -die-following-on-board-fight-1.527852.

14. Sami Moubayed, Under the Black Flag: At the Frontier of the New Jihad (London: I.B. Taurus, 2015), 168.

15. Xinhua, "Respected Imam's Murder Is Anti-Humanity, Anti-Islam," August 1, 2014, http://en.people.cn/n/2014/0801/c90882-8764198.html.

16. Carter Vaughn Findley, The Turks in World History (Oxford: University of Oxford Press, 2004).

17. James A. Millward, "'Reeducating' Xinjiang's Muslims," New York Review of Books, February 7, 2019, https://www.chinafile.com/library/nyrb-china-archive/reeducating-xinjiangs-muslims.

18. Thum, The Sacred Routes of Uyghur History, 2–7, 171–77.

19. George Soros, In Defense of Open Society (New York: PublicAffairs, 2019), 16–17.

20. "Facebook Shows Another Foreign Spy Hidden behind CNRP to Topple the Government," Fresh News, August 24, 2017, http://freshnewsasia.com/index .php/en/63667-facebook-2.html.

21. Erin Handley and Niem Chheng, "Filmmaker James Ricketson Charged," Phnom Penh Post, June 9, 2017, https://www.phnompenhpost.com/national/filmmaker-james-ricketson-charged.

22. "Latest Updates: CNRP Leader Kem Sokha Arrested for 'Treason,'" Cambodia Daily, September 3, 2017, https://www.cambodiadaily.com/news/nrp-leader -kem-sokha-arrested-treason-134249/.

23. 取自2017年8到9月的兩períods高棉語新聞，資料由作者所有。

第二章　圓形監獄

1. Nanchang Public Security Bureau, "75 Behavioral Indicators of Religious Extremism," September 8, 2015, http://www.ncga.gov.cn/e/action/ShowInfo.php?classid=1256&id=5881。該頁面已被撤除，下架日期不明，但人權觀察的網站仍有部分翻譯："'Eradicating Ideological Viruses': China's Campaign of Repression against Xinjiang's Muslims," September 9, 2018, https://www.hrw.org/report/2018/09/09/eradicating-ideological-viruses/chinas-campaign-repression-against-xinjiangs#_ftn5。

2. Egypt Independent, "China to Invest $11.2 Billion in Projects for Egypt's New Administrative Capital," September 4, 2017, https://egyptindependent.com/china-invest-11-2-billion-projects-egypts-new-administrative-capital/.

3. Human Rights Watch, "Egypt: Don't Deport Uyghurs to China," July 18, 2017, https://www.hrw.org/news/2017/07/08/egypt-dont-deport-uyghurs-china#.

4. Human Rights Watch, "Egypt: Don't Deport Uyghurs to China."

5. Al Jazeera, "Egypt Arrests Chinese Muslim Students amid Police Sweep," July 7, 2017, https://www.aljazeera.com/news/2017/7/7/egypt-arrests-chinese-muslim-students-amid-police-sweep.

6. 亞斯曼後來帶著家人飛到巴黎尋求庇護，我在華盛頓特區時，協助他們在法國找到安身之處。

7. Megha Rajagopalan, Alison Killing, and Christo Buschek, "China Secretly Built a Vast New Infrastructure to Imprison Muslims," BuzzFeed News, August 27, 2020, https://www.buzzfeednews.com/article/meghara/china-new-internment-camps-xinjiang-uighurs-muslims。作者寫道：「BuzzFeed News利用衛星影像，並訪問曾被關的數十名囚犯，對中國的集中監禁系統進行了截至目前為止最廣泛的調查，發現自2017年起，共有超過260處集中營建成，且營區皆有土地被徵收後改建為監禁場所的跡象。在中國最西部的新疆地區，幾乎每個郡縣都至少有一座集中營。」

8. Lao Mu, "Vocational Education and Training Centers in Xinjiang Represent New Path to Address Terrorism," People's Daily Online, September 10, 2019, http://en.people.cn/n3/2019/0910/c90000-9613730.html.

9. Steven Jiang and Ben Westcott, "China's Top Uyghur Official Claims Most Detainees Have Left

備註

Xinjiang Camps," CNN.com, July 30, 2019, https://edition.cnn.com/2019/07/30/asia/xinjiang-official-beijing-camps-intl-hnk/index.html.

10. Xinhua News Agency, "Full Transcript: Interview with Xinjiang Government Chief on Counterterrorism, Vocational Education and Training in Xinjiang," October 16, 2018, http://www.xinhuanet.com/english/2018-10/16/c_137535821.htm.

11. Radio Free Asia, "Xinjiang Political 'Re-Education Camps' Treated Uyghurs 'Infected by Religious Extremism': CPP Youth League," August 8, 2018, https://www.rfa.org/english/news/uyghur/infected-08082018173807.html.

12. Austin Ramzy and Chris Buckley, "'Absolutely No Mercy': Leaked Files Expose How China Organized Mass Detentions of Muslims," New York Times, November 16, 2019, https://www.nytimes.com/interactive/2019/11/16/world/asia/china-xinjiang-documents.html.

13. 除了作者的訪問之外，類似的說法也可見於：Allison Killing and Megha Rajagopalan, "What They Saw: Ex-Prisoners Detail the Horrors of China's Detention Camps," BuzzFeed News, August 27, 2020, https://www.buzzfeednews.com/article/alison_killing/china-ex-prisoners-horrors-xinjiang-camps-uighurs。

14. 作者的訪問及：Killing and Rajagopalan, "What They Saw"。

15. Chris Buckley, "China's Prisons Swell after Deluge of Arrests Engulfs Muslims," New York Times, August 31, 2019, https://www.nytimes.com/2019/08/31/world/asia/xinjiang-china-uighurs-prisons.html.

16. 資料來自作者取得的外洩中國電報；亦見：Ramzy and Buckley, "'Absolutely No Mercy'"。

17. Rajagopalan, Killing, and Buschek, "China Secretly Built a Vast New Infrastructure to Imprison Muslims".

18. Rustem Shir, "Resisting Chinese Linguistic Imperialism: Abduweli Ayup and the Movement for Uyghur Mother-Tongue-Based Education," Uyghur Human Rights Project, May 2019, https://docs.uhrp.org/pdf/UHRP_Resisting_Chinese_Linguistic_Imperialism_May_2019.pdf。媒體報導和人權報告經常誤稱阿不都外力被拘禁了3年，但他表示其實是在四處集中營被關了總共15個月。

19. 作者和梅森同意不要揭露她在社會學中研讀的確切主題，因為說出來以後，很容易就能查到她的身分。

20. 這些內容詳細記錄於作者的訪談資料中，某些受訪者選把中國間諜和家人的通話錄音提供給作者；亦見德國 Deutsche Welle, "How China intimidates Uighurs Abroad by Threatening Their Families," July 11, 2019, https://www.dw.com/en/how-china-intimidates-uighurs-abroad-by-threatening-their-families /a-49554977。

第三章　天網已鎖定你

1. 梅森成長於1990年代，當時冷戰剛結束，維吾爾人開始主張民族身分，1997年曾在新疆伊寧縣抗議。警方對抗議者動用武力，造成大約數十人喪命，但官方聲稱只有9人身亡。梅森表示，她的說法是基於小時候的印象。在成長過程中，她過得很優渥舒適，與外界隔絕，而且家族政治關係良好，那時政府對維吾爾人的壓迫也遠不及現在這麼嚴重。如想深入瞭解伊寧縣的抗議和後續的刑求與處決，可參考英國 Channel 4 新聞台 1997年的新聞記錄片：https://www.youtube.com/watch?v=4RUCOrg2Pb0。

2. Human Rights Watch, "We Are Afraid to Even Look for Them: Enforced Disappearances in the Wake of Xinjiang's Protests," October 20, 2009, https://www.hrw.org/report/2009/10/20/we-are-afraid-even-look-them/enforced-disappearances-wake-xinjiangs-protests.

3. 作者 2018年2月到7月間，在土耳其伊斯坦堡與維吾爾極端聖戰士的訪談。

4. Nate Rosenblatt, "All Jihad Is Local: What ISIS' Files Tell Us About Its Fighters," New America Foundation, July 2016, https://na-production.s3.amazonaws.com/documents/ISIS-Files.pdf.

5. Kevin Wang, "Chinese City Bans Beards, Islamic-Style Clothing on Busses During Event," CNN.com, August 6, 2014, https://www.cnn.com/2014/08/06/world/asia/china-beard-ban/index.html；亦見新浪新聞，〈Xinjiang Karamay: Those with Large Beards and Four Kinds of Dressing Banned from Taking Buses（新疆克拉瑪依：留鬍鬚等五種人員禁乘公車）〉，2014年8月5日，http://news.sina.com.cn/c/2014-08-05/210530635703.shtml。中文文章標題由作者的助理幫忙翻譯成英文。

6. Human Rights Watch, "'Eradicating Ideological Viruses'"。中文規定可參考《新疆維吾爾自治區宗教事務條例》，2014；亦見新華社，〈Bans on Wearing Veils, Garment Covering Face in Public Places in Urumqi Are Approved〉（烏魯木齊公共場所禁止穿戴蒙面罩袍的規定獲批），2015年1月10日，http://www.xinhuanet.com/politics/2015-01/10/c_1113948748.htm。中文文章標題由作者的助理幫忙翻譯成英文。

7. Tom Phillips, "China Launches Massive Rural 'Surveillance' to Watch Over Uighurs," Telegraph, https://www.telegraph.co.uk/news/worldnews/asia/china/11150577/China-launches-massive-rural-surveillance-project-to-watch-over-Uighurs.html.

8. Thum, The Sacred Routes of Uyghur History, 23.

9. Thum, The Sacred Routes of Uyghur History, 16。「如果此記錄有錯，我懇請有智識者以補註方式修正，讓故事成形」，第72頁的一段手稿寫道。美國紐奧良羅耀拉大學（Loyola University）教授利恩．圖姆（Rian Thum）是專門研究新疆地區的歷史學家，他在第15頁寫道，梅森熱愛的當地歷史「並不是只由專家記錄形塑，而是由大眾共同創造而成，比較類似維基百科的編纂方式，而不像希羅多德（Herodotus）的《歷史》（Histories）或西非的《桑迪亞塔》（Sundiata）史詩。」

10. Tian Han and Nie Er, "March of the Volunteers," 1935, http://english1.english.gov.cn/2005-08/16/content_23523.htm。從中文翻譯而成。

11. Frank Dikötter, The Cultural Revolution: A People's History, 1962–1976 (London: Bloomsbury Press, 2017), i–xix。作者在第18頁寫道：「雖然就喪命人數而言，文化大革命的殺傷力遠不如早先的許多事件（尤其是毛澤東毀滅式的大饑荒），但卻留下許多破碎的生命和文化浩劫。根據各界資料，在文革的那十年間，共有150到200萬人喪生，但無止盡的公開譴責、逼迫招供、批鬥和迫害行動，更是毀了無數人的一生。」亦見：Anne Thurstone, Enemies of the People (New York: Knopf, 1987), 208–9。

12. Raisa Mirovitskaya and Andrei Ledovsky. "The Soviet Union and the Chinese Province of Xinjiang in the Mid-1930s," Far Eastern Affairs 35, no. 4 (2007): 92–103。華盛頓特區的伍德羅．威爾遜國際學者中心（Woodrow Wilson International Center for Scholars）也有保存完善的蘇聯解密檔案，名為〈China and the Soviet Union in Xinjiang, 1934–1949〉，詳見線上資料庫：https://digitalarchive.wilsoncenter.org/collection/234/china-and-the-soviet-union-in-xinjiang-1934-1949。

13. James A. Millward, Eurasian Crossroads: A History of Xinjiang (London: Hurst Publishers, 2007).

14. Ezra F. Vogel, Deng Xiaoping and the Transformation of China (Cambridge, UK: Belknap Press, 2011), ch. 16, "Accelerating Economic Growth and Opening, 1982–1989," 450–75, and ch. 24, "China Transformed," 693–712, Kindle ed.

15. 1990到2000年代的美國重要政策、報紙社論和時下流行的言論，都反映出當時對於中國的樂觀態度，譬如柯林頓總統曾表示：「中國加入世界貿易組織後，不僅會進口更多美國產品，也等於同意將經濟自由帶入其國內，這是民主社會最珍貴的價值之一。中國經濟越開放，人民也越能將潛力發揮到極致，展現自身的動力、想像力和令人敬佩的企業精神。這樣一來，每個人都將有能力做夢，更能實現夢想，也必然會開始要求更多權利。」〈柯林頓中國貿易法案演說全文〉（speech, Paul H. Nitze School of Advanced International Studies at the Johns Hopkins University, Washington, DC, March 9, 2000），由聯邦新聞室錄

終極警察國度

製，https://www.iatp.org/sites/default/files/Full_Text_of_Clintons_Speech_on_China_Trade_Bi.htm。中國在2001年加入世貿組織時，在華盛頓特區的政治圈內，對此抱持質疑態度的人不太受重視，常被視為保護主義者，包括貿易律師Robert E. Lighthizer, "A Deal We'd Be Likely to Regret," New York Times, April 18, 1999, https://www.nytimes.com/1999/04/18/opinion/a-deal-wed-be-likely-to-regret.html。

16. Zheng Wang, Never Forget National Humiliation: Historical Memory in Chinese Politics and Foreign Relations (New York: Columbia University Press, 2012), ch. 5, "From Vanguard to Patriot: Reconstructing the Chinese Communist Party," 119–41.

17. Bethany Allen-Ebrahimian, "Meet China's Salman Rushdie," Foreign Policy, October 1, 2015, https://foreignpolicy.com/2015/10/01/china-xinjiang-islam-salman-rushdie-uighur/。維吾爾語版《自殺的藝術》電子書請見：https://elkitab.org/oluwelish_senitiperhat_tursun/。作者也訪問了帕爾哈提·吐爾遜的幾名友人，包括詩人塔依爾·哈穆特、記者兼歷史學家艾賽提·蘇來曼，以及語言學家阿不都外力·阿尤普，收集了關於吐爾遜生平的更多資訊。吐爾遜於2018年1月在新疆被監禁，根據shahit.biz的受害者資料庫（https://shahit.biz/eng/viewentry.php?entryno=2）來看，他應該被判處了很長的刑期，因此作者聯絡不到他，無法訪問本人。

18. Bethany Allen-Ebrahimian, "Meet China's Salman Rushdie."

第四章　中國崛起

1. David Kirkpatrick, "How Microsoft Conquered China," Fortune, July 17, 2007, https://money.cnn.com/magazines/fortune/fortune_archive/2007/07/23/100134488/.

2. Robyn Meredith, "(Microsoft's) Long March," Forbes, February 17, 2003, https://www.forbes.com/forbes/2003/0217/078.html?sh=86a319f6802c.

3. Kirkpatrick, "How Microsoft Conquered China."

4. Kirkpatrick, "How Microsoft Conquered China."

5. Mara Hvistendahl, "China's Tech Giants Want to Go Global. Just One Thing Might Stand in Their Way," MIT Technology Review, December 19, 2018, https://www.technologyreview.com/2018/12/19/138226/chinas-tech-giants-want-to-go-global-just-one-thing-might-stand-in-their-way/.

6. Sunray Liu, "Microsoft Builds R&D Dream Team in Beijing," EE Times, September 9, 1999, https://www.eetimes.com/microsoft-builds-rd-dream-team-in-beijing/.

7. Kai-fu Lee, AI Superpowers: China, Silicon Valley, and the New World Order (Boston: Houghton Mifflin Harcourt, 2018), 4–5.

8. Good Morning America, "Casper: Apple's initial Voice First System from 1992," https://www.youtube.com/watch?v=8De_KxYt1pQ。該影片於2017年1月20日由YouTube使用者Brian Roemmele張貼，1992年透過《早安美國》（Good Morning America）首次公開播放。

9. 王晶晶，〈中國互聯網的黃埔軍校〉，中國人民網，https://www.weibo.com/p/10016439985 98932131471。在牛津大學攻讀博士的人類未來學院（Oxford Future of Humanity Institute）羅德學者（Rhodes scholar）Jeff Ding將這篇中文文章翻譯成英文，透過他的ChinAI網路電子報發布。文中寫道：「但是1998的春天，李開復正經歷自己的『失敗時期』，當時他在矽谷一家名叫SGI的公司擔任副總裁，因為製作的產品過於先進而找不到市場，他被迫出售自己負責的多媒體公司，正為此四處奔走。」Ding的翻譯可見於：https://chinai.substack.com/p/chinai-37-happy-20th-anniversary。

10. Kai-fu Lee, AI Superpowers, 89.

11. Mara Hvistendahl, "China's Tech Giants Want to Go Global. Just One Thing Might Stand in Their Way," MIT Technology Review, December 19, 2018, https://www.technologyreview.com/2018/12/19/138226/chinas-tech-giants-want-to-go-global-just-one-thing-might-stand-in-

their-way.

12. Kai-fu Lee, AI Superpowers, 16.

13. Richard P. Apple baum, et al., Innovation in China: Challenging the Global Science and Technology System (Cambridge, UK: Polity, 2018), 8 and ch. 5, "How Effective Is China's State-Led Approach to High-Tech Development?" The authors sum up China's innovation model as an "often contradictory blend of heavy-handed state-driven development and untrammeled free enterprise."

14. Elizabeth C. Economy, The Third Revolution: Xi Jinping and the New Chinese State (Oxford: Oxford University Press, 2018), ch. 3, "ChinaNet," 55–90.

15. Joseph Kahn, "Yahoo Helped Chinese to Prosecute Journalist," New York Times, September 8, 2005, https://www.nytimes.com/2005/09/08/business/worldbusiness/yahoo-helped-chinese-to-prosecute-journalist.html.

16. G. Elijah Dann and Neil Haddow, "Just Doing Business or Doing Just Business: Google, Microsoft, Yahoo! and the Business of Censoring China's Internet," Journal of Business Ethics 79, no. 3 (2008): 219–34, https://www.jstor.org/stable/25075661?seq=1。《中國日報網》有提供〈中國互聯網行業自律公約〉的完整內容，March 26, 2002, http://govt.chinadaily.com.cn/s/201812/26/WS5c23261f498eb4f01ff253d2/public-pledge-of-self-regulation-and-professional-ethics-for-china-internet-industry.html。

17. Economy, The Third Revolution, ch. 3, "ChinaNet," 63–65.

18. Evan S. Medeiros, Roger Cliff, Keith Crane, and James C. Mulvenon, "A New Direction for China's Defense Industry," 205, Santa Monica, CA: Rand Corporation, 2005, https://www.rand.org/pubs/monographs/MG334.html.

19. 中國科學院，"Issues in Building a National Innovation System," High Technology Development Report（高技術發展報告），Beijing, 2005, http://www.bdp.cas.cn/zlyjjwqgl/ptcg/201608/t20160830_4572983.html。

20. James Palmer, "Nobody Knows Anything About China," Foreign Policy, March 21, 2018, https://foreignpolicy.com/2018/03/21/nobody-knows-anything -about-china/.

21. Citi Research, "Hangzhou Hikvision Digital Technology," August 4, 2015, https://img3.gelonghui.com/pdf201508/pdf20150805155951188.pdf.

22. 伊爾凡指稱華為有涉新疆事務的說法，符合澳洲戰略政策研究所對中國科技公司活動的調查：ASPI, "Mapping China's Tech Giants: Huawei," https://chinatechmap.aspi.org.au/#/company/huawei；他的說法亦符合監控技術新聞網站IPVM的調查：Charles Rollet, "Dahua and Hikvision Win over \$1 Billion in Government- Backed Projects in Xinjiang," IPVM, April 23, 2018, https://ipvm.com/reports/xinjiang-dahua-hikvision。

23. 如欲詳細瞭解影像監控的歷史，請見：John Honovich, "Video Surveillance History," IPVM, May 6, 2020, https://ipvm.com/reports/history-video-surveillance。

24. Honovich, "Video Surveillance History."

25. Olivia Carville and Jeremy Kahn, "China's Hikvision Has Probably Filmed You," Bloomberg Quint, May 23, 2019, https://www.bloombergquint.com/technology/china-s-hikvision-weighed-for-u-s-ban-has-probably-filmed-you.

26. 伊爾凡畫出詳細的示意圖表，向作者解釋他們如何建置監視攝影系統，並把資料傳輸到政府及企業的監控室。這些圖表由作者持有。

27. Steven Millward, "5 years of WeChat," Tech in Asia, January 21, 2016, https://www.techinasia.com/5-years-of-wechat.

28. Steven Millward, "Tencent CEO: Weixin Group Messaging App Hits 100 Million Users," Tech in Asia, March 29, 2012, https://www.techinasia.com/tencent-weixin-100-million-users.

29. Steven Millward, "Just Short of 2 Years Old, WeChat App Surpasses 300 Million Users," Tech in

Asia, January 16, 2013, https://www.techinasia.com/confirmed-wechat-surpasses-300-million-users.

30. Associated Press, "Number of Active Users at Facebook over the Years," October 24, 2012, https://finance.yahoo.com/news/number-active-users-facebook-over-years-214600186--finance. html; Jemima Kiss, "Twitter Reveals It Has 100M Active Users," Guardian, September 8, 2011, https://www.theguardian.com/technology/pda/2011/sep/08/twitter-active-users.

31. Zheping Huang, "All the Things You Can—and Can't—Do with Your WeChat Account in China," Quartz, December 28, 2017, https://qz.com/1167024/all-the -things-you-can-and-cant-do-with-your-wechat-account-in-china/。作者根據2012到2016年使用微信的經驗,確認了文章中未列出的功能。為保護中國的受訪者,作者2016年後便不再使用微信。

32. BBC, "Timeline: China's Net Censorship," June 29, 2010, https://www.bbc.com/news/10449139.

33. 伊爾凡畫了詳細的圖表,解釋微信監控機制的技術原理。這些圖表由作者所有。伊爾凡對於微信監控的說法,與作者訪問的另一位維吾爾族前技術工作者相符;此外,因「可疑微信活動」而在中國被警方拘禁的其他許多維吾爾人,說法也和伊爾凡一致。舉例來說,有一名維吾爾女性就曾因使用微信,而在2013年被拘禁,詳見:Isobel Cockerell, "Inside China's Massive Surveillance Operation," Wired, May 9, 2019, https://www.wired.com/story/inside-chinas-massive-surveillance-operation/。

34. Amnesty International, "How Private Are Your Favourite Messaging Apps?," October 21, 2016, https://www.amnesty.org/en/latest/campaigns/2016/10/which-messaging-apps-best-protect-your-privacy/。國際特赦組織寫道:「騰訊擁有中國最受歡迎的兩大通訊應用程式微信和QQ,但在我們的通訊隱私評分中墊底,滿分100,騰訊只得0分,不僅沒能確切遵守任何標準,也沒有公開聲明不會答應政府要求,置入『後門』以取得加密訊息,是唯一未發表這項聲明的企業。」

第五章　深度神經網絡

1. Jessica Brum, "Technology Transfer and China's WTO Commitments," Georgetown Journal of International Law 50 (2018): 709–43, https://www.law.georgetown.edu/international-law-journal/wp-content/uploads/sites/21/2019/10/GT-GJIL190043.pdf.

2. Remco Zwetsloot, "China's Approach to Tech Talent Competition: Policies, Results, and the Developing Global Response," in report series Global China: Assessing China's Growing Role in the World, Brookings Institution, Washington, DC, April 2020, https://www.brookings.edu/wp-content/uploads/2020/04/FP_20200427_ china_talent_policy_zwetsloot.pdf.

3. Kai-fu Lee, AI Superpowers, 6–8.

4. 感謝谷歌的前AI工程師協助我調整這段深度神經網絡說明的用詞。

5. Michael Chui, James Manyika, Mehdi Miremadi, Nicolaus Henke, Rita Chung, Pieter Nel, and Sankalp Malhotra. "Notes from the AI Frontier: Applications and Value of Deep Learning," McKinsey Global Institute, April 17, 2018, https://www.mckinsey.com/featured-insights/artificial-intelligence/notes-from-the-ai-frontier-applications-and-value-of-deep-learning#.

6. Andrew Ross Sorkin and Steve Lohr, "Microsoft to Buy Skype for $8.5 Billion," New York Times, May 10, 2011, https://dealbook.nytimes.com/2011/05/10/microsoft-to-buy-skype-for-8-5-billion/.

7. The World Bank, "Individuals Using the Internet (% of Population)—China," https://data.worldbank.org/indicator/IT.NET.USER.ZS?locations=CN.

8. China Internet Network Information Center, "The Internet Timeline of China (2011)," February 19, 2013, https://cnnic.com.cn/IDR/hlwfzdsj/201302/t20130219_38709.htm.

9. Dave Gershgorn, "The Inside Story of How AI Got Good Enough to Dominate Silicon Valley," Business Insider, June 28, 2018, https://qz.com/1307091/the -inside-story-of-how-ai-got-good-

enough-to-dominate-silicon-valley/.

10. 感謝谷歌的前 AI 工程師接受我訪問，向我說明技術細節以及 GPU 科技的商業應用。

11. Allison Linn, "Microsoft Researchers Win ImageNet Computer Vision Challenge," AI Blog, Microsoft, December 10, 2015, https://blogs.microsoft.com/ai/microsoft-researchers-win-imagenet-computer-vision-challenge/.

12. Crunchbase, "Series A—MEGVII," announcement of Series A funding round, July 18, 2013, https://www.crunchbase.com/funding_round/megvii-technology-series-a--927a6b8b.

13. Shu-Ching Jean Chen, "SenseTime: The Faces behind China's Artificial Intelligence Unicorn," Forbes Asia, March 7, 2018, https://www.forbes.com/sites/shuchingjeanchen/2018/03/07/the-faces-behind-chinas-omniscient-video-surveillance-technology/?sh=5efc95584afc.

14. Chen, "SenseTime."

15. Ryan Mac, Rosalind Adams, and Megha Rajagopalan, "US Universities and Retirees Are Funding the Technology behind China's Surveillance State," Buzz- Feed News, May 30, 2019, https://www.buzzfeednews.com/article/ryanmac/us-money-funding-facial-recognition-sensetime-megvii.

16. Nvidia, "AI Powered Facial Recognition for Computers with SenseTime," https://www.youtube.com/watch?v=wMUmPumXtpw。影片由 YouTube 使用者 NVIDIA 於 2016 年 6 月張貼，是在輝達 2016 年的新創公司創意發表會（Emerging Companies Summit）錄製。

17. Aaron Tilley, "The New Intel: How Nvidia Went from Powering Video Games to Revolutionizing Artificial Intelligence," Forbes, November 30, 2016, https:// www.forbes.com/sites/aarontilley/2016/11/30/nvidia-deep-learning-ai-intel/?sh=ba1b3777ff1e.

18. Paul Mozur and Don Clark, "China's Surveillance State Sucks Up Data," New York Times, November 24, 2020, https://www.nytimes.com/2020/11/22/tech nology/china-intel-nvidia-xinjiang.html.

19. Nvidia, "AI Powered Facial Recognition."

20. Nvidia, "AI Powered Facial Recognition."

21. Nvidia, "AI Powered Facial Recognition."

22. Kai-fu Lee, AI Superpowers, 104–5.

23. Zhang Ye, "Translation Tech Booms in Xinjiang," Global Times, April 26, 2017, https://www.globaltimes.cn/content/1044253.shtml.

24. Danielle Cave, Fergus Ryan, and Vicky Xiuzhong Xu, "Mapping More of China's Tech Giants: AI and Surveillance," Issues Paper No. 24, Australian Security Policy Institute, December 2019, https://www.aspi.org.au/report/mapping-more-chinas-tech-giants.

25. Alexandra Harney, "Risky Partner: Top U.S. Universities Took Funds from Chinese Firm Tied to Xinjiang Security," Reuters, June 13, 2019, reuters.com/article/us-china-xinjiang-mit-tech-insight-idUSKCN1TE04M.

26. Cave, Ryan, and Xiuzhong Xu, "Mapping More of China's Tech Giants."；亦見〈新疆攜手華為企業雲推進「天山雲」應用〉，December 15 2015，https://web.archive.org/web/20191119 031933/https://www.huaweicloud.com/。

27. Forbes, "Ren Zhengfei," https://www.forbes.com/profile/ren-zhengfei/?sh=3516b5cd2e6e.

28. Bloomberg, "Huawei CEO Ren Zhengfei Survived a Famine, but Can He Weather President Trump?," December 10, 2018, https://www.straitstimes.com/asia/east-asia/huaweis-ceo-ren-zhengfei-survived-a-famine-can-he-weather-president-trump.

29. 2020 年 7 月 8 日與普拉默以及美中另外三名華為員工的訪談。

30. Chen, "How Tensions with the West Are Putting the Future of China's Skynet Mass Surveillance System at Stake."

31. National Security Agency, "Why We Care," Codeword "Shotgiant," January 1, 2010, released

終極警察國度

March 22, 2014, https://search.edwardsnowden.com/docs/Shotgiant2014-03-22_nsadocs_
snowden_doc.

32. David E. Sanger and Nicole Periroth, "N.S.A. Breached Chinese Servers Seen as Security Threat," New York Times, March 22, 2014, https://www.nytimes.com/2014/03/23/world/asia/nsa-breached-chinese-servers-seen-as-spy-peril.html.

33. Sanger and Periroth, "N.S.A. Breached Chinese Servers Seen as Security Threat."

34. Michael S. Schmidt, Keith Bradsher, and Christine Hauser, "U.S. Panel Cites Risks in Chinese Equipment," New York Times, October 8, 2012, https://www.nytimes.com/2012/10/09/us/us-panel-calls-huawei-and-zte-national-security -threat.html.

35. Natasha Khan, Dan Stumpf, and Wenxin Fan, "The Public Face of Huawei's Global Fight," Wall Street Journal, January 19, 2019, https://www.wsj.com/articles/the-public-face-of-huaweis-global-fight-11547874008.

36. Von Jacob Apple baum, Judith Horchert, and Christian Stöcker, "Catalog Advertises NSA Toolbox," Der Spiegel, December 29, 2013, https://www.spiegel.de/international/world/catalog-reveals-nsa-has-back-doors-for-numerous-devices -a-940994.html.

37. Glenn Greenwald, "How the NSA Tampers with US-Made Internet Routers," Guardian, May 12, 2014, https://www.theguardian.com/books/2014/may/12/glenn-greenwald-nsa-tampers-us-internet-routers-snowden。思科得知此事後，則把包裹送到無人的地址，收件者也是假身分，藉此擺脫NSA的干預，詳見：Darren Pauli, "Cisco Posts Kit to Empty Houses to Dodge NSA Chop Shops," Register, March 18, 2015, https://www.theregister.com/2015/03/18/want_to_dodge_nsa_supply_chain_taps_ask_cisco_for_a_dead_drop/。

38. National Security Agency, "HALLUXWATER: Ant Product Data," June 24, 2008, 5, https://www.eff.org/files/2014/01/06/20131230-appelbaum-nsa_ant_catalog.pdf.

39. Paul Sandle and Jane Barrett, "Huawei CEO Says Not Surprised by U.S. Spying Reports," Reuters, May 2, 2014, https://www.reuters.com/article/uk-huawei-tech-ren/huawei-ceo-says-not-surprised-by-u-s-spying-reports-idINKBN0DI18B20140502.

40. Keith Bradsher, "Amid Tension, China Blocks Vital Exports to Japan," New York Times, September 22, 2010, https://www.nytimes.com/2010/09/23/business/global/23rare.html.

41. Bradsher, "Amid Tension, China Blocks Vital Exports to Japan."

42. Martin Fackler and Ian Johnson, "Japan Retreat with Release of Chinese Boat Captain," New York Times, September 24, 2010, https://www.nytimes.com/2010/09/25/world/asia/25chinajapan.html.

43. Yoko Kubota, "Japan Releases China Fishing Boat Captain: Report," Reuters, September 24, 2010, https://fr.reuters.com/article/us-japan-china-idUSTRE68I06520100924.

44. Gary Brown and Christopher D. Yung, "Evaluating the US-China Cybersecurity Agreement, Part 1: The US Approach to Cyberspace," Diplomat, January 19, 2017, https://thediplomat.com/2017/01/evaluating-the-us-china-cybersecurity-agreement-part-1-the-us-approach-to-cyberspace/.

45. Reuters, "Google Exit Appears to Benefit Top China Rival, Baidu," April 29, 2010, https://www.nytimes.com/2010/04/30/technology/30baidu.html.

第六章　你覺得我是機器人嗎？

1. 漢族和維吾爾族對彼此的看法還有其他許多細微的差異和複雜之處，視受訪的人而定。如要深入瞭解這個主題，可參考這本資訊豐富的研究作品：Tom Cliff, Oil and Water: Being Han in Xinjiang (Chicago: University of Chicago Press, 2016)。

2. Charlotte Brontë, Jane Eyre: An Autobiography (London: Service & Paton, 1897), ch. 23, published online in the public domain from Project Gutenberg, at https://www.gutenberg.org/

files/1260/1260-h/1260-h.htm.

3. Andrew Jacobs, "At a Factory, the Spark for China's Violence," New York Times, July 15, 2009, https://www.nytimes.com/2009/07/16/world/asia/16china.html.

4. Human Rights Watch, "'We Are Afraid to Even Look for Them.'"

5. Agence France-Presse, "Footage of the 2009 Ethnic Violence in Xinjiang," July 4, 2010, https://www.youtube.com/watch?v=bEz4frM0riA.

6. BBC, "Xinjiang Arrests 'Now over 1,500," August 3, 2009, http://news.bbc .co.uk/2/hi/asia-pacific/8181563.stm.

7. Ben Blanchard, "China Tightens Web Screws after Xinjiang Riot," Reuters, July 6, 2009, https://www.reuters.com/article/us-china-xinjiang-internet-idUSTRE 5651K420090706.

8. Human Rights Watch, "'We Are Afraid to Even Look for Them.'"

9. Ilham Tohti, "My Ideals and the Career Path I Have Chosen," Pen America, April 9, 2014, https://pen.org/my-ideals-and-the-career-path-i-have-chosen/。中文原版請見：https://s3.amazonaws.com/wenyunchao_ share/Ilham_01.html。

10. Tohti, "My Ideals and the Career Path I Have Chosen."

11. Tohti, "My Ideals and the Career Path I Have Chosen."

12. Cliff. Oil and Water, ch. 1, "Constructing the Civilized City," 27–49.

13. Information Office of the State Council, People's Republic of China, "Full Text: The History and Development of the Xinjiang Production and Construction Corps," white paper, October 5, 2014, http://english.sina.com/china/2014/1004/742790.html。中文原版請見：http://www.scio.gov.cn/zfbps/ndhf/2014/Document/1382598/1382598.htm。這份政府白皮書中的兵團歷史充滿政治宣傳色彩，讀者不應輕易相信，但可從中瞭解中國看待兵團歷史的視角。

14. Millward, Eurasian Crossroads, 178–234.

15. Thomas Matthew and James Cliff, "Neo Oasis: The Xinjiang Bingtuan in the Twenty-first Century," Asian Studies Review 33 (March 2009), 83–106.

16. Author's interviews in 2017 and 2018 with former Uyghur and Han residents of Xinjiang. Also see Cliff, Oil and Water, ch. 5, "Lives of Guanxi," 144–48.

17. Ilham Tohti（Cindy Carter 翻譯）"Present-Day Ethnic Problems in Xinjiang Uighur Autonomous Region: Overview and Recommendations," Daxiong Gonghui, https://ilhamtohtisite.files.wordpress.com/2016/09/ilham-tohti_present -day-ethnic-problems-in-xinjiang-uighur-autonomous-region-overview-and-recom mendations_complete-translation3.pdf。確切發布日期不詳，不過是在土赫提2014年1月被捕的一陣子後刊登於「大象公會」網站。土赫提是在2011至2013年間撰寫並修改本文。

18. Tohti, "My Ideals and the Career Path I Have Chosen."

19. Tohti, "My Ideals and the Career Path I Have Chosen."

20. Tohti, "My Ideals and the Career Path I Have Chosen."

第七章　偉大復興

1. Barbara Demick, "'Red Song' Campaign in China Strikes Some False Notes," Los Angeles Times, June 3, 2011, https://www.latimes.com/world/la-xpm-2011-jun -03-la-fg-china-red-20110604-story.html.

2. Austin Ramzy, "The 2010 TIME 100: Bo Xilai," Time, April 29, 2010, http://content.time.com/time/specials/packages/article/0,28804,1984685_1984864 _1985416,00.html.

3. Ian Johnson, "China's Falling Star," New York Review of Books, March 19, 2012, https://www.nybooks.com/daily/2012/03/19/chinas-falling-star-bo-xilai/.

4. Pin Ho and Wenguang Huang, A Death in the Lucky Holiday Hotel: Murder, Money, and an Epic Power Struggle in China (New York: PublicAffairs, 2013), 165–74.

5. Chun Han Wong, "Chinese Court Commutes Sentence for Gu Kailai to Life in Prison," Wall Street Journal, December 14, 2015, https://www.wsj.com/articles/chinese-court-commutes-sentence-for-gu-kailai-to-life-in-prison-1450102422.

6. Jeremy Page, "Bo Xilai Found Guilty, Sentenced to Life in Prison," Wall Street Journal, September 22, 2013, https://www.wsj.com/articles/SB10001424052702303730704579090080547591654.

7. 在英文中，作者偏好使用「Chairman」這個翻譯來指稱中國領導人，而不使用「President」，因為前者遠比後者來得精準。中國政府在英文素材中將「主席」稱為「President」，是為了合理化其獨裁統治，而且聽起來也比較高尚體面，但其實「Chairman」才是正確的翻譯。詳見：Isaac Stone Fish, "Stop Calling Xi Jinping 'President,'" Slate, August 8, 2019, https://slate.com/news-and-politics/2019/08/xi-jinping-president-chairman-title.html。

8. Chris Buckley and Didi Kirsten Tatlow, "Cultural Revolution Shaped Xi Jinping, from Schoolboy to Survivor," New York Times, September 24, 2015, https://www.nytimes.com/2015/09/25/world/asia/xi-jinping-china-cultural-revolution.html.

9. US Embassy Beijing, "Portrait of Vice President Xi Jinping," cable, November 16, 2009, https://wikileaks.org/plusd/cables/09BEIJING3128_a.html.

10. Evan Osnos, "Born Red," New Yorker, April 6, 2015, https://www.newyorker.com/magazine/2015/04/06/born-red.

11. James Palmer, "China's Overrated Technocrats," Foreign Policy, July 4, 2019, https://foreignpolicy.com/2019/07/04/chinas-overrated-technocrats-stem-engineering-xi-jinping/.

12. Economy, The Third Revolution, 5.

13. Ibid.

14. François Bougon, Inside the Mind of Xi Jinping (London: Hurst, 2018), ch. 1, "The Renaissance Man," 16.

15. Bougon, Inside the Mind of Xi Jinping, introduction, "The Chinese Dream," 7–8.

16. Bougon, Inside the Mind of Xi Jinping, ch. 9, "Shedding the Low Profile," 184–85.

17. Bougon, Inside the Mind of Xi Jinping, ch. 1, "The Renaissance Man," 17.

18. Bougon, Inside the Mind of Xi Jinping, ch. 9, "Shedding the Low Profile," 188.

19. "Profile: Xi Jinping: Pursuing the Dream for 1.3 billion Chinese," Xinhua, March 17, 2013, http://english.cntv.cn/20130317/100246.shtml。作者使用的翻譯來自：Economy, The Third Revolution, 4。

20. Wang Jisi, "'Marching Westwards': The Rebalancing of China's Geostrategy," in Shao Binhong, The World in 2020 According to China: Chinese Foreign Policy Elites Discuss Emerging Trends in International Politics (Leiden, Netherlands: Brill, 2014), ch. 6, 129–36. The Chinese version of this article was first published in Global Times on October 17, 2012.

21. Xi Jinping, "Promote Friendship between Our People and Work Together to Build a Bright Future," speech, Nazabayev University, Astana, Kazakhstan, September 7, 2013, https://www.fmprc.gov.cn/mfa_eng/wjdt_665385/zyjh_665391/t1078088.shtml.

22. Kent E. Calder, Super Continent: The Logic of Eurasian Integration (Palo Alto, CA: Stanford University Press, 2019), ch. 1, "Eurasian Reconnection and Renaissance," loc. 206, Kindle ed.

23. Geoff Wade, "The Zheng He Voyages: A Reassessment," Journal of the Malaysian Branch of the Royal Asiatic Society 78, no. 1 (2005): 37–58, http://www.jstor.org/stable/41493537.

24. Peter Frankopan, The Silk Roads: A New History of the World (New York: Vintage, 2015)。如欲暸解歐洲崛起前，絲路上許許多多的帝國與民族，本書的前236頁提供了資訊豐富的簡介。

25. Frankopan, The Silk Roads: A New History of the World, ch. 13, "The Road to Northern Europe," and ch. 14, "The Road to Empire," 243–279.

26. Howard W. French, Everything Under the Heavens: How the Past Helps Shape China's Push for Global Power (New York: Knopf, 2017), introduction, 11–13.

27. Bill Hayton, The Invention of China (New Haven, CT: Yale University Press, 2020), introduction and ch. 2, "The Invention of Sovereignty," 12, 50–91。Hayton 和近期的許多學者認為,「百年國恥」的概念是由共產黨所發明,為的是要讓中國人民產生錯覺,以為他們無力創造屬於自己的歷史。對獨裁政權來說,這是很有效的工具。

28. Peter Frankopan, The Silk Roads, chs. 14–20, 264–398。本書後半提供了詳細的研究資料,說明歐洲崛起為何造成歐亞大陸上的帝國衰敗。

29. Calder, Super Continent, ch. 1, "Eurasian Reconnection and Renaissance," loc. 237, Kindle ed.

30. Chris Buckley and Paul Mozur, "What Keeps Xi Jinping Awake at Night," New York Times, May 11, 2018, https://www.nytimes.com/2018/05/11/world/asia/xi-jinping-china-national-security.html.

31. Calder, Super Continent, introduction, locs. 121–96, Kindle ed.

32. Calder, Super Continent, ch. 1, "Eurasian Reconnection and Renaissance," loc. 302, Kindle ed.

33. Kevin Yao and Aileen Wang, "China's 2013 Economic Growth Dodges 14- Year Low but Further Slowing Seen," Reuters, January 20, 2014, https://fr.reuters.com/article/us-china-economy-gdp-idUSBREA0I0HH20140120.

34. 外洩的新疆文件由作者持有,亦見:Ramzy and Buckley, "'Absolutely No Mercy.'"

35. Bougon, Inside the Mind of Xi Jinping, ch. 1, "The Renaissance Man," 20.

36. Andrew Jacobs, "Beijing Crash May Be Tied to Unrest in Xinjiang," New York Times, October 28, 2013, https://www.nytimes.com/2013/10/29/world/asia/beijing-restricts-coverage-after-car-explodes-at-forbidden-city.html.

37. BBC, "Tiananmen Crash: China Police 'Detain Suspects,'" October 30, 2013, https://www.bbc.com/news/world-asia-china-24742810.

38. Andrew Jacobs, "China Strips Army Official of Position after Attack," New York Times, November 3, 2013, https://www.nytimes.com/2013/11/04/world/asia/china-demotes-a-military-commander-after-attack-in-beijing.html.

39. Gerry Shih, "AP Exclusive: Uyghurs Fighting in Syria Take Aim at China," Associated Press, December 23, 2017, https://apnews.com/article/79d6a427b26f4eeab226571956dd256e.

40. Keira Lu Huang, "SWAT Team Leader 'Gunned Down Five Kunming Terrorists in 15 Seconds,'" South China Morning Post, March 4, 2014, https://www.scmp.com/news/china/article/1439991/swat-team-leader-gunned-down-five-kunming-terrorists-15-seconds.

41. Hannah Beech, "Deadly Terrorist Attack in Southwestern China Blamed on Separatist Muslim Uighurs," Time, March 1, 2014, https://time.com/11687/deadly-terror-attack-in-southwestern-china-blamed-on-separatist-muslim-uighurs/.

42. Xinhua, "Nothing Justifies Civilian Slaughter in 'China's 9-11,'" Global Times, March 2, 2014, https://www.globaltimes.cn/content/845570.shtml.

43. World Uyghur Congress, "World Uyghur Congress Urges Calm and Caution after Beijing Incident on October 28, 2013," October 29, 2013, https://www.uyghurcongress.org/en/world-uyghur-congress-urges-calm-and-caution-after -beijing-incident-on-october-28-2013/.

44. Hannah Beech, "Urumqi: Deadly Bomb and Knife Attack Rocks Xinjiang Capital," Time, April 30, 2014, https://time.com/83727/in-china-deadly-bomb-and-knife-attack-rocks-xinjiang-capital/;亦見新華社,〈Bombing at Urumqi South Railway Station solved〉(烏魯木齊火車南站暴恐襲擊案告破),2014年5月1日, https://web.archive.org/web/20140903125343/http://news.xinhuanet.com/legal/2014-05/01/c_1110500096.htm。中文文章標題由作者的助理幫忙翻譯成英文。

45. Andrew Jacobs, "In China's Far West, a City Struggles to Move On," New York Times, May 23,

2014, https://www.nytimes.com/2014/05/24/world/asia/residents-try-to-move-on-after-terrorist-attack-in-china.html.

46. 外洩的新疆文件由作者持有，亦見：Ramzy and Buckley, "'Absolutely No Mercy'"。

第八章　中國的反恐戰爭

1. James Millward, "Violent Separatism in Xinjiang: A Critical Assessment," Policy Studies 6 (Washington, DC: East-West Center 2004), https://www.eastwestcenter.org/system/tdf/private/PS006.pdf?file=1&type=node&id=3200.

2. 現居土耳其的中國前間諜尤瑟夫・阿梅特在訪談中所述。

3. Al Jazeera, "The Guantanamo 22," Al Jazeera, December 9, 2015, https://www.aljazeera.com/program/featured-documentaries/2015/12/9/the-guantanamo -22/。Patricio Henriquez 執導的紀錄片《Uyghurs: Prisoners of the Absurd》已無法在網路上取得，完整影片由作者持有；亦見：Richard Bernstein, "When China Convinced the U.S. That Uighurs Were Waging Jihad," March 19, 2019, https://www.theatlantic.com/international/archive/2019/03/us-uighurs-guantanamo-china-terror/584107/。

4. Sean Roberts, The War Against the Uyghurs: China's Internal Campaign Against a Muslim Minority (Princeton: Princeton University Press, 2020), 110–11.

5. Al Jazeera, "The Guantanamo 22."

6. Also see Roberts, The War Against the Uyghurs, 70–71.

7. Al Jazeera, "The Guantanamo 22."

8. Roberts, The War Against the Uyghurs, 80–81.

9. Al Jazeera, "The Guantanamo 22."

10. US Department of State, "China: Country of Origin (COI) Report," Home Office of the United Kingdom, UK Border Agency, August 24, 2011, https://www.justice.gov/sites/default/files/eoir/legacy/2013/06/12/china-0811.pdf.

11. Al Jazeera, "The Guantanamo 22."

12. Nathan Vanderklippe, "After Guantanamo, Life on Pacific Island Was Difficult," Globe and Mail, June 28, 2015, https://www.theglobeandmail.com/news/world/after-guantanamo-life-on-pacific-island-was-difficult/article25172787/.

13. 2018年4到7月，作者與三名曾被拘留在關達那摩灣的維吾爾人進行訪談。他們當時在土耳其。

14. 尤瑟夫將他和新疆情報單位的所有 WhatsApp 訊息和錄音都提供給作者。這些檔案由作者持有。

第九章　三毒勢力：恐怖主義、極端主義和分離主義

1. 這些 Facebook 訊息由作者所有。

2. 〈She Comes Not to Me〉，由 Victoria Rowe Holbrook 及 Mücahit Kaçar 翻譯，原著為：Kaya Türkay, Alî-Sîr Nevâyî: Bedâyiu'l-Vasat, Üçünçi Dîvân (Ankara, Turkey: Türk Dil Kurumu, 2002), 441。

3. Amnesty International, "People's Republic of China: At Least 1000 People Executed in 'Strike Hard' Campaign against Crime," June 30, 1996, https://www.amnesty.org/en/documents/asa17/072/1996/en/.

4. 數十篇新聞報導都有記錄政府2015到2017年推出的早期「信用度」機制和相關的「信用評等」系統，但十多名維吾爾族和哈薩克族的難民都告訴作者，早在那之前，政府2014年時就已在新疆用粗糙的手法對他們進行「信用」評等。事實上，2014年6月時，政府就發布了第一份說明社會信用評等制度的文件，詳見中華人民共和國國務院發表的〈Planning Outline for the Construction of a Social Credit System (2014–2020)〉，June 14

345

2014，https://chinacopyrightandmedia.wordpress.com/2014/06/14/planning-outline-for-the-construction-of-a-social-credit-system-2014-2020/。

5. Sarah Cook, "Islam: Religious Freedom in China," Freedom House, 2017, https://freedomhouse. org/report/2017/battle-china-spirit-islam-religious-freedom#footnote16_b6wryn6。自由之家（Freedom House）引用「對話人權基金會」的期刊，該基金會根據政府的線上資料（https://www.duihuahrjournal.org/2015/03/xinjiang-state-security-trials-flat.html）推估約有592名維吾爾人因安全相關罪名受審。

6. Joanne Smith Finley, "Securitization, Insecurity and Conflict in Contemporary Xinjiang: Has PRC Counter-Terrorism Evolved into State Terror?" Central Asian Survey 38, no. 1, 1–26, https://www.tandfonline.com/doi/pdf/10.1080/02634937.2019.1586348?needAccess=true.

7. Human Rights Watch, "Timeline of Ilham Tohti's Case," September 15, 2014, https://www.hrw. org/news/2014/09/15/timeline-ilham-tohtis-case.

8. 2020年6月2日與菊爾·伊力哈木訪談。

9. Radio Free Asia, "Uyghur Scholar Tohti Speaks about His Concerns before Detention," February 7, 2014, https://www.rfa.org/english/news/uyghur/interview-02072014182032.html.

10. Human Rights Watch，〈Timeline of Ilham Tohti's Case〉；亦見中國人民網，〈Police: Ilham Tohti, Instructor from Minzu University of China, Is Involved in Separatist Activities〉（警方：中央民族大學教師伊力哈木從事分裂活動），2014年1月25日，http://politics.people.com. cn/n/2014/0125/c1001-24226456.html。中文文章標題由作者的助理幫忙翻譯成英文。

11. Human Rights Watch, "Timeline of Ilham Tohti's Case."

12. "Edward Wong, "China Sentences Uighur Scholar to Life," New York Times, September 23, 2014, https://www.nytimes.com/2014/09/24/world/asia/chinacourt-sentences-uighur-scholar-to-life-in-separatism-case.html.

13. Radio Free Asia, "Under the Guise of Public Safety, China Demolishes Thousands of Mosques," December 19, 2016, https://www.rfa.org/english/news/uyghur/udner-the-guise-of-public-safety-12192016140127.html。英國《衛報》（The Guardian）和網站Bellingcat調查中的衛星影像顯示，2016到2018年有超過20個宗教場所部分或完全被拆除。詳見Lily Kuo, "Revealed: New Evidence of China's Mission to Raze the Mosques of Xinjiang," Guardian, May 7, 2019, https://www.theguardian.com/world/2019/may/07/revealed-new-evidence-of-chinas-mission-to-raze-the-mosques-of-xinjiang。

14. 作者在喀什的嚮導所述。

15. Nancy Shatzman Steinhardt, China's Early Mosques (Edinburgh, UK: Edinburgh University Press, 2015), 268–70.

16. Steinhardt, China's Early Mosques.

第十章 人民就是資料

1. 中華人民共和國國務院，〈State Council Notice Concerning Issuance of the Planning Outline for the Construction of a Social Credit System (2014–2020)〉，June 14 2014，https:// chinacopyrightandmedia.wordpress.com/2014/06/14/planning-outline-for-the-construction-of-a-social-credit-system-2014-2020/。中文原版請見：http://www.gov.cn/zhengce/content/2014-06/ 27/content_8913.htm。

2. Charlie Campbell, "How China Is Using 'Social Credit Scores' to Reward and Punish Its Citizens," Time, January 16, 2019, https://time.com/collection -post/5502592/china-social-credit-score/.

3. Celia Hatton, "China's 'Social Credit': Beijing Sets Up Huge System," BBC, October 26, 2015, https://www.bbc.com/news/world-asia-china-34592186.

4. Hatton, "China's 'Social Credit': Beijing Sets Up Huge System."

5. Louise Matsakis, "How the West Got China's Social Credit System Wrong," Wired, July 29, 2019, https://www.wired.com/story/china-social-credit-score-system/.

6. Ankit Panda, "The Truth about China's New National Security Law," Diplomat, July 1, 2015, https://thediplomat.com/2015/07/the-truth-about-chinas-new-national-security-law/.

7. President of the People's Republic of China, "National Security Law of the People's Republic of China (2015)," China Daily, December 11, 2017, http://govt.chinadaily.com.cn/s/201812/11/WS5c0f1b56498eefb3fe46e8c9/national-security-law-of-the-peoples-republic-of-china-2015-effective.html.

8. Edward Wong, "China Approves Sweeping Security Law, Bolstering Communist Rule," New York Times, July 1, 2015, https://www.nytimes.com/2015/07/02/world/asia/china-approves-sweeping-security-law-bolstering-communist-rule.html.

9. ImageNet, "Large Scale Visual Recognition Challenge 2015 Results," http://image-net.org/challenges/LSVRC/2015/results；亦見：Kaiming He, Xiangyu Zhang, Shaoqing Ren, and Jian Sun, "Deep Residual Learning for Image Recognition," Cornell University, Science and Engineering Archive, December 10, 2015, https://arxiv.org/pdf/1512.03385.pdf。

10. 「在微軟研究院度過精彩的13年後，我加入了曠視科技（2016年7月時又稱Face++），擔任首席科學家兼研究院院長，」孫劍於2020年12月20日在他的個人網站首頁寫道：http://www.jiansun.org/。

11. Yiting Sun, "Meet the Company That's Using Face Recognition to Reshape China's Tech Scene," MIT Technology Review, August 11, 2017, https://www.technologyreview.com/2017/08/11/149962/when-a-face-is-worth-a-billion-dollars/.

12. "Charles Rollet, "Infinova's Xinjiang Business Examined," IPVM, December 7, 2018, https://ipvm.com/reports/infinova-xinjiang.

13. Ryan Mac, Rosalind Adams, and Megha Rajagopalan, "US Universities and Retirees Are Funding the Technology behind China's Surveillance State," Buzz-Feed News, May 30, 2019, https://www.buzzfeednews.com/article/ryanmac/us-money-funding-facial-recognition-sensetime-megvii.

14. Reuters, "China to Create $6.5 Billion Venture Capital Fund to Support Start-ups," January 15, 2015, https://www.reuters.com/article/us-china-venturecapital-idUSKBN0KO05Q20150115.

15. Tom Mitchell, "China to Launch $6.5bn VC Fund for Emerging Industries Start-ups," Financial Times, January 15, 2015, https://www.ft.com/content/73f216c 8-9c97-11e4-a730-00144feabdc0.

16. Cory Bennett and Katie Bo Williams, "US, China Agree to Stop Corporate Hacks," Hill, September 25, 2015, https://thehill.com/policy/cybersecurity/254966-us-china-reach-common-understanding-on-hacking.

17. Robert Farley, "Did the Obama-Xi Cyber Agreement Work?," Diplomat, August 11, 2018, https://thediplomat.com/2018/08/did-the-obama-xi-cyber-agreement-work/.

18. 自2016年起，以大方向的結果來說，許多研究都符合作者向伊爾凡及其他維吾爾技術工作者收集的證詞，詳見：Jeffrey Knockel, et al., "We Chat, They Watch: How International Users Unwittingly Build Up WeChat's Censorship Apparatus," Citizen Lab, University of Toronto, May 7, 2020. https://citizenlab.ca/2020/05/we-chat-they-watch/。國際特赦組織2016年對全球最受歡迎的數個App進行調查，微信在滿分100的通訊評分中得到0分，另外，擁有微信的騰訊也排名墊底，輸給臉書、谷歌和蘋果。國際特赦組織認為，微信使用者的通訊內容幾乎毫無加密機制可言，也發現騰訊並未揭露政府要求提供使用者資料的情事，詳見：Amnesty International, "How Private Are Your Favourite Messaging Apps?"；此外在2017年9月（也就是伊爾凡說他所屬公司要求微信提供資料的兩年後）及2020年，微信變更隱私權政策，證實了隱私相關團體的猜測。更新後的隱私權政策顯示，微信會蒐集使用者的搜尋字詞等記錄，以及通話次數與時長、地點資訊等中繼資料，而且可能

依中國法律向中國政府揭露，不需警方搜索票，詳見：WeChat, "Privacy Policy," https://www.wechat.com/en/privacy_policy.html。最後請見：Cockerell, "Inside China's Massive Surveillance Operation"。這篇文章指出「2014年5月，中國政府招募了特別工作小組，為的就是阻絕即時通訊應用程式中的『不當行為』，尤其是散播『關於暴力、恐怖主義和色情的謠言與資訊』。微信和競爭對手的其他相似應用程式，都必須讓政府監控使用者的活動。」

第十一章　信用分數怎麼打

1. 政府將此制度稱為「家戶連坐制」，以十戶為單位，各家庭相互監控，並稟報彼此的狀況，最早是在2014年於西藏實施，後來在2016年也大規模地擴散到新疆，不過梅森和另外15名維吾爾族受訪者都表示，早在2014年時，社區委員會就已經會定期登門檢查、突襲了，詳見：See Sarah Tynen, "I Was in China Doing Research When I Saw My Uighur Friends Disappear," Conversation, March 9, 2020, https://theconversation.com/i-was-in-china-doing-research-when-i-saw-my-uighur-friends-disappear-127166；亦見 Also see Nectar Gan, "Passports Taken, More Police ... New Party Boss Chen Quanguo Acts to Tame Xinjiang with Methods Used in Tibet," South China Morning Post, December 12, 2016, https://www.scmp.com/news/china/policies-politics/article/2053739/party-high-flier-uses-his-tibet-model-bid-tame-xinjiang。

2. Human Rights Watch, "China: Visiting Officials Occupy Homes in Muslim Region," May 13, 2018, https://www.hrw.org/news/2018/05/13/china-visiting-officials-occupy-homes-muslim-region；此報導的原始中文資料來源已被撤掉。

3. Human Rights Watch, "Eradicating Ideological Viruses."

4. Human Rights Watch, "Eradicating Ideological Viruses."

5. 《新疆日報》，〈Xinjiang: 2017 Physicals for All Work Has Been Done〉（新疆：2017年全民健康體檢工作全部完成），2017年11月2日，http://www.gov.cn/xinwen/2017-11/02/content_5236389.htm。中文文章標題由作者的助理幫忙翻譯成英文。

6. Sui-Lee Wee, "China Uses DNA to Track Its People, with the Help of American Expertise," New York Times, February 21, 2019, https://www.nytimes.com/2019/02/21/business/china-xinjiang-uighur-dna-thermo-fisher.html.

7. Human Rights Watch, "China: Minority Region Collects DNA from Millions," December 13, 2017, https://www.hrw.org/news/2017/12/13/china-minority-region-collects-dna-millions.

8. Human Rights Watch, "China: Minority Region Collects DNA from Millions"；亦見〈Healthy Xinjiang: Precisely Reacting to People's Health Expectations〉（健康新疆：精準對接群眾健康期盼），2018年5月28日，http://www.xinhuanet.com/local/2018-05/28/c_129881863.htm。中文文章由作者的助理幫忙翻譯成英文。根據新華社報導，全民健檢始於2016年9月，不過作者訪問的十多名維吾爾族難民表示，2016年6月時，他們就已經被叫去警察局和診所體檢。到了2017年底，當局已完成兩輪大型體檢，且搜集到3,634萬人的DNA。

9. Human Rights Watch, "China: Minority Region Collects DNA from Millions."

10. Mark Munsterhjelm, interview with the author, January 29, 2020.

11. Mark Munsterhjelm, "Scientists Are Aiding Apartheid in China," Just Security, June 18, 2019, https://www.justsecurity.org/64605/scientists-are-aiding-apartheid-in-china/.

12. Mark Munsterhjelm, Living Dead in the Pacific: Contested Sovereignty and Racism in Genetic Research on Taiwan Aborigines (Vancouver: University of British Columbia Press, 2014).

13. ALFRED, Yale University School of Medicine, https://alfred.med.yale.edu/alfred/index.asp.

14. Munsterhjelm, "Scientists Are Aiding Apartheid in China."

15. Wee, "China Uses DNA to Track Its People."

16. Ailsa Chang, "How Americans—Some Knowingly, Some Unwittingly—Helped China's

終極警察國度

Surveillance Grow," NPR, July 18, 2019, https://www.npr.org/2019/07/18/743211959/how-americans-some-knowingly-some-unwittingly-helped-chinas-surveillance-grow.

17. Liu Caixia, Kenneth Kidd, et al., "A Panel of 74 AISNPs: Improved Ancestry Inference within Eastern Asia," Forensic Science International: Genetics 23, 2016, 101–110, https://pubmed.ncbi.nlm.nih.gov/27077960/.

18. Yinghong Cheng, "'Is Peking Man Still Our Ancestor?'—Genetics, Anthropology, and the Politics of Racial Nationalism in China," Journal of Asian Studies 76, August 2017, 575–602, https://www.cambridge.org/core/journals/journal-of-asian-studies/article/is-peking-man-still-our-ancestorgenetics-anthropology-and -the-politics-of-racial-nationalism-in-china/F7D479FC994A 854400A53E0E1B987236.

19. ALFRED, Yale University School of Medicine.

20. ALFRED, Yale University School of Medicine.

21. 基德並未回覆作者邀請，對此發表評論，但曾廣泛地把自身故事分享給媒體，包括NPR和《紐約時報》，詳見：Wee, "China Uses DNA to Track Its People"。

22. Thermo Fisher Scientific, "Thermo Fisher Scientific Reports Fourth Quarter and Full Year 2018 Results," January 30, 2019, https://ir.thermofisher.com/investors/news-and-events/news-releases/news-release-details/2019/Thermo-Fisher-Scientific-Reports-Fourth-Quarter-and-Full-Year-2018-Results/default.aspx.

23. Thermo Fisher Scientific, "Annual Report," 2017, https://s1.q4cdn.com/008680097/files/doc_financials/annual/2017/2017-Annual-Report-TMO.pdf.

24. Wee, "China Uses DNA to Track Its People."

25. Karen A. Kirkwood，Karen A. Kirkwood致Arvind Ganesan and Sophie Richardson的信（來源為Human Rights Watch），June 20 2017，https://www.hrw.org/sites/default/files/supporting_resources/thermo_fisher_response_.pdf。

26. He Wei, Ren Xiaojin, et al., "Xi's Speech at CIIE Draws Positive Reactions," China Daily, November 5, 2018, http://www.chinadaily.com.cn/a/201811/05/WS5bdfe891a310eff3032869d9_12.html.

第十二章　無所不見的天眼

1. 梅森把表格放在中國，沒帶到土耳其，所以我在訪問她時無法參考，但另外數十名維吾爾人都留著這份表格和相似文件，並有實際拿給作者看。這些表格的照片由作者持有。

2. Human Rights Watch, "China: Big Data Fuels Crackdown in Minority Region."

3. Human Rights Watch, "China's Algorithms of Repression," May 1, 2019, https://www.hrw.org/report/2019/05/01/chinas-algorithms-repression/reverse-engineering-xinjiang-police-mass.

4. 《紐約時報》揭露的外洩文件：Ramzey and Buckley, "'Absolutely No Mercy'"；另一份外洩資料（也就是作者取得的那一份）則發布於：Bethany Allen-Ebrahimian, "Exposed: China's Operating Manuals for Mass Internment and Arrest by Algorithm," International Consortium of Investigative Journalists, November 24, 2019, https://www.icij.org/investigations/china-cables/exposed-chinas-operating-manuals-for-mass-intern ment-and-arrest-by-algorithm/。

5. 此處引述的新疆文件約有400頁，由作者持有。

6. Catalin Cimpanu, "Chinese Company Leaves Muslim-Tracking Facial Recognition Database Exposed Online," ZDNet, February 14, 2019, https://www.zdnet.com/article/chinese-company-leaves-muslim-tracking-facial-recognition-database-exposed-online/.

7. Victor Gevers, Twitter post, February 13, 2019, 6:13 p.m., https://twitter.com/0xDUDE/status/1096788937492840451.

8. Arjun Kharpal, "Microsoft Says That Facial Recognition Firm That Beijing Allegedly Uses to Track Muslims Is Lying About a 'Partnership,'" CNBC, March 15, 2019, https://www.cnbc.

com/2019/03/15/microsoft-facial-recognition-firm-sensenets-lying-about-partnership.html.

9. Shannon Liao, "An Exposed Database Tracked Whether 1.8 Million Chinese Women Were 'Breed Ready,'" Verge, March 11, 2019, https://www.theverge.com/2019/3/11/18260816/china-exposed-database-breedready-women.

10. Scilla Alecci, "How China Targets Uighurs 'One by One' for Using a Mobile App," International Consortium of Investigative Journalists, November 24, 2019, https://www.icij.org/investigations/china-cables/how-china-targets-uighurs-one -by-one-for-using-a-mobile-app/.

11. Li Zaili, "Religious Belief Is a Crime, Xinjiang Authorities Say," Bitter Winter, October 16, 2018, https://bitterwinter.org/religious-belief-is-a-crime-for-authorities/.

12. Alecci, "How China Targets Uighurs 'One by One.'"

13. Adam Lynn, "App Targeting Uyghur Population Censors Content, Lacks Basic Security," Open Technology Fund, August 31, 2018, https://www.opentech.fund/news/app-targeting-uyghur-population-censors-content-lacks-basic -security/.

14. Megha Rajagopalan, "China Is Forcing People to Download an App That Tells Them to Delete 'Dangerous' Photos," BuzzFeed News, April 9, 2018, https://www.buzzfeednews.com/article/meghara/china-surveillance-app.

第十三章　落入集中營

1. Nectar Gan, "Passports Taken, More Police."

2. See the Economist, "Xinjiang: The Race Card," September 3, 2016, https://https://www.economist.com/china/2016/09/03/the-race-card.

3. See Josh Chin and Clément Bürge, "Twelve Days in Xinjiang: How China's Surveillance State Overwhelms Daily Life," Wall Street Journal, December 19, 2017, https://www.wsj.com/articles/twelve-days-in-xinjiang-how-chinas-surveillance-state-overwhelms-daily-life-1513700355.

4. Cpcnews.cn，〈陳全國同志簡歷〉，October 2017，http://cpc.people.com.cn/BIG5/n1/2017/1025/c414940-29608824.htm。

5. Jun Mai, "From Tibet to Xinjiang, Beijing's Man for Restive Regions Chen Quanguo Is the Prime Target of US Sanctions," South China Morning Post, December 13, 2019, https://www.scmp.com/news/china/politics/article/3041810/tibet-xinjiang-beijings-man-restive-regions-chen-quanguo-prime.

6. 在與作者的訪談中，數十名維吾爾人都表示他們到再教育營報到時，有看到相同或相似的景象，其中也包括和梅森關在同一個集中營的維吾爾囚犯；亦見：Killing and Rajagopalan, "Ex-Prisoners Detail the Horrors of China's Detention Camps"。

7. 在與作者的訪談中，數十名維吾爾人表示在2016年末到2017年，集中營體系似乎仍處於初始階段，混亂而毫無規則，當時他們曾被轉送到不同營區，原因不明，但他們認為囚犯人數過多應該是原因之一；亦見：Killing and Rajagopalan, "Ex-Prisoners Detail the Horrors of China's Detention Camps"。

8. 幾乎所有在新疆被關過的前集中營囚犯都告訴作者和其他研究人員，他們被關在客廳大小的牢房，裡頭通常會關15到50人，由兩到四台攝影機監視；亦見：US Department of State, "2019 Report on International Religious Freedom: China—Xinjiang," https://www.state.gov/reports/2019-report-on-inter national-religious-freedom/china/xinjiang/。

9. Austin Ramzy and Chris Buckley, "Leaked China Files Show Internment Camps Are Ruled by Secrecy and Spying," New York Times, November 24, 2019, https://www.nytimes.com/2019/11/24/world/asia/leak-chinas-internment-camps.html.

10. 在與作者的訪談中，其他維吾爾難民詳細描述過類似的課程，許多新聞也報導了相似的消息。2020年時，已有人出面指稱教師可能會被脅迫，或是在未取得完整資訊的情況下，被送到集中營幫囚犯上課。至少有一名前教師表示她過著「雙面生活」，為了離開而

假裝對當局忠誠；亦見：Ruth Ingram, "Confessions of a Xinjiang Camp Teacher," Diplomat, August 17, 2020, https://thediplomat.com/2020/08/confessions-of-a-xinjiang-camp-teacher/。

11. 2019年9月訪問曾和梅森被關在同一個營區的前維吾爾囚犯。

12. 如想深入瞭解囚犯過多的狀況，請見：Killing and Rajagopalan, "Ex-Prisoners Detail the Horrors of China's Detention Camps"。

13. 如想深入瞭解新疆當局是如何指派宗教領袖支援中共，請見：Lily Kuo, "'If You Enter a Camp, You Never Come Out': Inside China's War on Islam," Guardian, January 11, 2019, https://www.theguardian.com/world/2019/jan/11/if-you-enter-a-camp-you-never-come-out-inside-chinas-war-on-islam。

第十四章　大規模監禁

1. 數十名維吾爾難民告訴作者，2016年末到2017年初，當局曾數次准許家人探望，並允許他們離開集中營，短暫地回到家鄉和家人見面。作者進行了相關研究，但無從判定家人訪視的做法有沒有延續。如想深入瞭解，可到https://www.youtube.com/watch?v=WmId2ZP3h0c參考2019年6月18日的BBC影片〈Inside China's 'Thought Transformation Camps〉，當中有維吾爾囚犯獲准離開集中營一晚的片段。

2. 土耳其名列中國政府的「二十六個敏感國家」，所以與土國有涉的新疆居民都會成為監控及再教育的目標。詳見：Human Rights Watch, "'Eradicating Ideological Viruses'"。

3. 2017年12月至2018年2月訪問8名維吾爾難民以及一名仍在新疆的商人。

4. Adrian Zenz, "China's Domestic Security Spending: An Analysis of Available Data," China Brief 18, no. 4 (March 12, 2018), https://www.researchgate.net/publication/343971146_China%27s_Domestic_Security_Spending_An_Analysis_of_Available_Data.

5. Adrian Zenz, "'Thoroughly Reforming Them towards a Healthy Heart Attitude': China's Political Re-Education Campaign in Xinjiang," Central Asian Survey 38, no. 1, 102–28, September 5, 2018. https://www.tandfonline.com/doi/abs/10.1080/02634937.2018.1507997?scroll=top&needAccess=tr&journalCode=ccas20%E3%80%82。Zenz收集的採購文件顯示，2016年時，尉犁縣（塔克拉瑪干沙漠北部的一個貧窮地區，中國數十年前的核武測試就是在那附近執行）某鄉鎮政府在網站上指出，參加「教育訓練改造課程」的學員中，九成都已「改造完成」；伊寧縣則聲稱其「改造率」高達85%。當年度的某個招標案，是要以250萬人民幣建置教室、食堂、警衛室和發電機房，「以教育基地的模式，建構去極端化的改造中心」；另一個標案未明列出經費，但標的是要打造影像監控室、警察監控辦公室、宿舍及食堂；還有一個標案提供19萬人民幣，希望進行翻新、擴大，並加建安全柵欄與圍牆。其他的拘禁中心計畫所需經費不一，最高可達1.03億人民幣，用來建造占地大約10,600坪的設施，比五座足球場加起來還大，官方稱為「法律系統改造中心」。

6. Adrian Zenz, "China Didn't Want Us to Know. Now Its Own Files Are Doing the Talking," New York Times, November 24, 2019, https://www.nytimes.com/2019/11/24/opinion/china-xinjiang-files.html.

7. Naubet Bisenov, "Kazakhstan-China Deportation Case Sparks Trial of Public Opinion," Nikkei Asian Review, July 26, 2018, https://asia.nikkei.com/Politics/International-relations/Kazakhstan-China-deportation-case-sparks-trial-of-public-opinion.

8. 資料取自作者2020年7月25日與薩依拉古麗・薩吾提拜的訪談。作者也取得薩吾提拜部分法庭證詞的音檔，她2018年7月開始以被告身分出庭，罪名是在當年度非法穿越邊境，進入哈薩克。證詞內容包含許多關於她在集中營教書的經驗。如想深入瞭解，可參考：Matt Rivers and Lily Lee, "Former Xinjiang Teacher Claims Brainwashing and Abuse Inside Mass Detention Centers," CNN, May 10, 2019, https://edition.cnn.com/2019/05/09/asia/xinjiang-china-kazakhstan-detention-intl/index.html。

9. 作者2018年9月與歐米爾・貝加里的訪談。他是最早向媒體發聲的哈薩克公民之一，

詳述了他在集中營的經歷；亦見：Gerry Shih, "China's Mass Indoctrination Camps Evoke Cultural Revolution," Associated Press, May 18, 2018, https://apnews.com/article/6e151296fb19 4f85ba69a8babd972e4b。

10. Economist, "China's Population: Peak Toil," January 26, 2013, https://www.economist.com/ china/2013/01/26/peak-toil.

11. Lily Kuo, "China Transferred Detained Uighurs to Factories Used by Global Brands——Report," Guardian, March 1, 2020, https://www.theguardian.com/world/2020/mar/01/china-transferred-detained-uighurs-to-factories-used-by-global-brands-report.

12. Amazon, "Amazon's Updated Response to the Australian Strategic Policy Institute's Report on Forced Labour of Ethnic Minorities from Xinjiang," Business and Human Rights Centre, October 2, 2020, https://www.business-humanrights.org/en/latest-news/amazons-updated-response-to-the-australian-strategic-policy-institutes-report-on-forced-labour-of-ethnic-minorities-from-xinjiang/。

13. Eva Dou and Chao Deng, "Western Companies Get Tangled in China's Muslim Clampdown," Wall Street Journal, May 16, 2019, https://www.wsj.com/articles/western-companies-get-tangled-in-chinas-muslim-clampdown-11558017472。

14. 富士康，〈Foxconn Walked into Xinjiang Kashgar to Help the Poor〉（助力精準扶貧集團走進新疆喀什地區），2018年12月5日，http://www.foxconn.com.cn/ComDetailNews69.html。中文文章標題由作者的助理幫忙翻譯成英文。

15. Ana Swanson, "Banned Chinese Companies Deny Allegations They Abused Uighurs," New York Times, July 21, 2020, https://www.nytimes.com/2020/07/21/business/china-us-trade-banned. html; "Apple Cuts Off China's Ofilm over Zinjiang Labor," Bloomberg News. March 17, 2021, https://finance.yahoo.com/news/apple-said-cut-ties-china-053835604.html.

16. 〈Ainur Helps Family Realise 'Supermarket Dream'〉（阿依努爾助力家人實現「超市夢」），和田政府網，2019年7月31日，http://archive.ph/DOUK3。中文文章由作者的助理幫忙翻譯成英文。

17. Vicky Xiuzhong Xu, Danielle Cave, James Leibold, Kelsey Munro, and Nathan Ruser, "Uyghurs for Sale," Australia Strategic Policy Institute, February 2020, https://www.aspi.org.au/report/uyghurs-sale.

18. Dake Kang and Yanan Wang, "Gadgets for Tech Giants Made with Coerced Uighur Labor," Associated Press, March 5, 2020, https://apnews.com/article/3f9a92b8dfd3cae379b57622dd801 dd5.

19. William Yang, "Top Brands 'Using Forced Uighur Labor' in China: Report," Deutsche Welle, March 2, 2020, https://www.dw.com/en/top-brands-using-forced-uighur-labor-in-china-report/a-52605572.

20. Xu, Cave, Leibold, Munro, and Ruser, "Uyghurs for Sale."

21. "Nike Statement on Xinjiang," undated, https://purpose.nike.com/statement-on-xinjiang.

22. Adrian Zenz, "Coercive Labor in Xinjiang: Labor Transfer and the Mobilization of Ethnic Minorities to Pick Cotton," Center for Global Policy, December 14, 2020, https://cgpolicy.org/briefs/coercive-labor-in-xinjiang-labor-transfer-and-the-mobilization-of-ethnic-minorities-to-pick-cotton/.

23. David Lawder and Dominique Patton, "U.S. Bans Cotton Imports from China Producer XPCC Citing Xinjiang 'Slave Labor,'" Reuters, December 3, 2020, https://www.reuters.com/article/us-usa-trade-china-idUSKBN28C38V.

24. National Retail Federation, "Joint statement from NRFA, AAFA, RILA, and USFIA on Reports of Forced Labor in Xinjiang," press release, March 10, 2020, https://nrf.com/media-center/press-releases/joint-statement-nrf-aafa-fdra-rila-and-usfia-reports-forced-labor.

終極警察國度

25. Dake Kang and Yanan Wang, "China's Uighurs Told to Share Beds, Meals with Party Members," Associated Press, December 1, 2018, https://apnews.com/article/9ca1c29fc9554c1697a8729bba4 dd93b.

26. People's Republic of China, "Full Text: Human Rights in Xinjiang—Development and Progress," Xinhua, June 1, 2017, http://www.xinhuanet.com/english/2017-06/01/c_136331805_2.htm.

27. Reuters, "China Official Says Xinjiang's Muslims Are 'Happiest in World,'" August 25, 2017, https://lta.reuters.com/article/us-china-xinjiang/china-official-says-xinjiangs-muslims-are-happiest-in-world-idUSKCN1B50ID.

28. Alim Seytoff and Paul Eckert, "UN Sidesteps Tough US Criticism on Counterterrorism Chief's Trip to Xinjiang," Radio Free Asia, June 17, 2019, https://www.rfa.org/english/news/uyghur/xinjiang-un-06172019173344.html.

29. Bloomberg News, "Face-Recognition Startup Megvii Said to Raise $100 Million," December 6, 2016, https://www.bloomberg.com/news/articles/2016-12-06/china-face-recognition-startup-megvii-said-to-raise-100-million.

30. Steven Millward, "Tencent's Biggest Investments This Year," Tech in Asia, December 28, 2016, https://www.techinasia.com/tencent-biggest-investments-2016.

31. Kai-fu Lee, AI Superpowers, 1–2.

32. James Somers, "The Friendship That Made Google Huge," New Yorker, December 3, 2018, https://www.newyorker.com/magazine/2018/12/10/the-friendship-that-made-google-huge.

33. Tim Bradshaw, "Google Buys UK Artificial Intelligence Start-up," Financial Times, January 27, 2014, https://www.ft.com/content/f92123b2-8702-11e3-aa31-00144feab7de.

34. Amy Webb, The Big Nine: How the Tech Titans and Their Thinking Machines Could Warp Humanity (New York: PublicAffairs, 2019), 47.

35. DeepMind, "Match 1—Google DeepMind Challenge Match: Lee Sedol vs. AlphaGo," posted by YouTube user DeepMind on March 8, 2016, https://www.youtube.com/watch?v=vFr3K2DORc8&t=1670。這是五場比賽中第一場的連結，網路上也可以找到另外四場的影片。

36. Kai-fu Lee, AI Superpowers, 1–2.

第十五章　AI神腦

1. Koran 2:191.

2. See Noor Mohammad, "The Doctrine of Jihad: An Introduction," Journal of Law and Religion 3, no. 2 (1985): 381–97, https://www.jstor.org/stable/1051182?seq=1.

3. 作者2020年5月31日訪問曠視高層。

4. Sam Byford, "AlphaGo Beats Ke Jie Again to Wrap Up Three-Part Match," Verge, May 25, 2017, https://www.theverge.com/2017/5/25/15689462/alphago-ke-jie-game-2-result-google-deepmind-china.

5. Kai-fu Lee, AI Superpowers, 1–2.

6. 中華人民共和國國防部，《中華人民共和國國家情報法》，2017年6月27日，http://www.mod.gov.cn/regulatory/2017-06/28/content_4783851.htm；作者是引用英文版，請見：https://www.chinalawtranslate.com/en/national-intelligence-law-of-the-p-r-c-2017/；如欲瞭解對該法第七條的闡釋，請見：Bonnie Girard, "The Real Danger of China's National Security Law," Diplomat, February 23, 2019, https://thediplomat.com/2019/02/the-real-danger-of-chinas-national-intelligence-law/。

7. Xi Jinping, "Secure a Decisive Victory in Building a Moderately Prosperous Society in All Respects and Strive for the Great Success of Socialism with Chinese Characteristics for a New Era," in Terrorism: Commentary on Security Documents Volume 147: Assessing the 2017 U.S.

National Security Strategy, edited by Douglas C. Lovelace Jr. (Oxford: Oxford University Press, 2018), 253–304.

8. China Plus, "SenseTime Becomes Fifth Member of China's AI 'National Team,'" September 26, 2018, http://chinaplus.cri.cn/news/china/9/20180926/188677.html.

9. Scott Pelley, "Facial and Emotional Recognition: How One Man Is Advancing Artificial Intelligence," 60 Minutes, CBS News, January 13, 2019, https://www.cbsnews.com/news/60-minutes-ai-facial-and-emotional-recognition-how-one-man-is-advancing-artificial-intelligence/.

第十六章　官僚體系一再擴張，滿足官僚體系擴張後的需求

1. 16名維吾爾族和哈薩克族難民都表示看過類似的政治宣傳影片，內容就是譴責伊力哈木．土赫提和其他新疆知名人士。

2. 在作者訪問的維吾爾難民中，只要是在2016年末到2017年逃離中國的人，都表示他們必須到許多不同機構辦理極為複雜的文書作業，才獲准離開中國。其中，塔依爾．哈穆特在2018年夏天接受作者數十小時的訪問，詳細談及相關的官僚程序及要求提供簽名的眾多政府單位，提供十分詳盡的細節。

3. Xun Zhou, "The History of the People's Republic of China—Through 70 Years of Mass Parades," Conversation, September 30, 2019, https://theconversation.com/amp/the-history-of-the-peoples-republic-of-china-through-70-years-of-mass-parades-123727.

4. 梅森和作者決定不要揭露她逃離中國路線的關鍵細節。由於家族動用關係，梅森得到許多人的協助，他們冒著自己也受牽連的風險替她指路，幫助她避開當局。作者訪問的其他維吾爾難民也提到，在梅森逃離中國時，通往印度的多條路線都十分艱辛危險，但認為即便如此，都還是比從烏魯木齊飛到土耳其來得安全。為保護勇敢幫助梅森的那些人，我們決定謹慎行事，不公開關於她逃脫路線的過多細部資訊。

5. Agence France-Presse, "Wrecked Mosques, Police Watch: A Tense Ramadan in Xinjiang," June 5, 2019, https://www.bangkokpost.com/world/1689848。非營利組織Earthrise Alliance 的衛星影像顯示，許多清真寺、墓地和陵墓都被夷平，改建成公眾集會場所。

第十七章　心靈的牢籠

1. 梅森的友人2019年11月5日在土耳其安卡拉接受作者訪問。

2. Koran 2:156.

3. 這些訊息為作者持有。

4. 梅森有把動態更新給作者看。這些更新的照片由作者持有。

5. 梅森有把這些微信訊息給作者看。

第十八章　新冷戰？

1. 亦見：Republic of Turkey Ministry of Culture and Tourism, "Ankara—the Mausoleum of Ataturk," https://www.ktb.gov.tr/EN-114031/ankara--the-mausoleum-of-ataturk.html。

2. Shu-Ching Jean Cheng, "SenseTime: The Faces behind China's Artificial Intelligence Unicorn."

3. Cave, Ryan, and Xu, "Mapping More of China's Tech Giants."

4. IPVM, "Huawei/Megvii Uyghur Alarms," December 8, 2020, https://ipvm.com/reports/huawei-megvii-uygur.

5. Consumer Technology Association, "Huawei's Richard Yu Announced as CES 2018 Keynote Speaker," October 24, 2017, https://www.businesswire.com/news/home/20171024005527/en/Huawei%E2%80%99s-Richard-Yu-Announced-CES-2018-Keynote.

6. Vlad Savov, "Huawei's CEO Going Off-Script to Rage at US Carriers Was the Best Speech of CES," Verge, January 9, 2018, https://www.theverge.com/2018/1/9/16871538/huawei-ces-2018-event-ceo-richard-yu-keynote-speech.

7. "Indictment," United States of America v. Huawei Device Co., Ltd. and Huawei Device USA, Inc., case no. 2:19-cr-00010-RSM (US District Court, Western District of Washington at Seattle), January 16, 2019, https://www.justice.gov/opa/pressrelease/file/1124996/download.

8. Hiroko Tabuchi, "T-Mobile Accuses Huawei of Theft from Laboratory," New York Times, September 5, 2014, https://www.nytimes.com/2014/09/06/business/t-mobile-accuses-huawei-of-theft-from-laboratory.html.

9. "Court's Verdict Form," T-Mobile USA, Inc. v. Huawei Device USA, Inc., case no. 2:14-cr-01351-RAJ (U.S. District Court, Western District of Washington at Seattle), May 18, 2017, http://www.columbia.edu/~ma820/Huawei.484.pdf.

10. U.S. Department of Justice, "Chinese Telecommunications Device Manufacturer and Its U.S. Affiliate Indicted for Theft of Trade Secrets, Wire Fraud, and Obstruction of Justice," press release, January 28, 2019, https://www.justice.gov/opa/pr/chinese-telecommunications-device-manufacturer-and-its-us-affiliate-indicted-theft-trade.

11. "Indictment," United States of America v. Huawei Device Co., Ltd. and Huawei Device USA, Inc., case no. 2:19-cr-00010-RSM (US District Court, Western District of Washington at Seattle), January 16, 2019, 19–20, https://www.justice.gov/opa/press-release/file/1124996/download.

12. Katie Collins, "Pentagon Bans Sale of Huawei, ZTE Phones on US Military Bases," CNET, May 2, 2018, https://www.cnet.com/news/pentagon-reportedly-bans-sale-of-huawei-and-zte-phones-on-us-military-bases/.

13. Michael Slezak and Ariel Bogle, "Huawei Banned from 5G Mobile Infrastructure Rollout in Australia," Australia Broadcasting Corporation, August 23, 2018, https://www.abc.net.au/news/2018-08-23/huawei-banned-from-providing-5g-mobile-technology-australia/10155438.

14. Tasneem Akolawala, "Huawei Says Shipped 100 Million Smartphones in 2018 Already, Aims to Cross 200 Million," Gadgets 360, NDTV, July 19, 2018, https://gadgets.ndtv.com/mobiles/news/huawei-100-million-smartphone-sales-2018-1886358.

15. Steven Musil, "Huawei Knocks Off Apple to Become No. 2 Phone Seller," CNET, August 1, 2018, https://www.cnet.com/news/huawei-knocks-off-apple-iphone-to-become-no-2-phone-seller/.

16. Lucy Hornby, Sherry Fei Ju, and Louise Lucas, "China Cracks Down on Tech Credit Scoring," Financial Times, February 4, 2018, https://www.ft.com/content/f23e0cb2-07ec-11e8-9650-9c0ad2d7c5b5.

17. Lily Kuo, "China Bans 23M from Buying Travel Tickets as Part of 'Social Credit' System," Guardian, March 2019, https://www.theguardian.com/world/2019/mar/01/china-bans-23m-discredited-citizens-from-buying-travel-tickets-social-credit-system.

18. Joe McDonald, "China Bars Millions from Travel for 'Social Credit' Offenses," Associated Press, February 22, 2019, https://apnews.com/article/9d43f4b74260411797043ddd391c13d8.

19. Genia Kostka, "China's Social Credit Systems and Public Opinion: Explaining High Levels of Approval," New Media & Society 21, no. 7 (February 2019), https://journals.sagepub.com/toc/nmsa/21/7.

20. Heather Timmons, "No One Can Say for Sure What Trump and Xi Just Agreed To," Quartz, December 4, 2018, https://qz.com/1482634/no-one-knows-what-trump-and-xi-agreed-to-at-the-g20/.

21. Kate O'Keefe and Stu Woo, "Canadian Authorities Arrest CFO of Huawei Technologies at U.S. Request," Wall Street Journal, December 5, 2018, https://www.wsj.com/articles/canadian-authorities-arrest-cfo-of-huawei-technologies-at-u-s-request-1544048781.

22. Steve Stecklow and Babak Dehghanpisheh, "Exclusive: Huawei Hid Business Operation in Iran after Reuters Reported Links to CFO," Reuters, June 3, 2020, https://www.reuters.com/article/us-huawei-iran-probe-exclusive-idUSKBN23A19B.

23. Vipal Monga and Kim Mackrael, "Court Filings Shed New Light on Arrest of Huawei Executive," Wall Street Journal, August 23, 2019, https://www.wsj.com/articles/court-filings-shed-new-light-on-arrest-of-huawei-executive-11566581148.

24. Gordon Corera, "Meng Wanzhou: The PowerPoint That Sparked an International Row," BBC, September 27, 2020, https://www.bbc.com/news/world-us-canada-54270739.

25. Robert Fife and Steven Chase, "Inside the Final Hours That Led to the Arrest of Huawei Executive Meng Wanzhou," Globe and Mail, November 30, 2019, https://www.theglobeandmail.com/politics/article-inside-the-final-hours-that-led-to-the-arrest-of-huawei-executive-meng/.

26. Yong Xiong and Susannah Cullinane, "China Summons US, Canadian Ambassadors in 'Strong Protest' over Huawei CFO's Arrest," CNN, December 9, 2018, https://edition.cnn.com/2018/12/09/tech/huawei-cfo-china-summons-ambassador/index.html.

27. Keegan Elmer and Catherine Wong, "Canadian Michael Kovrig Held in China for Endangering National Security," South China Morning Post, December 12, 2018, https://www.scmp.com/news/china/diplomacy/article/2177585/chinese-state-security-behind-detention-canadian-former.

28. Agence France-Presse, "China Charges Canadians Michael Kovrig and Michael Spavor under National Security Law, 18 Months after Arrest," June 19, 2020, https://hongkongfp.com/2020/06/19/china-charges-canadians-michael-kovrig-and-michael-spavor-with-spying-18-months-after-arrest/.

29. Steven Lee Myers and Dan Bilefsky, "Second Canadian Arrested in China, Escalating Diplomatic Feud," New York Times, December 12, 2018, https://www.nytimes.com/2018/12/12/world/asia/michael-spavor-canadian-detained-china.html.

30. Gravitas Ventures, "Dennis Rodman's Big Bang in Pyongyang," January 2015.

31. Geoffrey Cain, "Watch Out, Kim Jong Un: Wrestler Antonio Inoki Is Bringing Slap to North Korea," NBC News, August 12, 2014, https://www.nbcnews.com/news/world/watch-out-kim-jong-un-wrestler-antonio-inoki-bringing-slap-n178396.

32. Lu Shaye, "On China, Has Canada Lost Its Sense of Justice?" Globe and Mail, December 13, 2018, https://www.theglobeandmail.com/opinion/article-on-china-has-canada-lost-its-sense-of-justice/.

33. Nathan Vanderklippe, "Two Canadians Detained in China for Four Months Prevented from Going Outside, Official Says," April 10, 2019, https://www.theglobeandmail.com/world/article-two-canadians-detained-in-china-are-prevented-from-seeing-the-sun-or/.

34. 2019年4月14日，作者訪問曾參與康明凱及邁克爾・斯帕弗營救行動的加拿大外交官。

35. Darren J. Lim and Victor Ferguson, "Chinese Economic Coercion During the THAAD Dispute," Asian Forum, December 28, 2019, http://www.theasanforum.org/chinese-economic-coercion-during-the-thaad-dispute/.

36. Korea Herald and Asia News Network, "South Korea's Lotte Seeks to Exit China after Investing $9.6 Billion, as Thaad Fallout Ensues," March 13, 2019, https://www.straitstimes.com/asia/east-asia/south-koreas-lotte-seeks-to-exit-china-after-investing-96-billion.

37. Yonhap News Agency, "Lotte Group Hoping for Biz Comeback on S. Korea–China Thaw," November 1, 2017, https://en.yna.co.kr/view/AEN20171101003400320.

38. David Shepardson and Diane Bartz, "Exclusive: White House Mulls New Year Executive Order to Ban Huawei, ZTE Purchases," Reuters, December 27, 2018, https://www.reuters.com/article/us-usa-china-huawei-tech-exclusive-idUSKCN1OQ09P.

39. US Congress, Senate, A Bill to Establish the Office of Critical Technologies and Security, and for Other Purposes, S.29, 116th Congress, 1st session, introduced in the Senate on June 4, 2019, https://www.congress.gov/bill/116th-congress/senate-bill/29.

40. "Executive Order on Securing the Information and Communications Technology and Services

終極警察國度

Supply Chain," White House, May 15, 2019, https://www.whitehouse.gov/presidential-actions/executive-order-securing-information-communications-technology-services-supply-chain/.

41. Tom Warren, "Microsoft Allowed to Sell Software to Huawei Once Again," Verge, November 22, 2019, https://www.theverge.com/2019/11/22/20977446/microsoft-huawei-us-export-license-windows-office-software.

42. T. C. Sottek, "Google Pulls Huawei's Android License Forcing It to Use Open Source Version," Verge, May 19, 2019, https://www.theverge.com/2019/5/19/18631558/google-huawei-android-suspension.

43. Sean Keane, "Vodafone Found Hidden Backdoors in Huawei Equipment, Says Report," CNET, April 30, 2019, https://www.cnet.com/news/british-carrier-vodafone-found-hidden-backdoors-in-huawei-equipment-says-report/。此報導指出，Vodafone 早在 2011 年就在華為的裝置中發現後門，兩家公司皆聲稱已處理此問題。

44. US Department of Justice, "Deputy Attorney General Rod J. Rosenstein Announces Charges against Chinese Hackers," press release, December 20, 2018, https://www.justice.gov/opa/speech/deputy-attorney-general-rod-j-rosenstein-announces-charges-against-chinese-hackers.

45. Adam Satariono and Joanna Berendt, "Poland Arrests 2, Including Huawei Employee, Accused of Spying for China," New York Times, January 11, 2019, https://www.nytimes.com/2019/01/11/world/europe/poland-china-huawei-spy.html.

46. 美國司法部在紐約市和華盛頓州西雅圖的兩起案件中，分別提出控告，詳見："Indictment," United States of America v. Huawei Technologies Co., Ltd., Huawei Device USA, Inc., Skycom Tech Co., Ltd., and Wanzhou Meng, case no. 18-457 (S-2) (AMD) (U.S. District Court, Eastern District of New York), January 24, 2019, https://www.justice.gov/opa/press-release/file/1125021/download；亦見："Indictment," United States of America v. Huawei Device Co., Ltd. and Huawei Device USA, Inc., case no. 2:19-cr -00010-RSM (U.S. District Court, Western District of Washington at Seattle), January 16, 2019, https://www.justice.gov/opa/press-release/file/1124996/download。

47. Dale Smith, "China's Envoy to Canada Says Huawei 5G Ban Would Have Repercussions," Reuters, January 17, 2019, https://www.reuters.com/article/us-china-canada-diplomacy/chinas-envoy-to-canada-says-huawei-5g-ban-would-have-repercussions-idUSKCN1PB2L2.

第十九章　大決裂

1. US Congress, House of Representatives, Permanent Select Committee on Intelligence, Hearing: China's Digital Authoritarianism: Surveillance, Influence, and Political Control, May 16, 2019, https://intelligence.house.gov/calendar/eventsingle.aspx?EventID=632.

2. John Bolton, The Room Where It Happened: A White House Memoir (New York: Simon and Schuster, 2020), 312. Also see Alan Rappeport and Edward Wong, "In Push for Trade Deal, Trump Administration Shelves Sanctions over China's Crackdown on Uighurs," New York Times, May 4, 2019, https://www.nytimes.com/2019/05/04/world/asia/trump-china-uighurs-trade-deal.html.

3. UK House of Commons, Science and Technology Committee, Oral Evidence: U.K. Telecommunications Infrastructure, HC 2200, June 10, 2019, http://data.parliament.uk/writtenevidence/committeeevidence.svc/evidencedocument/science-and-technology-committee/uk-telecommunications-infrastructure/oral/102931.pdf.

4. Nathan Vanderklippe, "Huawei's Partnership with China on Surveillance Technology Raises Concerns for Foreign Users," Globe and Mail, May 14, 2018, https://www.theglobeandmail.com/world/article-huaweis-partnership-with-china-on-surveillance-raises-concerns-for/.

5. Cave, Ryan, and Xu, "Mapping More of China's Tech Giants."

6. Cave, Ryan, and Xu, "Mapping More of China's Tech Giants."

7. US Department of Commerce, "U.S. Department of Commerce Adds 28 Chinese Organizations to Its Entity List," press release, October 7, 2019, https://www.commerce.gov/news/press-releases/2019/10/us-department-commerce-adds-28-chinese-organizations-its-entity-list.

8. Bureau of Industry and Security, US Department of Commerce, "Supplement No. 4 to Part 744—ENTITY LIST," December 18, 2020, https://www.bis.doc.gov/index.php/policy-guidance/lists-of-parties-of-concern/entity-list.

9. Zhang Dong, "Xinjiang's Tens-of-Billion Scale Security Market, the Integration Giant Tells You How to Get Your Share," Leiphone, August 31, 2017, https://www.leiphone.com/news/201708/LcdGuMZ5n7k6sepy.html；牛津大學博士候選人Jeff Ding翻譯此文後刊登於他的ChinAI電子報，請見：https://docs.google.com/document/d/13GCpUPrJzu9ipZgPtFDrofTI1kyXk4Op6q TUBhTSpqk/edit#。

10. Paul Mozur, "One Month, 50,000 Face Scans: How China Is Using A.I. to Profile a Minority," New York Times, April 14, 2019, https://www.nytimes.com/2019/04/14/technology/china-surveillance-artificial-intelligence-racial-profiling.html.

11. 中國安防行業網，〈曠視科技（Face++）天眼系統〉，2017年6月17日，http://www.21csp. com.cn/zhanti/2017znfx/article/article_15000.html。原始連結在2016年被下架，2017年1月17日又再重新上線。

12. Naomi Xu Elegant, "China's Top A.I. Firms Land on U.S.'s Latest Blacklist," Fortune, October 8, 2019, https://fortune.com/2019/10/08/china-ai-us-entity-list/.

13. Charles Rollet, "Evidence of Hikvision's Involvement with Xinjiang IJOP and Re-Education Camps," IPVM, October 2, 2018, https://ipvm.com/reports/hikvision-xinjiang.

14. Charles Rollet, "Hikvision Wins Chinese Government Forced Facial Recognition Project Across 967 Mosques," IPVM, July 16, 2018, https://ipvm.com/reports/hik-mosques.

15. Ben Dooley, "Chinese Firms Cash in on Xinjiang's Growing Police State," Agence France-Presse, June 27, 2018, https://www.afp.com/en/chinese-firms-cash-xinjiangs-growing-police-state.

16. Huawei, "5G Opening Up New Business Opportunities," Huawei white paper, August 2016, https://www.huawei.com/minisite/5g/img/5G_Opening_up_New_Business_Opportunities_ en.pdf.

17. Stu Woo and Kate O'Keeffe, "Washington Asks Allies to Drop Huawei," Wall Street Journal, November 23, 2018, https://www.wsj.com/articles/washington-asks-allies-to-drop-huawei-1542965105.

18. Steve McCaskill, "US Wants to Help Ericsson, Nokia and Others Develop 5G Alternatives," TechRadar, February 17, 2020, https://www.techradar.com/news/us-wants-to-help-ericsson-nokia-and-others-develop-5g-alternatives.

19. Reuters, "U.S. Allied Firms Testing Alternatives to Chinese 5G Technology: Esper," February 15, 2020, https://www.reuters.com/article/us-germany-security-esper-5g/u-s-allied-firms-testing-alternatives-to-chinese-5g-technology-esper-idUSKBN2090A3.

20. Aimee Chanthadavong, "Huawei Australia Sees 5G Ban Start to Bite as Carrier Business Down 21% for 2019," ZDNet, May 1, 2020, https://www.zdnet.com/article/huawei-australia-sees-5g-ban-start-to-bite-as-carrier-business-down-20-for-2019/.

21. Fergus Hunter, "Huawei Ban a 'Thorny Issue' Hurting China-Australia Relations, Says Ambassador," Sydney Morning Herald, February 17, 2020, https://www.smh.com.au/politics/federal/huawei-ban-a-thorny-issue-hurting-china-australia-relations-says-ambassador-20200217-p541ic.html.

22. BBC Newsnight, "Hong Kong: Mass Protests Turn Violent but China Says Story Is 'Distorted,'"

終極警察國度

358

June 12, 2019, https://www.youtube.com/watch?t=1009&v=SMTc8ml5yo0&feature=youtube.

23. Katie Collins, "Huawei Gets 5G Go-Ahead in UK, with Some Hard Limits," CNET, January 28, 2020, https://www.cnet.com/news/uk-gives-huawei-green-light-to-build-countrys-non-core-5g-network/.

24. Ben Riley-Smith, "US Spy Planes Could Be Pulled from Britain as White House Conducts Major Huawei Review," Telegraph, May 4, 2020, https://www.telegraph.co.uk/news/2020/05/04/us-spy-planes-could-pulled-britain-white-house-conducts-major/.

25. Jonathan E. Hillman and Maesea McCalpin, "Watching Huawei's 'Safe Cities,'" Center for Strategic and International Studies, November 4, 2019, https://www.csis.org/analysis/watching-huaweis-safe-cities.

26. Sheena Chestnut Greitens, "Dealing with Demand for China's Global Surveillance Exports," Brookings Institution, April 2020, https://www.brookings.edu/wp-content/uploads/2020/04/FP_20200428_china_surveillance_greitensv3.pdf.

27. Yau Tsz Yan, "Smart Cities or Surveillance? Huawei in Central Asia," Diplomat, August 7, 2019, https://thediplomat.com/2019/08/smart-cities-or-surveillance-huawei-in-central-asia/.

28. Joe Parkinson, Nichola Bariyo, and Josh Chin, "Huawei Technicians Helped African Governments Spy on Political Opponents," Wall Street Journal, August 15, 2019, https://www.wsj.com/articles/huawei-technicians-helped-african-governments-spy-on-political-opponents-11565793017.

29. Samuel Woodhams, "Huawei Says Its Surveillance Tech Will Keep African Cities Safe but Activists Worry It'll Be Misused," Quartz Africa, March 20, 2020, https://qz.com/africa/1822312/huaweis-surveillance-tech-in-africa-worries-activists/.

30. Brahma Chellaney, "China's Debt-Trap Diplomacy," Project Syndicate, January 23, 2017, https://www.project-syndicate.org/commentary/china-one-belt-one-road-loans-debt-by-brahma-chellaney-2017-01.

31. Nicholas Casey and Clifford Krauss, "It Doesn't Matter If Ecuador Can Afford This Dam. China Still Gets Paid," New York Times, December 24, 2018, https://www.nytimes.com/2018/12/24/world/americas/ecuador-china-dam.html.

32. BBC News, "Kazakhstan's Land Reform Protests Explained," April 28, 2016, https://www.bbc.com/news/world-asia-36163103.

33. Daniel C. O'Neill, "Risky Business: The Political Economy of Chinese Investment in Kazakhstan," in Journal of Eurasian Studies 5, no. 2 (July 2014), 145–56, https://www.sciencedirect.com/science/article/pii/S1879366514000086.

34. Eleanor Albert, "The Shanghai Cooperation Organization," Council on Foreign Relations, October 14, 2015, https://www.cfr.org/backgrounder/shanghai-cooperation-organization.

35. 作者在2020年1到7月訪問薩依拉古麗．薩吾提拜、賽爾克堅．比拉什及「阿塔珠爾特」的前組織成員；此事亦可見於：Ben Mauk, "Diary: Prison in the Mountains," London Review of Books, August 2018, https://www.lrb.co.uk/the-paper/v41/n18/ben-mauk/diary。

36. Kiran Stacey, "Pakistan Shuns US for Chinese High-Tech Weapons," Financial Times, April 18, 2018, https://www.ft.com/content/8dbce0a0-3713-11e8-8b98-2f31af407cc8.

37. Henney Sender and Kiran Stacey, "China Takes 'Project of the Century,' to Pakistan," Financial Times, May, 17, 2017, https://www.ft.com/content/05979e18-2fe4-11e7-9555-23ef563ecf9a.

38. Stacey, "Pakistan Shuns US for Chinese High-Tech Weapons."

39. Frankopan, The New Silk Roads, 12–13.

第二十章　無處安身

1. Ministry of Foreign Affairs of the Republic of Turkey, "Statement of the Spokesperson of the Ministry of Foreign Affairs, Mr. Hami Aksoy, in Response to a Question Regarding Serious Human Rights Violations Perpetuated against Uyghur Turks and the Passing Away of Folk Poet Abdurehim Heyit," February 9, 2019, https://www.mfa.gov.tr/sc-06-uygur-turklerine-yonelik-agir-insan-haklari-ihlalleri-ve-abdurrehim-heyit-in-vefati-hk.en.mfa.
2. Carlotta Gall and Jack Ewing, "Tensions between Turkey and U.S. Soar as Trump Orders New Sanctions," New York Times, August 10, 2018, https://www.nytimes.com/2018/08/10/business/turkey-erdogan-economy-lira.html.
3. Masanori Tobita, "China Money Flows into Turkey as Crisis Creates Opening," Nikkei Asian Review, August 22, 2018, https://asia.nikkei.com/Politics/International-relations/China-money-flows-into-Turkey-as-crisis-creates-opening.
4. Kerim Karakaya and Asli Kandemir, "Turkey Got a $1 Billion Foreign Cash Boost," Bloomberg News, August 9, 2019, https://www.bloomberg.com/news/articles/2019-08-09/turkey-got-1-billion-from-china-swap-in-june-boost-to-reserves.
5. 報紙由作者持有。
6. Ayla Jean Yackley and Christian Shepherd, "Turkey's Uighurs Fear for Future after China Deportation," Financial Times, August 24, 2019, https://www.ft.com/content/caee8cac-c3f4-11e9-a8e9-296ca66511c9.
7. United Nations Human Rights Council, "Letter Dated 8 July 2019 from the Permanent Representatives of Australia, Austria, Belgium, Canada, Denmark, Estonia, Finland, France, Germany, Iceland, Ireland, Japan, Latvia, Lithuania, Luxembourg, the Netherlands, New Zealand, Norway, Spain, Sweden, Switzerland and the United Kingdom of Great Britain and Northern Ireland to the United Nations Office at Geneva Addressed to the President of the Human Rights Council," 41st session, agenda item 2, July 23, 2019, https://ap.ohchr.org/Documents/E/HRC/c_gov/A_HRC_41_G_11.DOCX.
8. United Nations Human Rights Council, "Letter Dated 12 July 2019 from the Representatives of Algeria, Angola, Bahrain, Bangladesh, Belarus, the Pluri-national State of Bolivia, Burkina Faso, Burundi, Cambodia, Cameroon, Comoros, the Congo, Cuba, the Democratic People's Republic of Korea, the Democratic Republic of the Congo, Djibouti, Egypt, Equatorial Guinea, Eritrea, Gabon, the Islamic Republic of Iran, Iraq, Kuwait, the Lao People's Democratic Republic, Mozambique, Myanmar, Nepal, Nigeria, Oman, Pakistan, the Philippines, the Russian Federation, Saudi Arabia, Serbia, Somalia, South Sudan, Sri Lanka, the Sudan, the Syrian Arab Republic, Tajikistan, Togo, Turkmenistan, Uganda, the United Arab Emirates, Uzbekistan, the Bolivarian Republic of Venezuela, Yemen, Zambia, Zimbabwe and the State of Palestine to the United Nations Office at Geneva Addressed to the President of the Human Rights Council," 41st session, agenda item 3, July 12, 2019, https://ap.ohchr.org/Documents/E/HRC/c_gov/A_HRC_41_G_17.DOCX.

結語　終結圓形監獄

1. Aldous Huxley, Brave New World (London: Chatton and Windus, 1932).
2. George Orwell, 1984 (London: Secker and Warburg, 1949).
3. John Brunner, Stand on Zanzibar (New York: Doubleday, 1968).
4. Ray Kurzweil, "Singularity Q&A," Kurzweil Library, September 2005, https://www.kurzweilai.net/singularity-q-a.
5. Natasha Singer and Cade Metz, "Many Facial-Recognition Systems Are Biased, Says U.S. Study," New York Times, December 19, 2019, https://www.nytimes.com/2019/12/19/technology/

終極警察國度

facial-recognition-bias.html。報導全文請見：Patrick Grother, Mei Ngan, and Kayee Hanaoka, "Face Recognition Vendor Test (FVRT): Part 3: Demographic Effects," National Institute for Standards and Technology at the US Department of Commerce," December 2019, https://nvlpubs.nist.gov/nistpubs/ir/2019/NIST.IR.8280.pdf。

6. Mark Puente, "LAPD Pioneered Predicting Crime with Data. Many Police Don't Think It Works," Los Angeles Times, July 3, 2019, https://www.latimes.com/local/lanow/la-me-lapd-precision-policing-data-20190703-story.html.

7. World Health Organization, "Pneumonia of Unknown Cause—China," January 5, 2020, https://www.who.int/csr/don/05-january-2020-pneumonia-of-unkown -cause-china/en/.

8. "The Coronavirus Didn't Really Start at the Wuhan 'Wet Market'," Live Science, May 28, 2020, https://www.livescience.com/covid-19-did-not-start-at-wuhan-wet-market.html.

9. Aylin Woodward, "At Least 5 People in China Have Disappeared, Gotten Arrested, or Been Silenced after Speaking Out about the Coronavirus—Here's What We Know About Them," Business Insider, February 20, 2020, https://www.businessinsider.com/china-coronavirus-whistleblowers-speak-out-vanish-2020-2.

10. Jeff Kao, Raymond Zhong, Paul Mozur and Aaron Krolik, "Leaked Documents Show How China's Army of Paid Internet Trolls Helped Censor the Coronavirus," ProPublica and New York Times, December 19, 2020, https://www.propublica.org/article/leaked-documents-show-how-chinas-army-of-paid-internet-trolls-helped-censor-the-coronavirus.

11. Associated Press, "China Delayed Releasing Coronavirus Info, Frustrating WHO," June 3, 2020, https://apnews.com/article/3c061794970661042b18d5aeaaed9fae.

12. Steven Erlanger, "Global Backlash Builds against China over Coronavirus," New York Times, May 3, 2020, https://www.nytimes.com/2020/05/03/world/europe/backlash-china-coronavirus.html.

13. US Consulate General in Guangzhou, People's Republic of China, "Event: Discrimination against African-Americans in Guangzhou," April 13, 2020, https://china.usembassy-china.org.cn/health-alert-u-s-consulate-general-guangzhou-peoples-republic-of-china/.

14. Lijian Zhao, Twitter post, March 12, 2020, 10:37 p.m. Beijing time, https://twitter.com/zlj517/status/1238111898828066823.

15. Selam Gebredikan, "For Autocrats, and Others, Coronavirus Is a Chance to Grab Even More Power," New York Times, March 30, 2020, https://www.nytimes.com/2020/03/30/world/europe/coronavirus-governments-power.html.

16. Krystal Hu, "Exclusive: Amazon Turns to Chinese Firms on U.S. Blacklist to Meet Thermal Camera Needs," Reuters, April 29, 2020, https://www.reuters.com/article/us-health-coronavirus-amazon-com-cameras-idUSKBN22B1AL.

17. Sam Biddle, "Police Surveilled George Floyd Protests with Help from Twitter-Affiliated Startup Dataminr," Intercept, July 9, 2020, https://theintercept.com/2020/07/09/twitter-dataminr-police-spy-surveillance-black-lives-matter-protests/.

18. IBM, "IBM CEO's Letter to Congress on Racial Justice Reform," June 8, 2020, https://www.ibm.com/blogs/policy/facial-recognition-sunset-racial-justice-reforms/.

19. Amazon, "We Are Implementing a One-Year Moratorium on Police Use of Re- Kognition," June 10, 2020, https://www.aboutamazon.com/news/policy-news-views/we-are-implementing-a-one-year-moratorium-on-police-use-of-rekognition.

20. Jay Greene, "Microsoft Won't Sell Police Its Facial-Recognition Technology, Following Similar Moves by Amazon and IBM," Washington Post, June 11, 2020, https://www.washingtonpost.com/technology/2020/06/11/microsoft-facial-recognition/.

21. Javier C. Hernández, "China Locks Down Xinjiang to Fight Covid-19, Angering Residents,"

New York Times, August 25, 2020, https://www.nytimes.com/2020/08/25/world/asia/china-xinjiang-covid.html.

22. Dake Kang, "In China's Xinjiang, Forced Medication Accompanies Lockdown," Associated Press, August 31, 2020, https://apnews.com/article/309c576c6026031769fd88f4d86fda89.

23. Bloomberg News, "Huawei Sees Dire Threat to Future from Latest Trump Salvo," June 8, 2020, https://www.bloomberg.com/news/articles/2020-06-07/huawei-troops-see-dire-threat-to-future-from-latest-trump-salvo.

24. Zhaoyin Feng, "Chinese Students Face Increased Scrutiny at US Airports," BBC Chinese Service, September 4, 2020, https://www.bbc.com/news/world-us-canada-54016278.

25. Ishan Banerjee and Matt Sheehan, "America's Got AI Talent: US' Big Lead in AI Research Is Built on Importing Researchers," MacroPolo, June 9, 2020, https://macropolo.org/americas-got-ai-talent-us-big-lead-in-ai-research-is-built-on-importing-researchers/?rp=m.

26. Michael Zennie, "Hong Kong Democracy Activist Jailed after Pleading Guilty to 2019 Protest Charges," Time, November 23, 2020, https://time.com/5914785/joshua-wong-jailed-hong-kong/.

27. Yimou Lee, David Lague, and Ben Blanchard, "Special Report: China Launches 'Gray-Zone' Warfare to Subdue Taiwan," Reuters, December 10, 2020, https://www.reuters.com/article/hongkong-taiwan-military-idUSKBN28K1GS.

28. Karen Leigh, Peter Martin, and Adrian Leung, "Troubled Waters: Where the US and China Could Clash in the South China Sea," Bloomberg, December 17, 2020, https://www.bloomberg.com/graphics/2020-south-china-sea-miscalculation/.

29. David Crawshaw and Miriam Berger, "China Beat Back Covid-19 in 2020. Then It Really Flexed Its Muscles at Home and Abroad," Washington Post, December 28, 2020, https://www.washingtonpost.com/world/2020/12/28/china-2020-major-stories/.

30. Michelle Toh, "China's Tariffs Slam Door Shut on Australian Wine's Biggest Export Market," CNN.com, November 30, 2020, https://edition.cnn.com/2020/11/30/business/australia-china-wine-tariffs-intl-hnk/index.html.

31. Shorhet Hoshur, "Self-Proclaimed Uyghur Former Spy Shot by Unknown Assailant in Turkey," Radio Free Asia, November 3, 2020, https://www.rfa.org/english/news/uyghur/spy-11032020175523.html.

32. Helen Davidson, "Pressure on Turkey to Protect Uighurs as China Ratifies Extradition Treaty," Guardian, December 29, 2020, https://www.theguardian.com/world/2020/dec/29/pressure-on-turkey-to-protect-uighurs-as-china-ratifies-extradition-treaty.

33. Victor Ordonez, "Chinese Embassy Tweet about Uighurs and Birth Rate Draws Instant Condemnation," ABC News, January 8, 2021, https://abcnews.go.com/International/chinese-embassy-tweet-uighurs-birth-rate-draws-instant/story?id=75118569.

34. Edward Wong and Chris Buckley, "U.S. Says China's Repression of Uighurs Is 'Genocide,'" New York Times, January 19, 2021, https://www.nytimes.com/2021/01/19/us/politics/trump-china-xinjiang.html.

35. Matthew Hill, David Campanale, and Joel Gunter, "'Their Goal Is to Destroy Everyone': Uighur Camp Detainees Allege Systemic Rape," BBC News, February 2, 2021, https://www.bbc.com/news/world-asia-china-55794071.

36. Leyland Cecco, "Canada Votes to Recognize China's Treatment of Uighur Population as Genocide," Guardian, February 22, 2021, https://www.theguardian.com/world/2021/feb/22/canada-china-uighur-muslims-genocide.

終極警察國度

致謝

1. Ohm Youngmisuk, "LeBron James: Daryl Morey Was 'Misinformed' before Sending Tweet about China and Hong Kong," ESPN, December 14, 2019, https://www.espn.com/nba/story/_/id/27847951/daryl-morey-was-misinformed-sending-tweet-china-hong-kong.

2. Tim Bontemps, "NBA, NBPA announce playoffs to resume Saturday, new initiatives," ESPN, August 28, 2020. https://www.espn.com/nba/story/_/id/29759939/nba-announces-playoffs-resume-saturday. Patrick Brzeski, "It's Official: China Overtakes North America as World's Biggest Box Office in 2020," Hollywood Reporter, October 18, 2020, https://www.hollywoodreporter.com/news/its-official-china-overtakes-north-america-as-worlds-biggest-box-office-in-2020.

3. BBC News, "Censored Bond film Skyfall Opens in China," January 21, 2013, https://www.bbc.com/news/world-asia-china-21115987.

4. BBC News, "Disney Criticised for filming Mulan in China's Xinjiang Project," September 7, 2020, https://www.bbc.com/news/world-54064654.

5. Jonathan Shieber, "Zoom Admits Shutting Down Activist Accounts at the Request of the Chinese Government," TechCrunch, June 11, 2020, https://techcrunch.com/2020/06/11/zoom-admits-to-shutting-down-activist-accounts-at-the-request-of-the-chinese-government/.

6. Nicole Hong, "Zoom Executive Accused of Disrupting Calls at China's Behest," New York Times, December 18, 2020, https://www.nytimes.com/2020/12/18/technology/zoom-tiananmen-square.html.

備註

視野 99

終極警察國度

擺脫人臉辨識、DNA跟蹤、人工智慧，揭開中國反烏托邦的駭人真相

The Perfect Police State: An Undercover Odyssey into China's Terrifying Surveillance Dystopia of the Future

作　　者：傑弗瑞‧凱恩（Geoffrey Cain）
譯　　者：林芯偉
責任編輯：王彥萍
校　　對：王彥萍、唐維信
封面設計：FE設計 葉馥儀
排　　版：王惠葶
寶鼎行銷顧問：劉邦寧

發 行 人：洪祺祥
副總經理：洪偉傑
副總編輯：王彥萍
法律顧問：建大法律事務所
財務顧問：高威會計師事務所
出　　版：日月文化出版股份有限公司
製　　作：寶鼎出版
地　　址：台北市信義路三段151號8樓
電　　話：(02)2708-5509 ／傳　　真：(02)2708-6157
客服信箱：service@heliopolis.com.tw
網　　址：www.heliopolis.com.tw
郵撥帳號：19716071 日月文化出版股份有限公司

總 經 銷：聯合發行股份有限公司
電　　話：(02)2917-8022 ／傳　　真：(02)2915-7212
製版印刷：軒承彩色印刷製版股份有限公司
初　　版：2024年09月
定　　價：480元
I S B N：978-626-7516-16-4

The Perfect Police State
Copyright © 2021 by Geoffrey Cain
Published by arrangement with The Robbins Office, Inc., c/o Greene & Heaton Ltd., through The Grayhawk Agency

國家圖書館出版品預行編目資料

終極警察國度：擺脫人臉辨識、DNA跟蹤、人工智慧，揭開中國反烏托邦的駭人真相 / 傑弗瑞‧凱恩（Geoffrey Cain）著；林芯偉譯 - 初版 . -- 臺北市：日月文化出版股份有限公司，2024.08
368面；14.7×21公分 . --（視野；99）

譯自：The Perfect Police State: An Undercover Odyssey into China's Terrifying Surveillance Dystopia of the Future
ISBN 978-626-7516-16-4（平裝）

1. CST：社會控制　2. CST：維吾爾族
3. CST：政治迫害　4. CST：新疆維吾爾自治區

676.1　　　　　　　　　　　　　113010681

日月文化集團
HELIOPOLIS
CULTURE GROUP

感謝您購買　**終極警察國度**
擺脫人臉辨識、DNA跟蹤、人工智慧，揭開中國反烏托邦的駭人真相

為提供完整服務與快速資訊，請詳細填寫以下資料，傳真至02-2708-6157或免貼郵票寄回，我們將不定期提供您最新資訊及最新優惠。

1. 姓名：＿＿＿＿＿＿＿＿＿＿　　性別：□男　　□女

2. 生日：＿＿＿年＿＿＿月＿＿＿日　職業：＿＿＿＿＿

3. 電話：（請務必填寫一種聯絡方式）

　（日）＿＿＿＿＿＿　（夜）＿＿＿＿＿＿　（手機）＿＿＿＿＿＿

4. 地址：□□□＿＿＿＿＿＿＿＿＿＿＿＿＿＿＿＿＿＿＿

5. 電子信箱：＿＿＿＿＿＿＿＿＿＿＿＿＿＿＿＿＿＿＿

6. 您從何處購買此書？□＿＿＿＿＿縣/市＿＿＿＿＿書店/量販超商
　□＿＿＿＿＿網路書店　□書展　□郵購　□其他

7. 您何時購買此書？　　年　　月　　日

8. 您購買此書的原因：（可複選）
　□對書的主題有興趣　□作者　□出版社　□工作所需　□生活所需
　□資訊豐富　　□價格合理（若不合理，您覺得合理價格應為＿＿＿＿）
　□封面/版面編排　□其他＿＿＿＿＿＿＿＿＿＿＿＿

9. 您從何處得知這本書的消息：　□書店　□網路／電子報　□量販超商　□報紙
　□雜誌　□廣播　□電視　□他人推薦　□其他

10. 您對本書的評價：（1.非常滿意 2.滿意 3.普通 4.不滿意 5.非常不滿意）
　書名＿＿＿　內容＿＿＿　封面設計＿＿＿　版面編排＿＿＿　文/譯筆＿＿＿

11. 您通常以何種方式購書？□書店　□網路　□傳真訂購　□郵政劃撥　□其他

12. 您最喜歡在何處買書？
　□＿＿＿＿＿縣/市＿＿＿＿＿書店/量販超商　□網路書店

13. 您希望我們未來出版何種主題的書？＿＿＿＿＿＿＿＿＿＿＿

14. 您認為本書還須改進的地方？提供我們的建議？

＿＿＿＿＿＿＿＿＿＿＿＿＿＿＿＿＿＿＿＿＿＿＿

＿＿＿＿＿＿＿＿＿＿＿＿＿＿＿＿＿＿＿＿＿＿＿

＿＿＿＿＿＿＿＿＿＿＿＿＿＿＿＿＿＿＿＿＿＿＿

＿＿＿＿＿＿＿＿＿＿＿＿＿＿＿＿＿＿＿＿＿＿＿

視

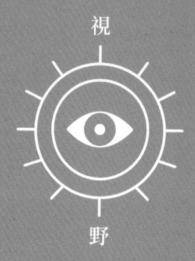

野

寶鼎出版